［決定版］

語源 で増やす 英単語

Origins of Words
Definitive Edition

恒石昌志
Masashi Tsuneishi

ベレ出版

INTRODUCTION

　みなさん、こんにちは! 著者の恒石昌志です。恐らく、この本を手に取っているみなさんは、自分の語彙力を少しでも増やしたいと思っていることでしょう。単語の暗記というのは語学を学ぶ者にとっては一番の難所といっても過言ではありません。「覚えても覚えても、どんどん新しい単語が出てくるし、もうイヤ!」といって英語の勉強を投げ出す人も多いはずです。

　英語の単語は最も大きいとされているオックスフォード英英辞典で約60万語、普通の日本の辞書で約5〜10万語が収録されています。英単語の中には、

pneumonoultramicroscopicsilicovolcanoconiosis

という長い単語まであり、なんと45文字もあるのです。「珪性肺塵病（細かい粉などを吸い込んで起こる肺の病気）」という意味です。もっとも、ネイティブスピーカーもこんな単語は知りません。オックスフォード辞典では約60万語といっても、こういう単語まで含まれているのです。ネイティブスピーカーの語彙力は8歳で1万語を超え、大人になると2万〜3万5000語を理解するとされています。実際は、この中から能動的に使用されている語彙はもっと少ないと推察されますが、これは日本人にとってはとても多いと感じるでしょう。

　日本人の学習者の単語力も、多ければ多いに越したことはありません。ですが、人間は単純作業が苦手な動物です。紙に何回も書いたり、声に出すなどの方法では限度があります。そして暗記というものは論理性がありません。巷の参考書はゴロ合わせなど、いろいろ暗記しやすいように作ってありますが、論理性のない暗記の次元は同じです。本書は語源学的なアプローチで単語を覚える単語集です。英語の単語の多くはラテン語、古代ギリシャ語に由来します。本書ではそれらの語源にもアプローチしています。英語はもちろんラテン語でギリシャ語を学ぶ方々のお役に立つことを自負しています。

INTRODUCTION

語源学入門
理論編

早速、語源による単語力アップ法の概要を説明します。その前に少しだけ漢字クイズにお付き合いください。

> ## 問1：次の漢字のよみがなを記入せよ。
> ① 鯰
> ② 鱈
> ③ 鱛

　さて3つめは何と読むのでしょう？　わからない人も多いでしょうが、この漢字が読めなくてもわかることがあります。そこで次の問題です。

> ## 問2：「鱛」という漢字は何を表すと推測できるか。
> ① 虫の種類
> ② 鳥の種類
> ③ 魚の種類

　この正解は、間違いなく「③魚の種類」でしょう。なぜかと聞かれれば、「魚という字があるからだ」とみなさんは言うでしょう。このように私たち日本人は漢字の偏やつくりから、その漢字が何を意味するかわかることがあります。これは英語にも言えることなのです。では具体的に例を使って説明します。ちなみに、③のよみがなは「エソ」（かまぼこの材料に使われる）です。

　さて、漢字クイズの魚を英語で言うと、以下のようになります。

① **catfish**（ナマズ）
② **codfish**（タラ）
③ **lizardfish**（エソ）

このようにすべてfishで終わります。③のlizardfishというのは欧米人なら誰でも知っているといった単語ではありませんが、英語圏の人が見れば魚を意味するということが一目瞭然なのです。では、もっと実用的な単語を例にとってみましょう。

■ international（国際的な）

inter-nation-al

まずinternationalという単語は、上のように3つの部品に分解できます。そして、それぞれの部品は次のような意味です。

inter-（〜の間で）
nation（国）
-al（形容詞をつくる）

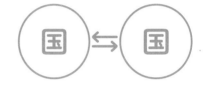

つまり、「国と国の」という意味なのです。その自然な訳語が「国際的な」という日本語なわけです。nationは「国」という意味の単語です。inter-（〜の間で）と-al（形容詞をつくる）は単独では存在しません。inter（埋葬する）という単語がありますが、語源は別なのでinternationalのinter-とは関係ありません。そしてinter-のように頭にくっつくものを接頭辞（prefix）、-alのようにお尻にくっついて品詞を決めるものを接尾辞（suffix）といいます。英語の単語の約50パーセントはラテン語、約10パーセントは古代ギリシャ語に由来します。そして、これを合わせた約60パーセントの単語はinternationalを分解したように語源学的に分解できるのです。ただしその60パーセントの全てが「接頭辞＋単語＋接尾辞」のようになるわけではありません。接頭辞・接尾辞の他に単語を構成する要素の1つに語根（radix）と呼ばれるものがあります。例を挙げてみましょう。ラテン語にrumpereという単語があります。これは英語に入って-rupt-という語根になりました。具体的には、次のような単語の語源となりました。

■ rupt-ure ＝ rupture（破裂）

-ureは名詞をつくる接尾辞です。「破れること」という意味です。

■ bank-rupt-cy ＝ bankruptcy（倒産）

bank（金庫）が破れるから「倒産」、-cyは名詞をつくる接尾辞です。ちなみにbank（銀行）の語源はイタリア語の*banca*（机）という単語です。他に、bank（土手）という単語もありますが、この単語の語源はデンマーク語の*banke*（土手）から来ています。

■ e-rupt ＝ erupt（噴火する）

e-は「外に」という意味の接頭辞です。溶岩（lava）が火山の外に破れて飛び出すイメージです。

　このように単語には様々なタイプの構成パターンがあります。接頭辞と語根と接尾辞の中で頻出なものを覚えるとだいたい500くらいあります。この500を覚えるだけでみなさんの単語力は飛躍的に増えるのです。本書では、接頭辞・語根・接尾辞を合わせて541語収録しており、必要十分を満たしています。

　さらに語源で単語を増やす利点として、フランス語やドイツ語など他の言語を学ぶときにも役に立つということがあります。だいたいヨーロッパの言語というのはラテン語・ギリシア語を根幹にしていますし、英語はフランス語から多くの単語を借り入れています。ということは英語の語源を学ぶことはフランス語を始めとする多くのヨーロッパ言語を同時に学ぶということなのです。単語を語源で覚えるには様々な利点があるのです。

　ところで私は約60パーセントの単語を分解できると言いましたが、次に残りの約40パーセント、つまり分解できない単語を見ていきましょう。

人・神の名前が語源のもの

　これはもちろん分解できません。代表例を挙げておきます。

　sandwich（サンドイッチ）は、サンドイッチ伯爵（John Montagu）というカード賭博の好きな人の名前に由来します。彼は食事のために卓上を離れることを嫌い、サンドイッチを考案したそうです。他にはcardigan（カーディガン）もそうです。これはクリミア戦争で、英国のカーディガン伯爵（James Thomas Brudenell）という人が甲冑の中に着ていたのが初めとされています。Hotchkiss（ホッチキス）というのも、1903年に日本に初めて輸入されたときのアメリカの製造元ホッチキス社の創業者の名前に由来します。余談ですが「ホッチキス」という言葉は和製英語で、英語ではstaplerといいます。

　そして、神様の名前が語源とされている単語ももちろん分解できません。例えば、volcano（火山）という単語です。これは古代ローマの火と鍛冶の神ウルカヌスという神様の名前が語源とされています。ラテン語の*Vulcānus*がイタリア語に入って英語化しました。その他には*zephyr*（そよ風・西風）という単語があります。これはギリシャ神話の西風の神 Ζέφυρος（ゼフィロス）から来ています。

その他の外来語由来の語

　そしてラテン語・ギリシャ語由来以外の単語は分解できません。というより分解しません。なぜかというと、効率的ではないからです。1つ例を挙げます。orangutan（オランウータン）という単語はもともとマレー語でorangは「人」、utanは「森の」という意味です。このように分解はできるのですが、orang×× とか ××utan などの単語が英語の中にたくさんあるわけではありません。orangが「人」、utanが「森の」というのを知ってい

てもorangutan以外の単語には全く役に立ちません。他に例を挙げると
tsunami（津波）という単語があります。日本語の「津波」が英語化したも
のですが、tsuが「津（みなと）」でnamiが「波」という知識が他の英単語
を分解するときに役に立つわけではありません。というわけで、その他の
外来語は分解しないというわけです。

3 擬音語・擬声語

　これも言うまでもなく分解できません。日本語の「ドーン」とか「コケコッ
コー」を意味で分解することができないのと同じです。具体的な単語でい
えばslap（平手打ち）という単語です。これは低地ドイツ語のslappが英語
化したのですが、平手打ちの音からきた擬音語です。

4 土地名が語源のもの

　これも人・神の名前と同じ要領です。具体的な例を挙げるとpalace（宮殿）
があります。この単語は昔、パラティヌスの丘といって、歴代ローマ皇帝
の邸宅があった場所の名前からきています。ラテン語では Palātium といっ
て中期ラテン語が英語化しました。

　分解できない単語はだいたいこの4パターンに分類されます。以上の分解
できないパターンを除いて、難しい専門用語にも語源で単語を増やすという
テクニックは使えます。特に難しい単語というのは使われる頻度が少ないの
で時間の流れとともに言葉の意味が変わるということはあまりありません。
逆に日常よく使われる単語というのは、それだけ意味も変わりやすいのです。
　ラテン語にcaputという単語があります。もともとは「頭」という意味で
したが、時間の流れとともに「頭」という意味から「主要な」という意味
が生まれ、中期ラテン語では「富」という意味が生まれました。この単語

はcap（帽子）、capital（首都）、captain（キャプテン）、capitalism（資本主義）などの語源です。余談ですが、*caput*という単語はcabbage（キャベツ）の語源であるという説があります。「頭の形をした野菜」というのがもともとの意味です。もっともcabbage（キャベツ）というのは元来フランスの北部で使われていた方言ですので、他のcaptを語源に持つ単語と、綴りが若干異なります。なんと語源学的に言えば、資本主義とキャベツは親戚なのです。

　1つ付け加えておくと、*caput*がcabbageのように変化していますが、pとbは音声学上変化しやすい傾向があります。例えばkidnap（誘拐する）という単語のnapの部分はもともとnab（ひったくる）という意味です。kidnapは特にransom（身代金）目当ての誘拐を意味します。「金以外の目的に誘拐する」という意味ではabductという単語を使います。

　話が少しそれましたが、「頭」のように日常よく使われる語は時間の流れとともに簡単に意味が変わってしまうのです。ですが、難しい単語はそれだけ言葉としての使用頻度が低いので語源に近い意味が単語に残っているのです。INTRODUCTIONで紹介した難しい単語を例にとってみましょう。

pneumonoultramicroscopicsilicovolcanoconiosis（珪性肺塵病）
<ruby>珪性肺塵病<rt>けいせいはいじんびょう</rt></ruby>

　この45文字の単語もでたらめに構成されているわけではありません。以下のように分解できます。

pneumono-（肺の）
pneumono-は肺に関係する単語をつくります。例えばpneumoniaは「肺炎」という意味の単語です。肺自体は英語ではlungといい、左右に2つあるので通常は複数形のsがつきます。

ultra（超・極端な）
ウルトラマンのウルトラです。ultraは単語として存在しています。名詞の

用法では「思想の過激な人」となります。もっともこの意味ではextremistという単語を使う方が一般的です。発音はウルトラではなく［ʌltrə］となることに注意が必要です。

microscopic（小さく見える）

この単語はさらにmicro-（小さく）、-scope-（見る）、-ic（形容詞をつくる）と分解できますが、microscopic（非常に小さな）という単語として存在していますので、本書では単語として扱います。

silico（ケイ素）

日本語でもシリコンといいますがsilico-はケイ素に関係する単語をつくります。ケイ素を漢字で書けば珪素となり、「珪性肺塵病（けいせいはいじんびょう）」の珪の元です。

volcano（火山）

これは語源を前述しました。単語として存在します。

coniosis（粉塵病（ふんじんびょう））

coni-は「埃」という意味で、-osisは「症状」を示す単語をつくります。coniosisは埃や塵を吸っておこる粉塵病（ふんじんびょう）という病気名を示す単語です。

以上の「肺の」「極端な」「小さく見える」「ケイ素」「火山」「埃」「症状」から判断すると、この単語は「火山から出たとても小さなケイ素を吸って起こる肺の病気」だということがわかります。ちなみに、この単語は1935年にアメリカのパズル愛好家組織（National Puzzlers' League）の会長であるEverett M. Smithによって造語されたといわれており、実際の医学用語ではありません。

また英語の単語の中で他に長いものに以下のようなものがあります。

supercalifraglisticexpialidocious

この単語はミュージカル映画『メリー・ポピンズ』の中で歌われた、子どもが英語の長い語を言うためにわざわざ作った造語ですので、分解できません。

以上で理論の説明を終わります。次は、この暗記法を使うのに必要とされるいくつかのルールや概念の説明をします。

知らない単語の類推について

英文を読んでいれば知らない単語に必ず出くわします。多くの本では、「文脈から判断しろ」と説いています。私はこの点に関しては全くその通りだと思います。しかし、語源学を勉強すれば自分の知らない単語がどういう意味なのか、類推することがもっと本格的にできるのです。まず単語自体を知らなくても接頭辞・語根・接尾辞を知っていればそれなりの目途がつきます。そして次の2つのルールを知っていれば、知らない単語の性質がもっとわかってくるのです。

1 長い単語ほど特殊な意味を持つ

接頭辞や接尾辞がくっつくというのは、その分単語の意味が特殊化するわけです。

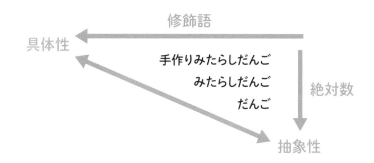

　日本語で考えてみましょう。例えば、「だんご」という言葉があります。
これに「みたらし」という言葉がくっつくと「みたらしだんご」になります。
この時点で、絶対数がぐんと減ります。だんごはだんごでも「草だんご」や「ご
まだんご」ではダメなわけですから。さらに、みたらしだんごの方が具体
的になります。お使いで「だんご買ってきて」と言われるより「みたらし
だんご買ってきて」と言われた方が具体的でわかりやすいはずです。この
ように、「みたらし」という言葉1つでだんごは特殊化してしまうのです。
さらに「手作り」とか「なになに屋で売っている」とか「出来立ての」な
ど修飾語が増えれば、それだけだんごの絶対数が減り、意味は特殊化され
ます。

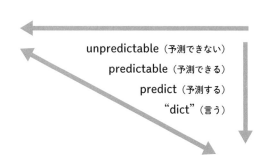

　英語で見てみましょう。上の図を見てください。-dict-というのはラテン
語のdicere（言う）から来た語根です。pre-は「前に・先に」という意味の

接頭辞で、predictは「何かが起こる前にそれを言う」つまり「予測する」という意味です。それに -able（可能という意味を付加する）という接尾辞がつけば「予測できる」。さらに un-（否定）がくっつけば「予測できない」という意味になるのです。このように**接頭辞や接尾辞がくっつくことによって語根の意味はどんどん具体的かつ特殊になる**のです。接頭辞や接尾辞がくっつくということはそれだけ単語が長くなりますから、長い単語ほど意味が特殊なわけです。p.11の45文字の英単語も「珪性肺塵病<ruby>珪性肺塵病<rt>けいせいはいじんびょう</rt></ruby>」というとても特殊な意味でしたよね。

2 語尾に注目する

　語尾に注目すれば単語の性質がもっと見えてきます。具体的にギリシャ語に由来する単語を例にとってみましょう。英単語の約10パーセントは古代ギリシャ語由来です。そしてギリシャ語由来の単語は専門用語が多く、特に科学・医学・数学・政治学の単語の起源はギリシャ語に影響されています。次の表を見てください。

-on（「素粒子・単位・量子」の意味の単語をつくる）	-itis（「炎症」の意味の単語をつくる）
electron（電子）	appendicitis（虫垂炎）
neutron（中性子）	bronchitis（気管支炎）
photon（光子）	gastritis（胃炎）
proton（陽子）	tonsillitis（血友病）

　-on、-itisで終わる単語をいくつか集めましたが、これらはギリシャ語系の接尾辞で、それぞれ素粒子、炎症などの意味を添加します。このように接尾辞を頭に入れて語尾を見ると、その単語が海のものか山のものかくらいの予想はできることがあります。

他の外国語に使ってみる

　さてこの項では語源で単語を覚える方法を、他の言語に使ってみましょう。具体的に、英語に縁のあるドイツ語を使ってみます。

■ schreiben（書く）

これは英語のwrite（書く）にあたります。語源は英語のscript（手書きの文書）と同じです。この単語に接頭辞をつけると下のような単語ができます。

■ vorschreiben（規定する・書き方を教える）

vor（最初に・〜の前に）＋schreiben（書く）

「最初に書く」ということは「最初に書いて定める」ということですから、「規定する」という意味になります。「書き方を教える」も同じで、書き方を教えるなら最初に見せないといけませんね。他にもschreibenを含む単語には以下のようなものがあります。

　　zuschreiben（〜のせいにする）
　　zu（〜に）＋**schreiben**（書く）
　　umschreiben（書き直す）
　　um（周りを）＋**schreiben**（書く）
　　beschreiben（知らせる）
　　be（強意）＋**schreiben**（書く）
　　einschreiben（記名する）
　　ein（中に）＋**schreiben**（書く）
　　ausschreiben（広告する・書き抜く）
　　aus（外に）＋**schreiben**（書く）

接頭辞のイメージ

　本編に入る前に接頭辞のイメージを図で確認しておきましょう。よく使われる接頭辞というのは限られていますので、これらのイメージがつかめれば語彙力の大幅アップも夢ではありません。それと同時に、綴りのパターンも確認しておきましょう。単語には綴りのルールがあります。接頭辞と語根が結合するときに発音しやすいように綴りが変化したり、音が抜け落ちたりするものです。試しにin・possibleと10回言ってみてください。知らないうちにimpossibleの音に近づくはずです。言葉というのは、人間の使うものですので、より実用的なものに変化するのが当たり前ですよね。英単語の暗記をするときにもこのルールを知らないと接頭辞などを見抜くのに苦労しますので、代表的なものを覚えておくとよいでしょう。

　綴りの変化のほとんどはassimilation（同化）と呼ばれるもので、接頭辞の後ろに来る語に接頭辞の語尾がつられたり消滅したりします。例を挙げます。

例1

in（中に）＋migrate（移動する）＝immigrate（移住する）

（nがmにつられています）

例2

mono（ひとつ）＋arch（支配者）＝monarch（専制君主）

（oが消滅しています：母音と母音が結合する場合、接頭辞の語尾の母音が消滅するというルールがあります）

　特に例1のassimilation（同化）に関しては、単に後ろの語につられるだけですので見抜くのは簡単です。これについては、接頭辞のイメージとと

もに綴りの変化パターンを以下にまとめました。ただし、接頭辞によってはまったく変化しないものもありますし、例1の変化パターンだけのものや例2の変化パターンだけのもの、両方のパターンがあるものなど様々です。以下は頻出の接頭辞の基本的なルールです。例外もありますが、それについては実践編でできるだけ解説をしています。

■ ex-（外に）

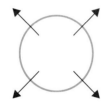

Assimilation（同化）

e-となるパターン➡**emit**（ルール：**c・f・p・q・s・t**以外の子音の前）
ef-となるパターン➡**effect**（ルール：**f**の前）
ec-となるパターン➡**eccentric**（ルール：**c**の前）

■ in-（中に・上に）

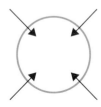

Assimilation（同化）

im-となるパターン➡**impel**（ルール：**b・m・p**の前）

■ pre-（時間の流れにおいて前に）

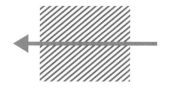

※単に位置関係において「前」を意味することもあります。

■ pro-（物理的な位置関係において前に）

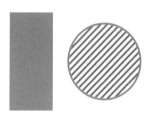

Assimilation（同化）

pur-となるパターン➡**purpose**

■ sub-（下に）

Assimilation（同化）

suc-となるパターン➡**success**（ルール：**c**の前）
suf-となるパターン➡**suffer**（ルール：**f**の前）
sug-となるパターン➡**suggest**（ルール：**g**の前）
sup-となるパターン➡**suppress**（ルール：**p**の前）
sur-となるパターン➡**surrogate**（ルール：**r**の前）
su-となるパターン➡**suspect**（ルール：**s**・**p**の前）

■ ad-（ある方向へ）

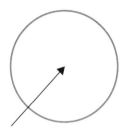

Assimilation（同化）

ab-となるパターン➡**abbreviate**（ルール：**b**の前）
ac-となるパターン➡**accept**（ルール：**c**の前）
af-となるパターン➡**affect**（ルール：**f**の前）
ag-となるパターン➡**aggregate**（ルール：**g**の前）
al-となるパターン➡**allocate**（ルール：**l**の前）
an-となるパターン➡**announce**（ルール：**n**の前）
ap-となるパターン➡**application**（ルール：**p**の前）
ar-となるパターン➡**arrest**（ルール：**r**の前）
as-となるパターン➡**assert**（ルール：**s**の前）
at-となるパターン➡**attract**（ルール：**t**の前）
a-となるパターン➡**ascend**（ルール：**sc・sp・st**の前）

■ com-（共に・全く）

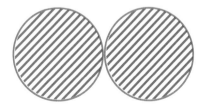

Assimilation（同化）

col-となるパターン➡**collaborate**（ルール：**l**の前）
con-となるパターン➡**conceal**（ルール：**c・d・g・j・n・q・s・t・v**の前）
cor-となるパターン➡**correct**（ルール：**r**の前）
co-となるパターン➡**cohere**（ルール：**h・gn**の前）

■ dis-(分離・否定)

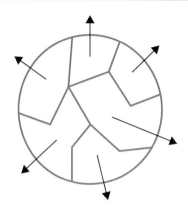

Assimilation（同化）

dif- となるパターン **⇒differ**（ルール：**f**の前）
di- となるパターン **⇒digest**
（ルール：**b・d・l・m・n・r・s・v**または時に**g・j**の前）

■ inter-(間に)

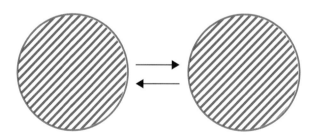

Assimilation（同化）

intel- となるパターン **⇒intellectual**（ルール：**l**の前）

■ trans-（A から B に移動）

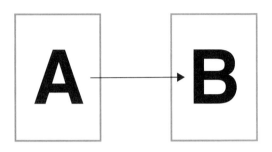

tran-となるパターン➡**transcribe**（ルール：**s**の前）
tra-となるパターン➡**trajectory**（ルール：**d・j・l・m・n・v**の前）

■ de-（下に・離れて・反対・否定・強意）

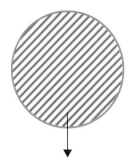

　「**下に**」という下降のイメージから「**離れる**」というニュアンスが生まれ、それが「**分離**」という意味になり、「**静止した状態**」に対する「**落下している状態**」のイメージから「**反対・否定**」という意味が生まれました。さらに「**離れる**」という明らかな状態変化のイメージから「**強意**」の意味が生まれました。

■ re-（後ろに・元に・繰り返し・強意）

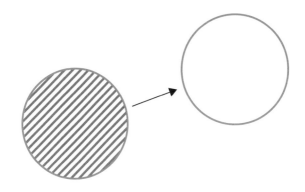

　「後ろに」というのは「元の」方向に戻ることを意味します。さらに元の方向に戻ることは同じ道を繰り返し通ることで、そこから「繰り返し」の意味が生まれ、繰り返されることから「強意」の意味が生まれました。

■ in-※・un-・non-（否定）　　※前出のin-（中に・上に）とは同じ綴りですが、異なる接頭辞です。

　これらの接頭辞はすべて否定の意味を持ちますが、それぞれニュアンスと用法が違います。例えばinhumanという単語は「非人間的な・冷酷な」という意味ですが、unhumanは単に「人間でない」という意味です。つまりin-の方がun-より「否定」の意味が強いのです。non-に関しては「欠如」のニュアンスが強い接頭辞です。さらにnon-を伴う単語は通例比較変化をせず、veryなどに修飾されません。

Assimilation（同化）

im- となるパターン➡**impossible**　（ルール：**b・m・p**の前）
ir- となるパターン➡**irregular**
il- となるパターン➡**illegal**

これで、語源学の入門講義は終わりです。これまで英単語の綴りのルールや法則性が存在することを知らずにがむしゃらに単語を覚えてきた人も多いかと思います。本書では、単語の構成がこうなっているという方法論を通して、語学というものにカンが養えるようにこだわりました。これからいよいよ実践編に入るのですが、わからない部分があれば、この理論編を何回も読み直してから、読み進めてください。

表記とその他の専門用語について

1．古英語・中英語・近代英語の時代区分は次の通りです。
　　古英語（Old English/Anglo Saxon）　450年〜1149年
　　中英語（Middle English）　1066年〜15世紀後半
　　近代英語（Modern English）　1500年頃〜

2．接尾辞の中で特に「小さい・親愛・軽蔑」の意味を添加するものは指小辞と表記しました。これは英語でdiminutiveといい、例えばstreamlet（小川）の-letが指小辞で「小さい」という意味を添加しています。日本語では東北弁の「べべこ」の「こ」などが指小辞にあたります。

3．接尾辞の中で、特に意味を添加するものは次のように表記しました。
　　（形：可能）→「可能」の意味が付加された形容詞をつくる
　　（名：人）→「人」を表す名詞をつくる

4．英単語を構成するパーツの語源のうち、それ自体が英単語として存在するものはグレーの文字で表記しています。

5．英語の語源となるラテン語の中で、必ず接頭辞とくっつき存在するものを「ラテン語造語要素」と表記しました。これはラテン語が文語化したときに既に消失した動詞で、単語としてはラテン語辞書などに掲載がないものです。「ラテン語造語要素」という用語は著者の造語です。

6．英語の語源となるラテン語は動詞原形でなく、不定法で表記しており、これは英語のto不定詞のように「〜すること」の意味ですが、便宜上、動詞原形の日本語訳をつけています。

語源学入門
実践編

［動作関係］

mov・mot・mob・mom 【動く】
ラテン語*movēre*（動かす・かき回す・感動させる）より

move
[múːv]
動く・感動させる

commove
[kəmúːv]
撹乱する・動揺させる
com（一緒に）➡一緒に動かす➡混乱させる

remove
[rimúːv]
取り除く
re（再び）➡元々あるものを再び動かす

motion
[móuʃən]
移動・運動
ion（名詞化）

motor
[móutər]
モーター・原動力
or（名詞化）➡動かすもの

motorcycle
[móutərsàikl]
オートバイ
cycle（一巡）➡動く円

promote
[prəmóut]
昇進させる・促進する
pro（前に）➡前に駆りたてる

commotion
[kəmóuʃən]
動乱・激動
com（一緒に）➡一緒に動かすこと➡騒ぎを起こすこと

remote
[rimóut]
遠く離れた
re（後ろに）➡後ろに動かされた➡遠くにやられた

26

demote
[dimóut]

階級を下げる・降格させる
de(下に)➡下に動かす

motivate
[móutəvèit]

動機を与える
ate(動詞化)

emotion
[imóuʃən]

感情・感動
e=ex(外に)➡外へ動かされたもの

motive
[móutiv]

動機・動因・原動力となる
ive(名詞化・形容詞化)

motif
[moutí:f]

モチーフ・(芸術作品の)主題
フランス語より➡芸術作品で動機となった中心的な思想

leitmotif
[láitmoutì:f]

(芸術作品で)繰り返し現れる主題
leit(ドイツ語:導く)➡指導的な役割のmotif(モチーフ)

mutiny
[mjú:təni]

反抗・反乱・暴動
「運動」が原義

mobile
[móubəl]

可動性の
ile(形:可能)➡動くことができる

automobile
[ɔ̀təməbíl]

自動車
auto(自分で)➡自分で動くもの

mob
[máb]

暴徒・愚民
ラテン語móbile vulgus(移動する群衆・心の動きやすい群衆)の短縮形

mobocracy
[mɑbákrəsi]

衆愚政治
cracy(政治・支配)➡愚民による政治

mobilize
[móubəlàiz]

動員する・結集する
ilize(動詞化)➡動ける状態にする

moment
[móumənt]

瞬間・時・時期
ment(名詞化)➡時の動き

momentary
[móuməntèri]

瞬間の・つかのまの
ary(形容詞化)

momentum
[mouméntəm]

はずみ・勢い
mentum(名詞化)➡動かすこと➡勢いをつけること

momentous
[mouméntəs]

重大な・ゆゆしい
ous(形容詞化)➡動かす原因となる➡重大な

movie
[múːvi]

映画
「動く絵」が原義

2

pel・puls・peal 【押す・駆りたてる】
ラテン語*pellere*(押す・突く・追い立てる)より

---

impel
[impél]

(考えなどを)強いる・駆りたてる
im＝in(中に)➡心の中で感情を駆りたてる

compel
[kəmpél]

無理にさせる・強要する
com(一緒に)➡いやがるものを一緒に駆りたてる

propel
[prəpél]

進ませる・駆り立てる
pro(前方に)➡前方に押す

propeller
[prəpélər]

プロペラ・推進器
er(名:〜するもの)➡前に押すもの

dispel
[dispél]

追い散らす・消散させる
dis(分離)➡四方八方に駆りたてる

expel
[ikspél]

追い出す・排斥する
ex〈外に〉➡外に駆りたてる

repel
[ripél]

追い払う・撃退する
re〈元に〉➡元のところに駆りたてる

pulse
[pʌ́ls]

脈拍
体内で駆りたてられるもの

pulsate
[pʌ́lseit]

脈打つ・振動する・鼓動する
ate〈動詞化〉

impulse
[ímpʌls]

衝撃・刺激・推進
im＝in〈中に〉➡心の中で感情を駆りたてること

compulsion
[kəmpʌ́lʃən]

強制
com〈一緒に〉➡いやがるものを一緒に駆りたてること

compulsory
[kəmpʌ́lsəri]

強制的な・義務的な・必修の
ory〈形：性質〉

repulse
[ripʌ́ls]

追い払う・撃退する・拒否する
re〈元に〉➡元のところに追い返す

repulsive
[ripʌ́lsiv]

嫌悪を感じさせる・〈物理〉反発する
ive〈形容詞化〉

appeal
[əpíːl]

（人の心に）訴える・懇願する
ap＝ad〈～の方に〉➡～の方に行く➡接近する➡訴えかける

appellant
[əpélənt]

上訴の・上訴人
ant〈形容詞化・名詞化〉

peal
[píːl]

鳴り響く・（鐘の）響き・とどろき
フランス語より。**appeal**の省略形で原義は「接近する」

repeal
[ripíːl]

(法律などを)廃止する・撤回する
re(後ろに)➡後ろに駆る➡追い返す➡取り消す

push
[púʃ]

押す・突く
「繰り返し打つ」が原義

3

late・lat・lay 【運ぶ】
ラテン語*lātus*(運ぶ・もたらす)より

translate
[trænsléit]

翻訳する・解釈する
trans(AからBへ)➡ある言語から違う言語へ意味を運ぶ

translation
[trænsléiʃən]

翻訳
ation(名詞化)

relate
[riléit]

関連づける
re(後ろに)➡元のところに運ぶ

relative
[rélətiv]

親戚・親類
ive(名詞化)

relation
[riléiʃən]

関係・関連・血縁・物語ること
ation(名詞化)

relationship
[riléiʃənʃip]

関わり合い・恋愛関係
ship(名:状態)

correlate
[kɔ́rəlèit]

相互に関係させる
cor=com(共に)➡共にrelate(関連づける)

correlation
[kɔ̀ːrəléiʃən]

相互関係・相関関係
ation(名詞化)

elate
[iléit]

大得意にさせる・元気づける
e＝ex（外に）➡外に運ぶ➡精神を持ち上げる

collate
[kəléit]

（文書などを）照合する
col＝com（共に）➡共に持ち寄る➡突き合わせる

oblate
[ábleit]

〈カトリック〉献身者*
ob（～に対して）➡～に対して持っていく人➡捧げる人
＊献身者：修道誓願を立てず在俗生活を送る信者

oblate
[ábleit]

偏円の・偏球の
ob（～に向けて）➡～に向けて運ばれた➡平らにされた
cf. 粉薬を包むオブラートはオランダ語のoblaatに由来し、これ
は英語のoblateと語源が同じで、ラテン語のoblātus（楕円形）よ
り。オブラート自体は、欧米では一般的ではない。

prolate
[próuleit]

（球体が）長形の
pro（前に）➡前に運ぶ➡前に伸ばされた

ablate
[æbléit]

除去する・すり減らす
ab（離れて）➡離れたところに運ぶ➡取り除く

illation
[iléiʃən]

推論・推断
il＝in（中に）／ation（名詞化）➡中に運び込むこと➡持ち込むこと

superlative
[supə́ːrlətiv]

過度の・この上ない・最上級
super（超えて）／ive（形容詞化）➡限度を超えたところに運ばれた

delay
[diléi]

延期する・遅れる・延期
de（分離）➡予定を離れたところに運ぶ（こと）

intrude [intrú:d]	侵入する・押し入る・強いる in(中に)➡中に押し進む
extrude [ikstrú:d]	押し出す・追い出す ex(外に)➡外に押す
detrude [ditrú:d]	押しのける・追い払う de(離れて)➡押し離す
protrude [proutrú:d]	突き出る・出っ張る pro(前に)➡前に押す
obtrude [əbtrú:d]	押しつける・でしゃばる ob(反対に)➡反対に押す➡突き出す
unobtrusive [ʌnəbtrú:siv]	ひかえめな・遠慮がちな un(否定)/ive(形容詞化)➡突き出ていない
abstruse [æbstrú:s]	難解な・とらえにくい・深遠な ab(離れて)➡押し出された➡隠された
thrust [θrʌ́st]	強く押す・突く・突き スカンジナビア語の「押す」より
threat [θrét]	脅迫・脅威 古英語 *þrēat* より。原義は「圧すること・脅すこと」
threaten [θrétn]	脅す・脅迫する en(動詞化)

fer 【運ぶ】

ラテン語 *ferre*（運ぶ・持ってくる）より

動作関係

形容詞

人間

人間の心

人間の行為・知覚

人体

自然

その他の名詞

---

prefer
[prifə́:r]

〜の方を好む
pre（先に）➡他のものより先に運ぶ

---

preference
[préfərəns]

好み・ひいき
ence（名詞化）

---

confer
[kənfə́:r]

与える・授与する・打ち合わせする
con＝com（一緒に）➡お互いに意見を持ち寄る

---

conference
[kúnfərəns]

会議・協議（会）
ence（名詞化）

---

offer
[ɔ́fər]

提供する・申し出る・提案
of（側に）➡人の側に運ぶ（こと）

---

suffer
[sʌ́fər]

苦しむ・経験する・絶える
suf＝sub（下で）➡下で運ぶ➡負担を負う

---

differ
[dífər]

違う・意見を異にする
dif＝dis（分離）➡分離させて運ぶ➡別々にする

---

different
[dífərənt]

違った・異常な
ent（形容詞化）

---

indifferent
[indífərənt]

無関心な・平凡な
in（否定）➡違わない➡どれに対してもひいきのない

---

differentiate
[dìfərénʃièit]

識別する・区別する・微分する
ate（動詞化）

transfer
〔[動] trænsfə́:r [名] trǽnsfər〕 移す・乗りかえる・移転
trans（AからBへ）➡AからBへ運ぶ（こと）

defer
[difə́:r] 延期する
de（離れて）➡従来の方法とは離れた方法て運ぶ➡遅らせる

defer
[difə́:r] 従う・譲る
de（下に）➡人の下に運ぶ➡委ねる

ferry
[féri] フェリー・〜を船で渡す
「運ぶ」が原義

infer
[infə́:r] 推論する・意味する
in（中に）➡証拠を中に運ぶ➡証拠を持ち寄る➡説を導入する

proffer
[práfər] 差し出す・申し出る
pro（前に）/ of（〜の方に）➡人の前の方に運ぶ

refer
[rifə́:r] 言及する・参考にする
re（後ろに）➡後ろに運び戻す➡後ろの方を参照する

referee
[rèfərí:] 審判員・レフリー
ee（名：人）➡判断の参考にされる人

referendum
[rèfəréndəm] 国民投票・リファレンダム
「参考にされるもの」が原義

reference
[réfərəns] 言及・参考・（人物の）推薦状
ence（名詞化）➡判断の参考にすること

conifer
[kóunəfər] 針葉樹・球果*植物
coni＝cone（円錐・球果）➡球果を運ぶ
＊球果：松・杉などの針葉樹の果実

34

pestiferous
[pestífərəs]

有害な・わずらわしい
pesti＝pest（やっかい物）➡やっかいな物を運ぶ

circumference
[sərkámfərəns]

円周（の長さ）
circum（周りに）➡丸く引いたもの

odoriferous
[òudərífərəs]

香りのよい
odori＝odor（香り）➡香りを運ぶ

vociferous
[vousífərəs]

騒々しい・うるさい
voc（声）／ous（形容詞化）➡声を運ぶ

fertile
[fə́:rtl]

肥沃な・多産な
ile（形容詞化）➡大地の恵みを運ぶ

fertilize
[fə́:rtəlàiz]

受精させる・肥沃にする
ize（動詞化）➡運ぶ➡産む

cross-fertilize
[krɔ́:s fə́:rtəlàiz]

他家受精させる・（異なった思想などを）交流させる
cross（交差）➡他のものと交差してfertilize（受精させる）

afferent
[ǽfərənt]

（血管が）輸入性の・導入の
af=ad（〜の方に）／ent（形容詞化）➡〜の方に運ばれた

efferent
[éfərənt]

（血管が）輸出性の・導出の
ef=ex（外に）／ent（形容詞化）➡外に運ばれた

6

gest・ger 【運ぶ・行う】
ラテン語*gerere*（運ぶ・行う）より

gest
[dʒést]

冒険・手柄・武勲
「行うこと」が原義

gestate
[dʒésteit]

懐胎する・(考えなどを)ひそかに温める
ate(動詞化)➡子宮で運ぶ

gesticulate
[dʒestíkjulèit]

身ぶり、手ぶりで伝える
ate(動詞化)➡意志・感情を運ぶ

digest
[[動] daidʒést [名] dáidʒest]

要約する・消化・要約
di=dis(分離)➡分解して運ぶ(こと)

suggest
[səgdʒést]

示唆する・ほのめかす
sug=sub(下で)➡下で運ぶ➡見えないように運ぶ

ingest
[indʒést]

(食物を)摂取する
in(中に)➡体の中に運ぶ

congest
[kəndʒést]

混雑させる・密集させる
con=com(一緒に)➡みんなを一緒に運ぶ

gesture
[dʒéstʃər]

身ぶり・そぶり
ure(名詞化)➡意志・感情を運ぶ方法

register
[rédʒistər]

記録する・登録する・名簿
re(後ろに)➡後ろの方に運ぶ➡とっておく(こと)

jest
[dʒést]

冗談・しゃれ・ひやかし
「ウケをねらって馬鹿なことを行う」が原義

exaggerate
[igzǽdʒərèit]

誇張する・大げさに言う
ex(外に)/ag=ad(〜に向けて)/ate(動詞化)➡〜に向けて
運ぶ➡積み上げる

gerund
[dʒérənd]

〈文法〉動名詞
動詞の機能を運ぶもの

36

port 【運ぶ】
ラテン語*portāre*（運ぶ）より

portable [pɔ́ːrtəbl]	持ち運べる **able**（形:可能）
portage [pɔ́ːrtidʒ]	運搬・輸送費 **age**（名詞化）
porter [pɔ́ːrtər]	運搬人・ポーター **er**（名:人）
portfolio [pɔ́ːrtfóuliòu]	書類入れ・有価証券一覧表 **folio**（紙）➡紙を運ぶもの（イタリア語より）
portmanteau [pɔːrtmǽntou]	旅行かばん・トランク **manteau**（マント）➡マントを運ぶもの
portly [pɔ́ːrtli]	恰幅のいい・太った・堂々とした **ly**（形容詞化）➡運ぶ➡身のこなし➡堂々とした
sport [spɔ́ːrt]	スポーツ **s**＝**dis**（分離）➡鬱屈したストレスを体から分離させる➡気を紛らわすもの
disport [dispɔ́ːrt]	気晴らしをする・はしゃぐ **dis**（分離）➡鬱屈したストレスを体から分離させる➡気を紛らわす（**sport**の元の単語）
export [[動] ikspɔ́ːrt [名] ékspɔːrt]	輸出する・輸出 **ex**（外に）➡国の外に運ぶ（こと）

import
[[動] impɔ́:rt [名] ímpɔ:rt]

輸入する・輸入
im＝in（中に）➡国の中に運ぶ（こと）

important
[impɔ́:rtənt]

重要な
im＝in（中に）／ant（形容詞化）➡中に運ぶ➡大事な

importance
[impɔ́:rtəns]

重要性
im＝in（中に）／ance（名詞化）

support
[səpɔ́:rt]

支持する
sup＝sub（下から）➡下から力を送る

supporter
[səpɔ́:rtər]

後援者・サポーター
er（名：人）

report
[ripɔ́:rt]

報告する・報告・報道
re（元に）➡元のところに運ぶ（こと）

reportage
[rèpɔ:rtá:ʒ]

報道記事・ルポルタージュ
age（名詞化）➡元のところに運ばれたもの

reporter
[ripɔ́:rtər]

報道記者・リポーター
er（名：人）➡元のところに運ぶ人

deport
[dipɔ́:rt]

（不法滞在の外国人などを）国外追放する
de（分離）➡離れたところに運ぶ

purport
[[動] pərpɔ́:rt [名] pə́:rpɔ:rt]

（しばしば偽って）称する・主張する
pur＝pro（前に）➡自分の考えを相手の前に運ぶ

transport
[trænspɔ́:rt]

輸送する
trans（AからBへ）➡AからBへ運ぶ

comport
[kəmpɔ́:rt]

（好ましく）ふるまう・一致する
com（一緒に）➡一緒に我慢して運ぶ➡好ましく見えるように耐える

mit・miss・mise・mess 【送る】

8

ラテン語*mittere*(行かせる・投げる・発する)より

---

commit
[kəmít]

委託する・犯す
com(対して)➡ある人に対して送る

---

committee
[kəmíti]

委員会
ee(名:人)➡委任された人たち

---

admit
[ædmít]

認める・(立ち入りを)許す
ad(〜に向かって)➡〜に向かって行かせる➡認める

---

emit
[imít]

放出する・放射する
e=ex(外に)➡外に送る

---

emissary
[éməsèri]

使者・密偵・スパイ
ary(名詞化)➡外に送り出されるもの

---

omit
[oumít]

抜かす・省略する
o=ob(側に)➡あるものの側に送る➡除く

---

permit
[pərmít]

許す
per(通って)➡何かを通して送る➡通過させる➡通過を許す

---

transmit
[trænsmít]

送り届ける・伝える
trans(AからBへ)➡AからBへ送る

---

intermit
[intərmít]

断続する・一時的にとまる
inter(間に)➡間に送る➡隙間ができる

---

submit
[səbmít]

服従させる・提出する
sub(下に)➡相手を自分の下に送る

---

remit
[rimít]
送金する
re（元に）➡ 元のところへお金を送る

pretermit
[prì:tərmít]
見過ごす・ほっておく・中断する
preter（向こうに）➡ 向こうの方に送る➡ 気にしない

manumit
[mǽnjəmít]
〈歴史〉（奴隷状態から）解放する
manu（手）➡ 手から送る➡ 手放す

missile
[mísail]
ミサイル・飛び道具
ile（名詞化）

dismiss
[dismís]
解散させる・退ける
dis（分離）➡ 各自を離れたところに送る

mission
[míʃən]
使命・派遣団
ion（名詞化）➡ 布教伝道のために他国に送られること

missionary
[míʃənèri]
宣教師
ary（名詞化）➡ 布教伝道のために他国に送られる人・物

promise
[prámis]
約束する・有望である・約束
pro（前に）➡ 前方に送る（こと）➡ 差し出される（こと）➡ 契約する（こと）

compromise
[kámprəmàiz]
妥協する・和解する・妥協
com（共に）➡ 共に約束する（こと）

premise
[prémis]
前提とする・前提
pre（前に）➡ 前もって送る（もの）

surmise
[sərmáiz]
推量する・憶測する
sur＝super（超えて）➡ ある範囲を超えたところまで考えを送ってみる➡ 推測する

demise
[dimáiz]

〈法律〉譲渡する・死去・逝去・(国家の)終焉
de(下に)➡下に送る(こと)➡譲る(こと)

mess
[més]

乱雑・散乱・(軍の)会食
送られるもの➡軍隊の食事➡流動食➡ごちゃまぜの状態

message
[mésidʒ]

伝言・ことづて
age(名詞化)➡送られるもの

muss
[mʌs]

(髪を)くしゃくしゃにする・混乱・混雑
mess(乱雑)より

Mass
[mǽs]

ミサ・ミサ聖祭
ミサの終わりに司祭がラテン語'Ite, missa est'(立ち去れ、儀式は終れり)と言うことに由来。missaはラテン語mittere(立ち去る)から。

9

leg 【代理として送る】
ラテン語legāre(使節として派遣する・遺贈する)より

---

legate
[légət]

(ローマ法王の)特使
ate(名詞化)➡代理として送られた人

legacy
[légəsi]

遺産・遺物
acy(名詞化)➡遺贈されたもの

legation
[ligéiʃən]

公使館
ation(名詞化)

delegate
[[動] déligèit] [名] déligət]

(権限などを)委譲する・代理人として派遣する・代理人
de(離れて)／ate(動詞化)➡離れたところに代理人として送る(送られる人)

delegation
[dèligéiʃən]

代表団・派遣団・(権限などの)委任
ation(名詞化)

relegate
[réləgèit]

左遷する・追いやる
re(後ろに)/ate(動詞化)➡後ろに追い返す

10

migra 【移る】
ラテン語 *migrāre*(移る・移住する)より

---

migrate
[máigreit]

移住する・移動する
ate(動詞化)

migrant
[máigrənt]

移住者・渡り鳥
ant(名:人)

immigrate
[íməgrèit]

(外国から)移住する
im=in(中に)/ate(動詞化)➡国の中に移ってくる

emigrate
[émigrèit]

(外国に)移住する
e=ex(外に)/ate(動詞化)➡国の外に移る

transmigrate
[trænsmáigreit]

(魂が)転生する・移住する
trans(AからBへ)/ate(動詞化)➡AからBに移る

11

via・vey・voy・vi 【道・道を進む】
ラテン語 *via*(道・道路)より

---

via
[váiə]

道・〜経由で

viaduct
[vǽiədʌkt]

陸橋・高架橋
duct（導管）➡導く道

trivial
[tríviəl]

つまらない・ささいな
tri（3）／al（形容詞化）➡3つの道の➡三叉路の➡公共の場所の

obviate
[ábvièit]

（危険などを）事前に取り除く
ob（対して）／ate（動詞化）➡道の途中で出会う➡目的地より前に防ぐ

deviation
[dì:viéiʃən]

逸脱・偏差
de（離れて）／tion（名詞化）➡本来の道から離れること

convey
[kənvéi]

運搬する
con＝com（一緒に）➡物資と一緒に道を進む

voyage
[vɔ́iidʒ]

旅・航海
age（名詞化）➡道を行くこと

convoy
[kánvɔi]

護送する
con＝com（一緒に）➡一緒に道を行く➡守る

envoy
[énvɔi]

使者・外交官
en（上に）➡他国に通じる道を行く人➡送られる人

invoice
[ínvɔis]

送り状を送付する・送り状・インボイス
envoyより。原義は「送られるもの」

obvious
[ábviəs]

明白な
ob（対して）／ous（形容詞化）➡道の途中にある➡目立った

previous
[prí:viəs]

以前の・先の
pre（前に）／ous（形容詞化）➡以前に通った道の

pervious
[pə́:rviəs]

（水・光などを）通過させる
per（通って）／ous（形容詞化）➡道を通す

it・is 【行く・進む】

ラテン語*ire*（行く・進む）より

---

exit
[égzit]

出口・退出
ex（外に）➡ 外に進むこと

---

initiate
[iníʃièit]

入門させる・入会させる
in（中に）／ate（動詞化）➡ 中に入って行く

---

initiative
[iníʃiətiv]

開始・先導・主導権
in（中に）／ative（名詞化）➡ 中に入って行くこと

---

initial
[iníʃəl]

始めの・頭文字の
al（形容詞化）

---

circuit
[sə́:rkit]

周囲・巡回・サーキット
circu（丸い）➡ 丸い形に進む

---

transit
[trǽnzit]

通過する・通過
trans（AからBへ）➡ AからBへ進む（こと）

---

transitive
[trǽnsətiv]

他動詞・他動詞の
trans（AからBへ）➡ AからBへ進む ➡ 目的語を取る（もの）

---

intransitive
[intrǽnsitiv]

自動詞・自動詞の
in（否定）➡ 目的語を取らない（もの）

---

trance
[trǽns]

催眠状態・忘我・トランス状態
tran（AからBへ）➡ 生から死の通過

---

ambit
[ǽmbit]

周囲・境界
amb（辺りに）➡ 辺りを丸く進むこと ➡ 円を描くこと ➡ 範囲を決めること

---

ambition
[æmbíʃən]

野心

amb（辺りに）➡票を求めて動きまわること（ローマには選挙の際、票を求めて遊説する習慣があった）

sedition
[sidíʃən]

（反政府的な）扇動・治安妨害

sed＝se（離れて）／ion（名詞化）➡本来の道から離れた道に進むこと

coition
[kouíʃən]

性交

co（一緒に）／ion（名詞化）➡一緒に行くこと➡連結すること

visit
[vízit]

訪問する・訪ねる・訪問

vis（見る）➡見に行く（こと）

itinerate
[aitínərèit]

遊歴する・巡回する

ate（動詞化）➡旅行する

itinerary
[aitínərèri]

旅程・旅行計画

ary（名詞化）

transient
発音注意 [trǽnziənt]

一時的な・つかの間の

trans（AからBへ）／ent（形容詞化）➡AからBへ行った➡通過した

issue
[íʃuː]

発行する・公布する・発行・論争点

iss＝ex（外へ）➡外に出す（もの）

perish
[périʃ]

死ぬ・消滅する・腐敗する

per（完全に）➡完全に行く➡なくなる

commence
[kəméns]

始める・開始する

com（共に）➡共にinitiate（始める）

commencement
[kəménsmənt]

卒業式・開始

ment（名詞化）

vade・wade 【行く・進む】

ラテン語*vādere*(行く・進む)より
古英語*wadan*(前進する・進む)より

evade
[ivéid]

逃れる・回避する
e=ex(外に)➡あるものの外に出て行く

invade
[invéid]

侵入する・侵攻する
in(中に)➡敵の中に進んで行く

pervade
[pərvéid]

全体に普及する
per(通して)➡一面に広がる

vade mecum
[véidi míːkəm]

携帯参考書
ラテン語より。英語に訳すとgo with meの意味

wade
[wéid]

(水の中を)歩いて渡る・苦労して進む
「行く」が原義

waddle
[wádl]

よたよた歩く
wadeより

cede・ceed・cess・cease 【行く・移る・譲る】

ラテン語*cēdere*(行く・移る・譲歩する)より

cede
[síːd]

譲る・割譲する

cession
[séʃən]

譲渡・割譲
ion(名詞化)➡譲ること

cessation
[seséiʃən]

休止・停止・中断
ation（名詞化）➡譲ること➡服従している状態

recede
[risí:d]

後退する
re（後ろに）➡後ろに行く

recession
[riséʃən]

景気後退
ion（名詞化）

secede
[sisí:d]

脱退する・分離する
se（離れて）➡離れて行く

precede
[prisí:d]

先行する
pre（前に）➡先に行く

predecessor
[prédəsèsər]

前任者・先輩
pre（前に）／de（離れて）／or（名：人）➡自分の前に離れて行った人➡前に引退した人

unprecedented
[ʌnprésidèntəd]

前例のない・無比の
un（否定）➡誰にも先行されていない

concede
[kənsí:d]

譲り合う・譲歩する
con＝com（一緒に）➡譲り合いながら一緒に行く

concession
[kənséʃən]

承認・譲歩・特権
ion（名詞化）

antecede
[æntisí:d]

先立つ・先行する
ante（前）➡前を行く

ancestor
[ænsestər]

先祖・祖先
an＝ante（前）／or（名：人）➡前を行く人

intercede
[ìntərsíːd]

取りなす・取り持つ
inter（間に）➡間に行って調停する

intercession
[ìntərséʃən]

仲裁・仲介
ion（名詞化）

retrocede
[rètrəsíːd]

戻る・退く・返還する
retro（遡って）➡遡って行く

succeed
[səksíːd]

成功する・継承する
suc＝sub（次に）➡成功した人の次に続く

success
[səksés]

成功・成就・立身
suc＝sub（次に）➡成功した人の次に続くこと

successor
[səksésər]

後継者・相続人
suc＝sub（下に）／or（名：人）➡誰かの下に続く人

proceed
[prəsíːd]

進む・手続きする
pro（前に）➡前に行く

procedure
[prəsíːdʒər]

手順・やり方・手続
ure（名詞化）➡前に行くためもの

process
[práses]

加工する・現像する・過程・工程
pro（前に）➡前に行く➡段階を進める（こと）

exceed
[iksíːd]

越える・勝る
ex（外に）➡範囲の外を行く

exceedingly
[iksíːdiŋli]

非常に・とても
ing（行為・過程）／ly（副詞化）➡範囲の外を行って

excessive
[iksésiv]

過度の・法外な
ive（形容詞化）➡範囲の外を行く

accede
[æksíːd]
同意する・(官職などに)就く
ac=ad(〜の方に)➡〜の方に行く➡接近する➡達する

access
[ǽkses]
接近・通路・立ち入り
ac=ad(〜の方に)➡〜の方に行くこと➡接近すること

accessible
[æksésəbl]
手に入りやすい・わかりやすい・(人が)話しかけやすい
ible(形:可能)➡接近しやすい

accessory
[æksésəri]
付属品・アクセサリー
ory(名詞化)➡完全に近づくためのもの

necessary
[nésəsèri]
必要な・必然の
ne(否定)/ary(形容詞化)➡譲ることのできない

necessitate
[nəsésətèit]
必要とする
ne(否定)/ate(動詞化)➡譲ることができなくする

cease
[síːs]
中止する・とだえる
譲る➡去る➡やめる

ceaseless
[síːslis]
絶え間ない・不断の
less(形:〜のない)➡やめることのない

cease-fire
[síːsfáiər]
停戦・戦闘中止
fire(射撃)➡撃つことをやめること

decease
[disíːs]
死亡する・死亡
de(離れて)➡離れたところに去る(こと)

fare 【行く・旅行する・道路】

15

古英語*fær*（旅・道）より

fare [féər]	運賃・（食卓に出された）食物・（テレビなどの）出し物 「旅」が原義
farewell [fèərwél]	〈挨拶〉さらば・別れ・別れの **well**（良い）➡ 良い旅を！
welfare [wélfèər]	幸福・福祉 wel＝**well**（良い）➡ 良く行くこと
thoroughfare [θə́:roufèər]	（通り抜けられる）道路 **thorough**（～を通り抜けて）➡ 通り抜けていくこと
warfare [wɔ́:rfèər]	戦争・戦争状態 **war**（戦争）➡ 軍隊の遠征

vaga 【さまよう】

16

ラテン語*vagāri*（さまよう・うろつく）より

vagabond [vǽgəbùnd]	放浪する・さすらいの・放浪者 **bond**（名：進行形）➡ さまよっている（人）
vagary [véigəri]	予測のつかない変化・突飛な考え **ry**（名詞）➡ さまようこと
vague [véig]	あいまいな・漠然とした さまよう➡ 確かでない

vagus nerve
[véigəs nə́ːrv]

迷走神経
nerve（神経）

extravagant
[ikstrǽvəgənt]

浪費する・途方もなく高い
extra（〜を超えて）➡〜を超えてさまよう➡行き過ぎる

extravaganza
[ikstrǽvəgǽnzə]

派手なショー・狂想的音楽劇
anza（名詞化：イタリア語由来）

17

vent・veni 【来る】
ラテン語*venīre*（来る）より

invent
[invént]

発明する
in（上に）➡何かが上に来る➡ひらめく➡見つけ出す

invention
[invénʃən]

発明・考案・発明品
ion（名詞化）

inventory
[ínvəntɔ̀ri]

品目一覧・目録
ory（名詞化）➡見つけ出されたものの一覧表

event
[ivént]

出来事・事件
e＝ex（外に）➡外に出て来ること

eventual
[ivéntʃuəl]

結果として生じる・最後の
al（形容詞化）➡外に出て来る

eventually
[ivéntʃuəli]

結局は・いつかは
ly（副詞化）

prevent
[privént]

妨害する・防ぐ
pre（前に）➡前に来て立ちはばかる

advent
[ǽdvent]

（重要人物の）到来・出現

ad（〜の方に）➡〜の方に来ること

adventure
[ædvéntʃər]

冒険

ad（〜の方に）➡目前に向かってくる異常なこと

adventurous
[ædvéntʃərəs]

冒険心のある・大胆な

ous（形容詞化）

venture
[véntʃər]

冒険・投機

ure（名詞化）➡危険なところに来ること

convene
[kənvíːn]

（議員などが）集まる・召集する

con＝com（一緒に）➡共に来る

convenient
[kənvíːnjənt]

便利な・好都合な

con＝com（一緒に）➡人が一緒に集まってくる

subvention
[səbvénʃən]

（政府などの）助成金・救済

sub（下から）➡下から助けに来るもの➡支えるもの

convent
[kánvent]

（女子の）修道会

con＝com（一緒に）➡人が共に来る場所

convention
[kənvénʃən]

会議・大会・協定・慣行

ion（名詞化）➡人が共に来ること

conventional
[kənvénʃənl]

慣習の・因習的な

al（形容詞化）➡人が共に来て決めた

venue
[vénjuː]

開催地・現場

人が来るところ

revenue
[révənjùː]

歳入
re(元に)➡毎年元のところに来るもの
cf. the revenue(国税庁)
反意語⇔**expenditure**(歳出)

avenue
[ǽvənjùː]

大通り・道
a＝ad(〜の方に)➡家に近づく道

intervene
[ìntərvíːn]

間に入る・邪魔する
inter(間に)➡間に来る

intervention
[ìntərvénʃən]

介入・干渉
ion(名詞化)

supervene
[sùːpərvíːn]

付随して起こる・併発する
super(余分に)➡余分に来る

circumvent
[sə̀ːrkəmvént]

迂回する・抜け道を見つける
circum(周りに)➡周って来る

covenant
[kʌ́vənənt]

盟約・約款
convene(〈議員などが〉集まる)より

souvenir
[sùːvəníər]

土産・記念品
sou(下に)➡下に来るもの➡心に思い出すもの

18

grad・gress　【歩く・踏む】
ラテン語*gradī*(歩く・進む)より
ラテン語*gradus*(歩み・段)より

grade
[gréid]

段階・等級
「踏まれてできるもの」が原義

upgrade
[ʌ́pgréid]

アップグレードする・格上げする

up（上に）➡上に歩く➡上げる

downgrade
[dáungrèid]

格下げする・評価を下げる

down（下に）➡下に歩く➡下げる

gradation
[grədéiʃən]

グラデーション・徐々の変化

ation（名詞化）➡踏んでいくこと

gradual
[grǽdʒuəl]

少しずつの

al（形容詞化）➡踏み段的な➡漸進的な

gradually
[grǽdʒuəli]

次第に・徐々に

ly（副詞化）

degrade
[digréid]

降格する・左遷する

de（下に）➡下の等級にする

degree
[digríː]

段階・程度・角度・学位

de（下に）➡下への一歩

retrograde
[rétrəgrèid]

後退する・逆行する

retro（遡って）➡遡って歩く

graduate
[[動] grǽdʒuèit [名] grǽdʒuət]

卒業する・卒業生

ate（動詞化）➡段階を踏む（人）

undergraduate
[ʌ̀ndərgrǽdʒuət]

（大学の）学部生

under（下の）➡卒業する下の段階のもの

postgraduate
[pòus(t)grǽdʒuət]

大学院生

post（後の）➡卒業した後の段階のもの

progress
[[動] prəgrés [名] prágres]

進歩する・進歩・発展

pro（前に）➡前に歩く（こと）

54

congress
[káŋgris]

議会・会合
con＝com（一緒に）➡人が一緒に歩いてくるところ

congressman
[káŋgrismən]

下院議員
man（人）

regress
[rigrés]

後退する
re（後ろに）➡後ろに歩く

egress
[í:gres]

出ること・外出権・出口
e＝ex（外に）➡外に歩いていくこと

ingress
[íngres]

進入・入場権・入り口
in（中に）➡中に歩いていくこと

transgress
[trænsgrés]

逸脱する・（法などに）背く
trans（越えて）➡ある領域を越えて歩く

aggress
[əgrés]

攻撃する
ag＝ad（〜に向かって）➡相手に向かって歩く

aggressive
[əgrésiv]

攻撃的な・積極的な
ive（形容詞化）

digress
[digrés]

脇道にそれる・脱線する
di（離れて）➡本来の道とは離れた道を歩く

retrogress
[rètrəgrés]

逆行する・後退する・戻る
retro（遡って）➡遡って歩く

ingredient
[ingrí:diənt]

成分・構成要素・内容物
in（中に）／ent（名詞化）➡中に入っていくもの➡構成するもの

形容詞

人間

人間の心

人間の行為・知覚

人体

自然

その他の名詞

car・char 【走る・車】

古ノース語*kartr*(荷車)より
ラテン語*carrus*(荷車)より
中世ラテン語*carricāre*(積む)より

car [ká:r]	車 「走るもの」が原義
cart [ká:rt]	荷車・カート 「車」が原義
career [kəríər]	(人の)経歴 「走る」が原義
cargo [ká:rgou]	積み荷 「車に荷物を積む」が原義
carriage [kǽridʒ]	馬車・車両・運送 **age**(名詞化)
carry [kǽri]	運ぶ **car**が動詞化したもの(ケルト語より)
carrier [kǽriər]	運送人 **er**(名:人)➡運ぶ人
chariot [tʃǽriət]	古代の戦車・馬車 **iot**(指小辞:小さい)➡小さい車
charge [tʃá:rdʒ]	料金・負担・充電・突撃 「車に荷物を積む」が原義
discharge [distʃá:rdʒ]	(荷を)降ろす・(乗客を)下ろす **dis**(分離)➡車から荷物を離す

undercharge
[ʌndərtʃáːdʒ]

代価以下の金額を請求する
under（下に）➡予定より少なく荷物を積む

overcharge
[òuvərtʃárdʒ]

高値を吹っかける・誇張する
over（超えて）➡予定より多く荷物を積む

caricature
[kǽrikətʃər]

風刺漫画
車に荷物を積みすぎること➡誇張したもの
cf.「漫画」の意味では**cartoon**の方が一般的

carpenter
[káːrpəntər]

大工・大工職人
「馬車をつくる人」が原義

20

curr・course 【走る・流れる】
ラテン語*currere*（走る）より

---

current
[kə́ːrənt]

現在の・通用している・流れ
ent（形容詞化・名詞化）➡流れている（もの）

cursor
[kə́ːrsər]

カーソル
or（名：～するもの）➡走るもの

currency
[kə́ːrənsi]

通貨・流布
ency（名詞化）➡世界を走り回るもの

concurrent
[kənkə́ːrənt]

同時発生の・共同の
con＝com（一緒に）➡一緒に走っている

curriculum
[kəríkjuləm]

教科課程・カリキュラム
「走路・経歴」が原義
cf. curriculum vitae（履歴書）

occur
[əkə́:r]
起こる・浮かぶ
oc＝ob(〜に対して)➡〜に対して走る➡走ってくる

occurrence
[əkə́:rəns]
出来事・出現
ence(名詞化)

concur
[kənkə́:r]
一致する・同時に起こる
con＝com(一緒に)➡一緒に走る

incur
[inkə́:r]
(損害などを)招く・負う
in(中に)➡中に走る➡ある事態に突入する

recur
[rikə́:r]
再発する・戻る
re(後ろに)➡後ろに走る➡戻ってくる

discursive
[diskə́:rsiv]
散漫な・とりとめのない
dis(分離)／ive(形容詞化)➡それぞれが離れた方向に走る

excursion
[ikskə́:rʒən]
遠足
ex(外に)／ion(名詞化)➡外に走ること

precursor
[prikə́:rsər]
先駆者・先任者・前兆
pre(前に)／or(名：人・物)➡前から走っている人・物

corridor
[kɔ́:ridər]
廊下・回廊
「走るところ」が原義

course
[kɔ́:rs]
経路・進路
「走るところ」が原義

recourse
[rí:kɔ:rs]
依頼・頼みとするもの
re(後ろに)➡後ろに走ること➡戻ってくること➡頼ってくること

discourse
[dískɔ:rs]
講演・会話・論説
dis(離れて)➡離れたところまで声を走らすこと

intercourse
[íntərkòːrs]

性交・交際
inter(間に)➡相互の間を走ること➡交わること

succor
[sʌ́kər]

救助する・救助・援助
suc=sub(下から)➡下から力を走らす(こと)➡助ける(こと)

concourse
[kánkɔːrs]

散歩道
con=com(一緒に)➡みんなが一緒に走り集まる場所

courier
[kə́ːriər]

(主に書類の)運送業者・運送人
er(名:人)➡走る人➡急使

21

pass 【越える・歩み・速さ】
ラテン語*passus*(歩み)より

pass
[pǽs]

通過する・通り越す・合格する・山道・峠
歩く➡越える(もの)

passage
[pǽsidʒ]

通行(権)・通路・経過・(文・楽曲の)一節
age(名詞化)➡歩むこと

passenger
[pǽsəndʒər]

乗客・旅客
er(名:人)

passer-by
[pǽsər bái]

通りがかりの人
er(名:人)/by(そばを)➡そばを通る人

passport
[pǽspɔːrt]

旅券・パスポート
port(港)➡港を通過するためのもの

compass
[kʌ́mpəs]

コンパス・羅針盤・境界
com(共に)➡共に歩むもの➡周回するもの

encompass
[inkʌ́mpəs]

包み込む・網羅する
en＝in（中に）➡compass（境界）の中に入れる

surpass
[sərpǽs]

勝る・超える
sur（上に）➡上に超える

trespass
[tréspəs]

不法侵入する・不法侵入
tres＝trans（越えて）➡越えて通過する（こと）

impasse
[ímpæs]

行き詰まり・袋小路
im＝in（否定）➡越えられない

overpass
[óuvərpæs]

陸橋・高架交差路
over（上に）➡道の上を通過するもの

underpass
[ʌ́ndərpæs]

地下歩行通路・ガード下通路
under（下に）➡道の下を通過するもの

pace
[péis]

速度・歩調・ペース

22

erra 【さまよう・間違う】

ラテン語*errāre*（さまよう・放浪する・間違う）より

---

errant
[érənt]

（正道から）逸脱した・武者修行中の
ant（形容詞化）➡さまよっている

aberrant
[əbérənt]

正道を外れた・常軌を逸した・変型の
ab=ad（～から離れて）

err
[ə́ːr]

誤る・間違いを犯す
さまようことから道を誤る

erring
[ə́:riŋ]

身を誤った・不義の
ing（形容詞化）

erratum
[erá:təm]

誤字・誤植・正誤表

23

fac・fect・feat・feit・fact・fice・fic・face 【作る・為す】
ラテン語*facere*（する・作る）より

---

facsimile
[fæksíməli]

ファックシミリ・複写
simil（似た）➡似せて作ること

faculty
[fǽkəlti]

学部・能力
ty（名詞化）➡何かを為す力➡人が為しえる分野

facility
[fəsíləti]

施設・設備
ty（名詞化）➡何かを為す力➡何かを為すための場所

factor
[fǽktər]

要素・要因・因数・因子
or（名詞化）➡為すもの

affect
[əfékt]

影響する・感動させる
af=ad（〜に向かって）➡〜に向かって為す➡作用する

infect
[infékt]

感染させる
in（中に）➡中に作る➡汚染させる

perfect
[pə́:rfikt]

完全な・ぴったりの
per（完全に）➡完全に作られた

defect
[dí:fekt]

欠陥・欠点
de（否定）➡不完全に作られたもの

effect
[ifékt]

効果・効力
ef=ex（外に）➡完成した結果、外に出たもの

confect
[kənfékt]

（材料を集めて）作り上げる・調製する
con＝com（一緒に）➡一緒に作る

prefect
[prí:fekt]

長官・風紀委員・知事
pre（前に）➡事前に作る➡事前に置かれる人

prefecture
[prí:fektʃər]

県・府
ure（名詞化）➡prefect（長官）の事務所

feat
[fí:t]

偉業・功績
「すること」が原義

feature
[fí:tʃər]

特徴・顔つき
ure（名詞化）➡作られたもの

defeat
[difí:t]

打ち破る・負かす
de（分離）➡作ったものを分離させる➡壊す

counterfeit
[káuntərfit]

偽造する・模造の・偽物
counter（相対して）➡本物に相対して作る（もの）

forfeit
[fɔ́:rfit]

没収・罰金・剥奪
for（外に）➡外に為す➡罪を犯したもの

fact
[fǽkt]

事実・実際の状況
「為されたこと」が原義

factory
[fǽktəri]

工場
ory（名：場所）➡作る場所

artifact
[ɑ́rtifækt]

人工品・加工品
arti=art（技術）➡技術で作られたもの

benefactor
[bénəfæktər]

恩人・寄付する人

bene（良い）／or（名：人）➡良いことを為す人

malefactor
[mǽləfæktər]

悪人・犯人

male（悪い）／or（名：人）➡悪いことを為す人

office
[ɔ́:fis]

事務所・オフィス・役所

of（仕事）➡仕事を為すところ

efficient
[ifíʃənt]

有能な・効率的な

ef=ex（完全に）／ent（形容詞化）➡完全に為すための

sufficient
[səfíʃənt]

十分な

suf=sub（下から）／ent（形容詞化）➡下から上まで作る➡満たされた

proficient
[prəfíʃənt]

熟達した

pro（前に）／ent（形容詞化）➡前でやっている➡進歩している

deficient
[difíʃənt]

不足した・欠陥のある

de（否定）／ent（形容詞化）➡不完全に作られた

superficial
[sù:pərfíʃəl]

見せかけの・表面の

super（上）／al（形容詞化）➡上のほうだけ作られた➡外面だけの

magnificent
[mægnífəsnt]

壮大な・偉大なる

magni（偉大な）➡偉大なことを為している

difficult
[dífikʌlt]

難しい・困難な

dif=dis（離れて）➡容易なことから離れたことを為す

face
[féis]

顔・面目・うわべ・（建物の）正面

作られたもの➡見た目

efface
[iféis]

こすり消す・拭い取る

ef=ex（外に）➡顔を外に出す➡見えないようにする

deface
[diféis]

醜くする・外見を損なう
de(離れて)➡顔を普通の状態から離す➡悪くする

surface
[sə́:rfis]

表面・水面・外見
sur=super(上)➡顔の上

profit
[práfit]

利益・利潤・得
pro(前に)➡前に為すもの➡前進しているもの➡得なもの

profitable
[práfitəbl]

儲かる・有益な
able(形:可能)

affair
[əféər]

出来事・浮気・情事
af=ad(～の方向に)➡～の方向に為されたこと

feasible
[fí:zəbl]

実行可能な・ふさわしい
ible(形:可能)➡為すことが可能な

24

act・age・gi・g【行う・追う・無理やりする・行動する】
ラテン語*agere*(行く・追いやる・行動する)より

---

act
[ǽkt]

行う・演じる
「為される」が原義

action
[ǽkʃən]

活動・行為・作用・演技・軍事行動
ion(名詞化)

actor
[ǽktər]

俳優・行為者
or(名:人)

actress
[ǽktris]

女優
ess(名:女性)

active
[ǽktiv]

活動的な・現役の
ive（形容詞化）

---

inactive
[inǽktiv]

不活発な・活動していない
in（否定）

---

activate
[ǽktəvèit]

活性化する
ate（動詞化）➡**active**（活動的な）にする

---

actual
[ǽktʃuəl]

現実の・実際の
al（形容詞化）➡現に行われている

---

actuate
[ǽktʃuèit]

作動させる・動機づける
ate（動詞化）➡行う

---

actualize
[ǽktʃuəlàiz]

実現する
ize（動詞化）➡**actual**（現実の）にする

---

actually
[ǽktʃuəli]

実は・本当のところは
ly（副詞化）

---

exact
[igzǽkt]

正確な・ちょうどの
ex（外に）➡外に追われた➡求められた・量られた

---

exactly
[igzǽktli]

正確に・〈口語〉その通り
ly（副詞化）

---

exaction
[igzǽkʃən]

（支払いの）強制取立て
ion（名詞化）➡外に追うこと➡要求すること

---

react
[riǽkt]

反応する・反作用する
re（返す）➡作用し返す

---

reactor
[riǽktər]

原子炉・〈医学〉反応陽性者
or（名：〜するもの）

interact
[íntərǽkt]

交流する・相互に作用する
inter（間で）➡ 二者間で行う

interactive
[íntərǽktiv]

対話式の・双方向の
ive（形容詞化）➡ 二者間の

transact
発音注意 [trænzǽkt]

処理する・取引する
trans（AからBへ）➡ AからBへやり取りする

enact
[inǽkt]

（法律を）制定する・（劇を）上演する
en（中に）➡ 行うという状態の中に入れる

enactment
[inǽktmənt]

（法律の）制定・法令・（劇の）上演
ment（名詞化）

agent
[éidʒənt]

代行者・代理人
ent（名：人）➡ 行う人

agency
[éidʒənsi]

代理店・作用・媒介
cy（名：人・物）➡ 行う人・物

agenda
[ədʒéndə]

予定案・議事日程
「行うべきこと」が原義

agile
[ǽdʒəl]

敏捷な・機敏な
ile（形：可能）➡ 行動しやすい

agitate
[ǽdʒitèit]

扇動する・撹拌する
it（反復）／ate（動詞化）➡ 無理やり何度もやろうとする➡ 騒がせる

cogent
[kóudʒənt]

説得力のある・適切な
co=com（共に）／ent（形容詞化）➡ 共に追われた➡ 理由を1カ所に集めた

coagulate
[kouǽgjulèit]

凝固させる
co=com（共に）／ate（動詞化）➡ 共に追う➡ 1カ所に集める

66

cogitate
[kádʒətèit]

熟考する・瞑想する

co=com（共に）／ate（動詞化）➡共に追う➡考え出す

exigent
[éksədʒənt]

差し迫った・切迫した

ex（外に）／ent（形容詞化）➡外に駆り立てる

navigate
[nǽvəgèit]

航海する・操縦する

navi（船）／ate（動詞化）➡船を推進する

prodigal
[prádigəl]

放蕩な・浪費する

prod=pro（前に）／al（形容詞化）➡前に追われた➡惜しみない

ambiguous
[æmbígjuəs]

2通り（以上）の解釈を許す・曖昧な

ambi（辺りに）／ous（形容詞化）➡あたりを動く➡さまよっている

agony
[ǽgəni]

苦痛・苦闘

駆り立てること➡競争➡勝利への苦闘

agonize
[ǽgənàiz]

激しく苦しむ・煩悶させる

ize（動詞化）

antagonist
[æntǽgənist]

敵対者・〈生理学〉拮抗筋

anta=anti（反する）／ist（名：人）➡反対の行いをする人・物

protagonist
[proutǽgənist]

（劇の）主人公・主唱者

prot=proto（最初の）／ist（名：人）➡最初に演じる人

examine
[igzǽmin]

調べる・調査する

ex（外に）／➡外に追う➡要求する➡天秤を使って測る

examination
[igzæmənéiʃən]

試験・検査・調査

ation（名詞化）

pedagogue
[pédəgàg]

学者ぶる人・教育者

ped（子ども）／➡子どもを追う人

synagogue
[sínəgàg]

（ユダヤ教(の)）礼拝堂
syn（共に）／➡共に行うこと➡集まること

25

lev・levat・lieve・light 【軽くする】
ラテン語*levis*（軽い）より

---

lever
[lévər]

レバー・てこ
er（名詞化）➡人間の手にかかる力を軽くするもの

---

leverage
[lévəridʒ]

てこの作用・〈経営〉レバレッジ・（借入資本で）投機を行う
age（名詞化・動詞化）➡軽くする（こと）

---

levy
[lévi]

取り立てる・徴税する・取立て
軽くする➡吸い上げる（こと）

---

levity
[lévəti]

軽率・軽はずみ
ity（名詞化）

---

levitate
[lévətèit]

空中浮遊させる
ate（動詞化）

---

alleviate
[əlíːvièit]

軽減する・緩和する
al＝ad（強意）／ate（動詞化）

---

relevant
[réləvənt]

関係のある・適切な
re（繰り返し）／ant（形容詞化）➡何度も人の負担を軽くする➡助
力する➡関わり合う

---

irrelevant
[iréləvənt]

関係のない・関連性のない
ir＝in（否定）

elevator
[éləvèitər]

エレベーター・昇降機
e＝ex（強意）／or（名詞化）➡上げるもの
cf. イギリス英語ではlift

relieve
[rilí:v]

軽くする・苦痛を和らげる・救う
re（後ろに）➡厄介なものを後ろに遠ざける➡心を軽くする

relievo
[rilí:vou]

浮き彫り・レリーフ・際立ち
re（後ろに）➡厄介なものを後ろに遠ざける➡浮き上がるように
彫ったもの
cf. reliefと綴る方が一般的

relief
[rilí:f]

安心・軽減・救援
軽くすること

light
[láit]

軽い・(量が)少ない・(眠りが)浅い
古英語lēoht（軽い）より

light
[láit]

(馬などから)降りる・偶然見つける
古英語lēoht（軽い）より➡軽くする

alight
[əláit]

(馬などから)降りる・(鳥などが)降りて止まる
a（強意）➡light（降りる）

lung
[lʌ́ŋ]

肺
古英語lungenより。原義は「軽いもの」

scan・scend 【登る】

ラテン語*scandere*（登る・乗る・韻律を調べる）から

---

scan
[skǽn]

細かく調べる・走査する
登る➡足の上げ下げて韻律を調べる

---

scansion
[skǽnʃən]

韻律分析
sion（名詞化）➡登ること➡足の上げ下げて韻律を調べること

---

scale
[skéil]

はしごで登る・目盛り・縮尺・尺度・音階
「はしご（登るもの）」が原義

---

scandal
[skǽndl]

スキャンダル・不祥事
原義は「わな・精神的なわだかまりの原因」て、これは*scandere*
（登る）と同系。現在の意味は、古英語*scand*（恥）という音が似た
単語の影響がある。

---

descend
[disénd]

降りる
de（下に）➡下りていく

---

descent
[disént]

降下・血統・下り坂
de（下に）／ent（名詞化）➡下りていくこと

---

descendant
[diséndənt]

子孫・末裔
de（下に）／ant（名:人）➡家系を下る人

---

descendent
[diséndənt]

先祖伝来の・派生した
de（下に）／ent（形容詞化）➡家系を下った

---

condescend
[kàndəsénd]

へりくだる・身を落とす
con=com（完全に）／de（下に）➡身を完全に下に置く➡身を低くする

transcend
[trænsénd]

超える・超越する
trans(超えて)➡超えて登る

ascend
[əsénd]

登る
a=ad(〜の方に)➡〜の方に登る

ascendant
[əséndənt]

祖先・優勢・優位
a=ad(〜の方に)／ant(名；人)➡家系を登る人

ascent
[əsént]

上がること・上昇・上り坂
a=ad(〜の方に)➡〜の方に登ること

ascension
[əsénʃən]

昇進・上昇
sion(名詞化)

escalate
[éskəlèit]

段階的に拡大する
e=ex(上に)／ate(動詞化)➡上に刻んでいく

escalator
[éskəlèitər]

エスカレーター
or(名詞化)

escalade
[èskəléid]

(城壁の)はしご登り攻撃
ade(名詞化)

27

mount・mon 【登る・山】
ラテン語*mons*(山・丘)から

---

mount
[máunt]

登る・上がる・乗る

dismount
[dismáunt]

(馬・自転車などから)降りる
dis(否定)

mountain
[máuntən]

山

mountainside
[máuntinsàid]

山腹・山の斜面
side（側面）

mountaineer
[màuntəníər]

登山者・山地の住人
eer（名：人）

mountebank
[máuntəbæ̀ŋk]

山師・ペテン師
bank＝banco（イタリア語：ベンチ）➡ベンチに上がる人

amount
[əmáunt]

相当する・合計～になる
a＝ad（～の方に）➡山の上の方に達する

surmount
[sərmáunt]

乗り越える・克服する
sur（超えて）➡山を越える

paramount
[pǽrəmàunt]

最高の・卓越した・主要の
par＝per（通して）／a＝ad（～に向かって）＝山の上にある

tantamount
[tǽntəmàunt]

同等の・等しい
tant（同量に）➡同量に相当する

montage
[mɑntɑ́ːʒ]

モンタージュ・合成写真
age（名詞化）➡登ること➡上に置いていくもの➡組み立てたもの

montane
[mɑ̀ntéin]

山地の・低山地帯
ane（形容詞化）

Montana
[mɑntǽnə]

モンタナ州（米国北西部の州）
「山の多い土地」が原義

us・use・ut 【使用する】

ラテン語***ūtī***(使う)より
ラテン語***ūsus***(使用・利用)より

---

use
[júːz]

使う・用いる

---

usual
[júːʒuəl]

いつもの
al(形容詞化)➡使っている➡習慣的な

---

utility
[juːtíləti]

役に立つこと・有用性・有益
ity(名詞化)➡使えること

---

utilitarianism
[juːtilətéəriənìzm]

功利主義
arian(〜派の人)／ism(主義)➡行動の善悪を、それの結果が有
益であるかによるとする考え方

---

utensil
[juːténsəl]

器具・用具
sil(適した)➡使用に適したもの

---

useful
[júːsfəl]

有用な・役に立つ
ful(形:いっぱいの)➡使い用途がいっぱいある

---

useless
[júːslis]

無益な・役立たずの
less(形:無い)➡使い用の無い

---

usage
[júːsidʒ]

語法・慣習
age(名詞化)

---

usance
[júːzns]

〈金融〉ユーザンス＊
ance(名詞化)➡使うこと➡慣習➡慣習的な支払い期間
＊ユーザンス:為替手形の満期日までの一定期間(慣習期間とも
いう)

usurp
[juːsə́ːrp]

強奪する

rp（つかむ）➡使うためにつかむ

usurer
[júːʒərər]

高利貸し

er（名：人）➡強奪する人

peruse
[pərúːz]

熟読する・詳細に調べる

per（完全に）➡完全に使う➡使い果たす

abuse
[əbjúːz]

乱用する・虐待する・悪用する

ab（離れて）➡本来とは離れた用途に力を使う➡間違った使い方をする

disabuse
[dìsəbjúːz]

（誤った考えを）正す

dis（離れて）➡abuse（間違った使い方をする）から離す

disuse
[dìsəbjúːz]

不使用

dis（離れて）➡本来とは離れた用途に力を使うこと

misuse
[misjúːs]

誤用する・酷使する

mis（間違って）➡間違って使う

29

cid・cad・cas　　【落ちる】
ラテン語 *cadere*（落ちる）より

---

accident
[ǽksədənt]

事故・偶然

ac=ad（〜の方に）／ent（名詞化）➡〜の方に落ちてくること➡ふりかかること

accidental
[æ̀ksidéntəl]

偶然の・付属的な

al（形容詞化）

incident
[ínsədənt]

事件・出来事

in（上に）➡身の上に落ちてくるもの

incidence
[ínsədəns]

（病気・犯罪などの）発生率
ence（名詞化）

coincide
[kòuinsáid]

偶然一致する
co（一緒に）／in（上に）➡一緒に上に落ちる

coincidence
[kouínsidəns]

偶然の一致・同時発生
ence（名詞化）

deciduous
[disídʒuəs]

落葉性の
de（下に）／ous（形容詞化）➡下に落ちる

Occident
[áksədənt]

西洋
oc=ob（〜へ）➡太陽が落ちる地方

decay
[dikéi]

腐食する・朽ちる
de（下に）➡下に崩れ落ちる

cadence
[kéidns]

拍子・リズム
ence（名詞化）➡下に落ちること➡声が低くなること

decadence
[dékədəns]

退廃
de（下に）➡下に落ちること➡堕落すること

case
[kéis]

事件・場合
「落ちてきた」が原義

cascade
[kæskéid]

段々滝・（情報などの）段階的伝達・どっと落ちる・段階的に渡していく
ade（名詞化・動詞化）➡落としていく（こと）

occasion
[əkéiʒən]

好機・機会
oc=ob（〜に）➡〜に落ちてくる➡ふりかかること

casual
[kǽʒuəl]

偶然の・略式の
al（形容詞化）➡落ちてきた

cheat
[tʃíːt]

だます・カンニングする・浮気する
escheat（土地・財産の復帰権）の略語。escheatとは土地の所有者が死亡し、適当な後継ぎがいない場合に、その所有物を領主に復帰させたことをいう。「だます」の意味は所有権を主張する人が不当に没収されたと感じたため、後に生まれた。escheatの語源はラテン語のexcadereより。ex（外に）＋cadere（落ちる）で「すべり落ちる、没収」が原義。

chance
[tʃǽns]

偶然の出来事・可能性・好機・偶然～する・運任せにやってみる
偶然に落下する➡（偶然の）出来事

cadaver
[kədǽvər]

死体
「落ちた」が原義

cadaverous
[kədǽvərəs]

青ざめた・やつれ果てた
ous（形容詞化）➡死体のような

cadenza
[kədénzə]

〈音楽〉カデンツァ*
enza〔名詞化：イタリア語由来〕➡落ちること
＊カデンツァ：曲の終止の前に、独奏者が演奏技巧を十分に発揮できるよう挿入された装飾的な部分

30

clin・clim 【傾く・坂】

ラテン語造語要素*clīnāre*（傾く）より
古ギリシャ語*klíma*（坂・傾き・緯度）より

---

recline
[rikláin]

寄りかかる
re（後ろに）➡後ろに傾く

incline
[inkláin]

〜する気にさせる・傾ける
in（中に）➡ある願望の中に傾く

disincline
[dìsinkláin]

嫌気を起こさせる
dis（反対）➡ある願望と反対のほうに傾く

decline
[dikláin]

衰退する・低下する
de（下に）➡下に傾く

proclivity
[prouklívəti]

性癖・傾向
pro（前に）／ity（名詞化）➡坂に向かうこと

clinical
[klínikəl]

臨床の
al（形容詞化）➡傾いた➡寝台の

climate
[kláimit]

気候・風土
「赤道から北極・南極への傾き」が原義

acclimate
[ǽkləmèit]

（新しい環境に）順応させる
ac=ad（〜の方に）➡傾きに合わせる

climacteric
[klaimǽktərik]

更年期・厄年
傾いた➡危機的な期間

climax
[kláimæks]

最高潮・極地・クライマックス
「はしご（傾くもの）」が原義

anticlimax
[ǽntaikláimæks]

期待はずれの結果
anti（反対）➡クライマックスの反対

lean
[líːn]

寄りかかる・もたれる
中英語の*lenen*（傾く）から

lect・leg・lig 【読む・集める・選ぶ】

ラテン語*legere*（読む・集める・選ぶ）より

lecture
[léktʃər]
講義する・講義
「読むもの」か原義

lecturer
[léktʃərər]
講演者・講師
er（名：人）➡lecture（講義）する人

lectern
[léktərn]
聖書台・講演台
読むものを置く台

collect
[kəlékt]
収集する
col=com（一緒に）➡一緒のところに集める

collection
[kəlékʃən]
収集・集金・コレクション
ion（名詞化）

recollect
[rèkəlékt]
思い出す
re（再び）➡記憶の中から再び集める

select
[silékt]
選り分ける・淘汰する
se（分離）➡選んで他のものから離す

neglect
[niglékt]
無視する・怠る
neg（否定）➡選ばない➡軽く見る

negligent
[néglidʒənt]
怠慢な・不注意な
neg（否定）／ent（形容詞化）➡選ばない➡軽く見た

negligee
[nèɡləʒéi]

ネグリジェ

neg（否定）➡だらしない➡部屋着・寝巻き

フランス語より

elect
[ilékt]

選ぶ・選挙する

e=ex（外に）➡選んで外に出す

intellect
[íntəlèkt]

知性

intel=inter（間で）➡ある間で選ぶことのできる能力

intellectual
[intəlékt∫uəl]

知性の・知性を持った・知識人

al（形容詞化・名詞化）

intelligence
[intélədʒəns]

理解力・聡明・知力・諜報（機関）

ence（名詞化）➡ある間で選ぶことのできる能力

intelligentsia
[intèlədʒéntsiə]

知識人・文化人

ia（名詞化）➡ロシア語より

eclectic
[ikléktik]

折衷的な

ec=ex（外に）➡外から集めてきた➡あちこちから集められた

analects
[ǽnəlèkts]

選集・語録

ana（上に）／s（複数）➡集め上げられたもの

eligible
[élidʒəbl]

選ぶに値する・適格な

e=ex（外に）／ible（形：可能）➡外に選び出されることができる

legend
[lédʒənd]

伝説

「読まれるべきもの」が原義

legendary
[lédʒəndèri]

伝説的な・伝説に残る

ary（形容詞化）

legible
[lédʒəbl]

(字が)読みやすい・判読できる
ible(形：可能)

---

legion
[líːdʒən]

(古代ローマの)軍団・大群・大勢
「選ぶ・集める」より

---

lesson
[lésn]

授業・学科・けいこ・レッスン
「読むこと」が原義

---

elite
[ilíːt]

選ばれた人・エリート
e=ex(外に)➡選んで外に出された人

---

elegant
[éligənt]

優美な・洗練された
e=ex(外に)／ant(形容詞化)➡選んで外に出されるほどの

---

college
[kálidʒ]

〈アメリカ〉大学・単科大学
col=com(一緒に)➡一緒に集められた者➡共同体

---

collegiate
[kəlíːdʒiət]

大学の・大学生用の
col=com(一緒に)／ate(形容詞化)➡一緒に集められた者の

---

colleague
[káliːg]

同僚
col=com(一緒に)➡一緒に集められた者

---

diligent
[dílədʒənt]

勤勉な
di=dis(離れて)／ent(形容詞化)➡入念に選んで他のものから離された

32

greg 【集める】
ラテン語*grex*(群)より

---

segregate
[ségrigèit]

分離する・人種差別をする
se(離れて)／ate(動詞化)➡離れたところに集める

desegregate
[di:ségrigèit]

人種差別を撤廃する
de（分離）➡segregate（人種差別をする）から離れる

congregate
[káŋgrigèit]

集まる・集める
con=com（一緒に）／ate（動詞化）➡一緒に集める

aggregate
[ǽgrigət]

まとめる・総計の・総計
ag=ad（〜の方に）／ate（動詞化・名詞化）➡1つに集める（こと）

gregarious
[grigéəriəs]

群れをなす・群生する
ous（形容詞化）

egregious
[igrí:dʒəs]

とんでもない・とてもひどい
e=ex（外に）／ous（形容詞化）➡群れから外れた

33

spons・spond　【約束する】
ラテン語*spondēre*（誓約する・保証する）より

---

sponsor
[spánsər]

後援者・番組提供者
or（名詞化）

sponsion
[spánʃən]

保証・契約
ion（名詞化）

spouse
[spáus]

配偶者
契約を交わした相手

spontaneous
[spɑntéiniəs]

自然に起こる・自発的な
ous（形容詞化）➡外的要因なしで起こることが約束された

respond
[rispánd]

応答する・答える・反応する
re（元に）➡元のところに約束を返す➡返答する

response
[rispáns]

応答・返答
re（元に）➡元のところに約束を返すこと➡返答すること

espouse
[ispáuz]

（主義・学説などを）信奉する
「婚約する」が原義

responsible
[rispánsəbl]

責任を負うべき
ible（形：可能）➡約束して返すことができる

responsibility
[rispànsəbíləti]

責任・責務
ity（名詞化）
cf. take responsibility（責任をとる）

irresponsible
[ìrispánsəbl]

責任能力のない・無責任な
ir＝in（否定）

correspond
[kɔ̀rəspánd]

一致する・文通する
cor＝com（共に）➡共に respond（答える）する

correspondence
[kɔ̀:rəspándəns]

一致・類似・通信
ence（名詞化）

despond
[dispánd]

落胆する・失望する
de（離れて）➡約束を切り離される➡約束を破られる

34

sting・stinct・sti 【消す・刺す】

ラテン語 *stinguere*（消す）より
古英語 *stician*（刺す）より

sting
[stíŋ]

刺す・刺激する

stingy
[stíndʒi]

けちな
y（形容詞化）

stitch
[stítʃ]

縫う・一針
「刺す」が原義

extinguish
[ikstíŋgwiʃ]

（火などを）消す
ex（外に）／**ish**（動詞化）➡ある領域の外に消し去る
cf. **fire extinguisher**（消火器）

extinct
[ikstíŋkt]

消えた・絶滅した
ex（外に）➡ある領域の外に消し去られた

instinct
[ínstiŋkt]

本能・直感
in（上に）➡上に刺し上げてくるもの

instigate
[ínstəgèit]

けしかける・扇動する
in（〜に向けて）／**ate**（動詞化）➡〜に向けて刺す

instigation
[ìnstəgéiʃən]

そそのかし・扇動・刺激
ation（名詞化）

distinct
[distíŋkt]

異なった・別個の
dis（離れて）➡刺し跡をつけて離す➡分けられた

distinguish
[distíŋgwiʃ]

見分ける・識別する
dis（離れて）／**ish**（動詞化）➡刺し跡をつけて離す➡区別する

stimulate
[stímjulèit]

刺激する
ate（動詞化）

stimulant
[stímjulənt]

興奮剤・刺激飲料
ant（名詞化）

stimulus
[stímjuləs]

刺激剤・興奮剤
原義は「突き棒」

stigma
[stígmə]

不名誉の印・恥辱・汚名
入れ墨をする➡奴隷の焼き印

stick
[stík]

棒切れ・こん棒・杖・ステッキ
「刺すもの」が原義

stick
[stík]

突き刺す・刺し込む・くっつく
「突き刺す」か原義

sticky
[stíki]

ねばねばする・面倒な
y（形容詞化）

stake
[stéik]

杭・棒
「刺すもの」が原義

stockade
[stɑkéid]

（棒杭を立てて作った）囲い
ade（名詞化）➡杭を刺してできたもの

stylus
[stáiləs]

尖筆・レコード針
尖った書くためのもの

style
[stáil]

型・様式・形式
尖った書くためのもの➡書かれたもの➡書き方➡型

35

punct・point・pung　　　【刺す】
ラテン語*pungere*（刺す・動揺させる）より

---

puncture
[pʌ́ŋktʃər]

穴を開けること・パンクさせること
ure（名詞化）

punctual
[pʌ́ŋktʃuəl]

時間厳守の・几帳面な
ual（形容詞化）➡刺す点の➡一点に集中する➡遅れない

punctilio
[pʌŋktíliòu]

（儀式などの）細部・細目
ilio（指小辞：小さい）➡小さい点

punctilious
[pʌŋktíliəs]

几帳面な
ous（形容詞化）➡刺す点の➡一点に集中する➡遅れない

punctuate
[pʌ́ŋktʃuèit]

句読点を入れる・中断させる
ate（動詞化）➡文の途中に点を突き刺す

acupuncture
[ǽkjupʌ̀ŋktʃər]

鍼治療
acu（鋭い）➡鋭いもので刺すこと

compunction
[kəmpʌ́ŋkʃən]

良心の呵責・悔恨
com（共に）➡自分の心も共に刺すこと

pounce
[páuns]

突然飛びかかる・爪でつかむ
「タカの爪（突き刺すもの）」が原義

punch
[pʌ́ntʃ]

パンチ・穴あけ器
pounceの変形

poignant
発音注意 [pɔ́injənt]

痛恨の・痛烈な
「突き刺されたような」が原義

point
[pɔ́int]

点・要点
「突き刺したところ」が原義

appoint
[əpɔ́int]

指名する・約束して決める
ap＝ad（〜に向かって）➡人に向かって指差す

disappoint
[dìsəpɔ́int]

失望させる
dis（否定）➡指名しない

pungent
[pʌ́ndʒənt]

痛烈な・刺すような
ent（形容詞化）

expunge
[ikspʌ́ndʒ]

削除する・除く
ex（外に）➡ 外に突き刺す ➡ 取り除く

expunction
[ikspʌ́ŋkʃən]

削除・除去
ex（外に）／ion（名詞化）➡ 外に突き刺すこと ➡ 取り除くこと

36

min 【突き出る】
ラテン語*minēre*（前に傾く）より

---

prominent
[prάmənənt]

卓越した・著名な・重要な
pro（前に）／ent（形容詞化）➡ 前方に突き出した

eminent
[émənənt]

目立った・卓越した
e=ex（外に）／ent（形容詞化）➡ 外に突き出た

preeminent
[pri:émənənt]

優位の・卓越した
pre（前に）／ent（形容詞化）➡ 競争相手の前に突き出た

imminent
[ímənənt]

切迫した
im=in（上に）／ent（形容詞化）➡ 自分の上にぶら下がっている

menace
[ménis]

危険なもの・脅威・脅迫
「突き出すこと」が原義

sourc・surge・sur 【生じる・起き上がる】
ラテン語*surgere*(生じる・起き上がる)より

source
[sɔ́:rs]
源泉・出所
「発生」が原義

resource
[rí:sɔ:rs]
資源・供給源・機知
re(繰り返し)➡繰り返し生じるもの

surge
[sə́:rdʒ]
波立つ・押し寄せる・(感情が)湧き立つ
「生じる」が原義

surgy
[sə́:dʒi]
大波の立った・うねりの高い
y(形容詞化)

resurge
[risə́:rdʒ]
蘇る・再起する
re(再び)➡再び起き上がる

resurrect
発音注意 [rèzərékt]
(死体を)蘇らせる・生き返る
re(再び)➡再び起き上がる

insurgent
[insə́:rdʒənt]
反乱者・暴徒・反抗分子
in(上に)➡湧き上がるもの

insurrection
[insərékʃən]
反乱・反逆・暴動
in(上に)/tion(名詞化)➡上に向かって立ち上がること

cumul 【積む】

ラテン語*cumulāre*(積み上げる)より

cumulate
[kjú:mjulèit]

積み上げる・堆積する
ate(動詞化)

cumulus
[kjú:mjuləs]

積雲・堆積
「積み重ね」が原義

accumulate
[əkjú:mjulèit]

(金品などを)蓄積する
ac=ad(~に)/ate(動詞化)➡~に積み重ねる

solut・solv 【溶く・解く・解放する】

ラテン語*solvere*(溶く・解く・解放する)より

solve
[sálv]

解く・解決する

soluble
[sáljubl]

可溶性の
ble(形:可能)

solvent
[sálvənt]

支払い能力のある・溶剤
ent(形容詞化・名詞化)➡溶ける(もの)

solution
[səlú:ʃən]

解決・溶解・溶液
tion(名詞化)

insolvent
[insálvənt]

支払不能の・破産した・破産者
in(否定)/ent(形容詞化・名詞化)➡溶けない(もの)➡身動きの取れない(人)

absolute
[ǽbsəlùːt]

完全な・絶対的な
ab(離れて)➡他の力から解き放つ➡絶対的な神の力の

absolutely
[ǽbsəlùːtli]

完全に・まったく
ly(副詞化)

dissolve
発音注意 [dizálv]

溶解する・解消する
dis(分離)➡溶かしてばらばらにする

resolve
発音注意 [rizálv]

決心する・解決する
re(元に)➡元の形に溶く➡解明する

resolution
発音注意 [rèzəlúːʃən]

決意・決議案・分解
tion(名詞化)

absolve
[æbzálv]

免除する・解放する・許す
ab(離れて)➡離すために解く➡問題の結び目を緩める

40

pact 【打ち込む】

ラテン語*pangere*(しっかり打ち込む)より

---

compact
[kəmpǽkt]

ぎっしり詰まった・小型で持ち運びしやすい
com(強意)➡しっかり打ち込まれた

impact
[ímpækt]

衝突・衝撃・影響
im=in(中に)➡中にしっかり打ち込まれたもの

propaganda
[pràpəgǽndə]

プロパガンダ・主義の宣言
pro(前に)➡前にしっかり打ち込むこと➡さし木をすること➡大きくすること

band・bond・bound 【縛る】
古英語*bend*（鎖・足かせ）より

band [bǽnd]	紐・帯・バンド
bandage [bǽndidʒ]	包帯・絆創膏 **age**（名詞化）➡縛るもの
bond [bánd]	縛るもの・接着剤・絆・債権 縛るもの
bondage [bándidʒ | bɔ́nd-]	束縛・屈従 **age**（名詞化）➡縛ること
bound [báund]	縛られた・（本が）製本された
boundary [báundəri]	境界線・限度 **ary**（名詞化）➡縛ること
bundle [bándl]	束ねる・束・（雑多な）集まり 「紐で縛る」が原義
bind [báind]	束ねて縛る・（書類を）とじる 「縛る」が原義

stress・strict・strain【締める・ぴんと張る】

ラテン語*stringere*（きつく締める・縛る）より
古英語*streccan*（引っ張る・広げる）より

stress [strés]	緊張・ストレス・重圧・強調・強調する 「引っ張られた状態」が原義
strict [stríkt]	厳しい・厳密な 「引っ張られた」が原義
stricture [stríktʃər]	制限・酷評・〈医学〉狭窄 ure（名詞化）➡強く引っ張られること
strain [stréin]	引っ張る・極度に使う・こじつける
astringent [əstríndʒənt]	収斂性の・辛辣な・収斂剤 a＝ad（〜に向けて）／ent（形容詞化・名詞化）➡〜に向けて引っ張る（もの）
distress [distrés]	苦悩・悲嘆・難儀 di（分離）➡手が離れるほど引っ張ること➡苦痛を与えること
district [dístrikt]	地区・区域 di（分離）➡他と引き離されたところ
restrict [ristríkt]	制限する・限定する re（後ろに）➡後ろにきつく縛る
restriction [ristríkʃən]	制限・限定・制約条件 ion（名詞化）
constrict [kənstríkt]	締めつける・圧縮する con＝com（完全に）➡完全に縛る

distrain
[distréin]

(財産)を差し押さえる
di(分離)➡離れたところに物を引っ張る

restrain
[ristréin]

抑える・制限する
re(後ろに)➡後ろにきつく縛る

constrain
[kənstréin]

制約する・束縛する・強いる
con=com(完全に)➡完全に縛る

constringe
[kənstríndʒ]

締めつける・収縮させる
con=com(完全に)➡完全に縛る

constraint
[kənstréint]

束縛・抑制・(態度などの)気まずさ
con=com(完全に)➡完全に縛ること

straight
[stréit]

まっすぐな・率直な・筋の通った

prestige
[prestíːʒ]

名声・威信
pre(前に)➡人の前に結ばれて人を惑わすもの

stretch
[strétʃ]

(手足などを)伸ばす・広げる

stretcher
[strétʃər]

担架・ストレッチャー・伸張具・(キャンバスの)木枠
er(名詞化)➡ピンと張るもの

strait
[stréit]

海峡・苦境・困難
引っ張られたもの➡狭いもの

strangle
[stræŋgl]

絞殺する・抑圧する
引っ張る➡狭くする

string
[stríŋ]

ひも・弦・一続き
「固く結ばれたもの」が原義

92

stringent
[stríndʒənt]

（規則などが）厳しい・緊急の
ent（形容詞化）➡強く引っ張る

strong
[strɔ́:ŋ]

強い・丈夫な・濃い
古英語より。ラテン語*stringere*とは語源学的に親戚

strength
[stréŋkθ]

力・強さ・体力
strong（強い）より

strengthen
[stréŋkθən]

強化する・増強する
en（動詞化）

43

ly・loos・lose 【ゆるめる・解き放つ・失う】
古ノース語*lauss*（ゆるい）より
古ギリシャ語*lúō*（ゆるめる）より

analyze
[ǽnəlàiz]

分析する・分解する
ana（完全に）➡完全にゆるめる➡ばらばらにする

analysis
[ənǽləsis]

分析・分解
sis（名詞化）

paralysis
[pərǽləsis]

麻痺・停滞
para（側で）➡側でゆるめること➡動きを止めること

palsy
[pɔ́:lzi]

麻痺・しびれ
paralysisより

dialyze
[dáiəlàiz]

透析する
dia（離れて）➡離れたところに解き放つ➡引き離す
cf. 化学用語としては、1860年代にトマス・グラハムという化学者
によって使われたのが初めとされている。

catalysis
[kətǽlisis]

触発物・触媒
cata（下に）➡下にゆるめること➡解き放つこと➡促進するもの

electrolysis
[ilektrɑ́ləsis]

電気分解
electro（電気）➡電気を解き放つこと

loose
[lúːs]

解き放つ・ゆるい・節度のない
「解き放たれた」が原義（スカンジナビア語より）

loosen
[lúːsn]

（結び目などを）解く・ゆるめる
「解き放たれた」が原義

lose
[lúːz]

失くす・負ける・失敗する
元々古英語の*losian*（負ける・滅ぶ）が原義だったが、古英語の
leōsan（失う）の影響を受けていると考えられる.

loss
[lɔ́ːs]

損失・損害・敗北・浪費
*lose*の過去分詞*lost*より

lorn
[lɔ́ːrn]

孤独の・わびしい
「失った」が原義

44

prob・prov 【試す・善い・認める】
ラテン語*probāre*（試す・承認する）より
ラテン語*probus*（良質の）より

---

probe
[próub]

精密に調べる・検査
「テスト」が原義

probity
[próubəti]

正直・誠実
「善いこと」が原義

probable
[prábəbl]

ありそうな・信じてもよさそうな
able（形：可能）➡試しうる

probably
[prábəbli]

たぶん・おそらく
ly（副詞化）

probate
[próubeit]

検認する・検認
ate（動詞化・名詞化）➡テストして認める（こと）

probation
[proubéiʃən]

〈法律〉保護観察期間・見習い期間
ation（名詞化）

approbate
[ǽprəbèit]

（公式に）認可する・是認する
ap＝ad（～に向かって）／ate（動詞化）➡テストして認める

reprobate
[réprəbèit]

道楽者・放蕩者
re（反対に）／ate（動詞化）➡悪いものと認められた人➡神に見捨てられた人

prove
[prú:v]

立証する・～であることが判明する
「善いと思って試みる」が原義

improve
[imprú:v]

改良させる・向上させる
アングロフランス語*emprouwer*より。*prou*は「利益」の意味。単語の原義は「利益を上げる・価値を上げる」。improveの綴りはproveの影響を受けていると思われる。

improvement
[imprú:vmənt]

改良・改善・改良工事
ment（名詞化）

disprove
[disprú:v]

誤りを立証する・無効にする
dis（離れて）➡善いことから離れたことを証明する

approve
[əprú:v]

実証する・是認する
ap＝ad（～に向かって）➡～に向かって証明する

95

reprove
[riprú:v]

非難する・とがめる
re(反対に)➡反対に証明する➡悪く言う

disapprove
[dìsəprú:v]

非難する・不満を示す
dis(否定)

disproof
[disprú:f]

反証・論駁
dis(離れて)➡正しいことから離れていると証明すること

reproof
[riprú:f]

叱責・非難
reprove(非難する)より

proof
[prú:f]

証明・証拠
「テスト」が原義

proofread
[prú:frì:d]

校正する
read(読む)➡読んでテストする

waterproof
[wɔ́tərprùf]

防水の
water(水)➡水を通さないことがテスト済みの

bulletproof
[búlitprù:f]

防弾の
bullet(弾丸)➡弾丸を通さないことがテスト済みの
cf. bulletproof vest(防弾チョッキ)

fireproof
[fáiərprù:f]

耐火性の・防火の・不燃性の
fire(火)➡火に耐えられることがテスト済みの

foolproof
[fú:lprù:f]

誰でもやれる・ごく簡単な
fool(馬鹿)➡馬鹿でも使えることがテスト済みの
cf. foolproof camera(全自動カメラ)

soundproof
[sáundprù:f]

防音の
sound(音)➡音を通さないことがテスト済みの
cf. soundproof room(防音室)

childproof
[tʃáildprùːf]

子どもに安全な
child（子ども）➡ 子どもが壊せないことがテスト済みの

45

peri・pert・pir. 【試す・経験する】
ラテン語 ***peritus***（経験のある）より

---

experience
[ikspíəriəns]

経験する・経験・体験
ex（強意）➡ 最後まで試し切って得る

inexperienced
[ìnikspíəriənst]

経験不足の・未熟な
in（否定）／ **ed**（形容詞化）➡ 経験のない

experiment
[ikspérəmənt]

実験
ex（強意）／ **ment**（名詞化）➡ 試みること

expert
[ékspəːrt]

専門家
ex（強意）➡ 何度も試した人 ➡ 熟練した人

expertise
[èkspərtíːz]

専門的技術・専門的知識
ex（強意）➡ 最後まで試し切って得た知識

peril
[pérəl]

危険
「試みること」が原義

repertory
[répərtɔ̀ri]

レパートリー・たくわえ
re（繰り返し）／ **ory**（名詞化）➡ 繰り返し試みられ見つけられたもの

empiric
[impírik]

経験主義者・やぶ医者
em=en（中で）➡ ある分野の中でいろいろ試みた人

pirate
[páiərət]

海賊・海賊船・著作権侵害者
ate（名詞化）➡ 攻撃を試みるもの

tract・treat・draw 【引く】

ラテン語***trahere***(引く・引っ張る)より
オランダ語***trekken***(引く・引っ張る)より
古英語***dragan***(引く・引きずる)より

---

tract
[trǽkt]

地域・地区・地帯
引っ張ること➡大きな広がり

---

tractor
[trǽktər]

トラクター・牽引自動車
or(名詞化)➡引くもの

---

tractable
[trǽktəbl]

扱いやすい
able(形:可能)➡引くことができる

---

attract
[ətrǽkt]

興味を引く・誘惑する
at=ad(〜に向かって)➡自分に向かって引っはる

---

attractive
[ətrǽktiv]

魅力的な・吸引力のある
ive(形容詞化)

---

extract
[[動] ikstrǽkt [名] ékstrækt]

抜粋する・抽出する・エキス
ex(外に)➡外に引き出す(もの)

---

extraction
[ikstrǽkʃən]

抽出・摘出・生まれ
ion(名詞化)

---

abstract
[[動] æbstrǽkt [形] ǽbstrækt]

要約する・抽象的な
ab(離れて)➡具体物を引き離す

---

subtract
[səbtrǽkt]

減ずる・引き算する
sub(下に)➡下に引く

---

contract
[[動] kəntrǽkt [名] kántrækt]

契約する・収縮する・契約
con=com(一緒に)➡お互いに引かれる状態になる(こと)

---

subcontractor
[sʌ́bkəntrǽktər]

下請け業者

sub（下に）／or（名：〜するもの）➡ 下でcontract（契約する）もの

distract
[distrǽkt]

注意をそらす・散らす

dis（離れて）➡ 注意を引き離す

detract
[ditrǽkt]

注意をそらす・けなす

de（離れて）➡ 注意を引き離す

protract
[proutrǽkt]

長引かせる

pro（前に）➡ 前に引き延ばす

retract
[ritrǽkt]

引っ込める・撤回する

re（後ろに）➡ 後ろに引き戻す

trace
[tréis]

追跡する・足跡・痕跡

線を引く➡ 跡を残す（もの）

track
[trǽk]

通った跡・通路・行路

線を引いたもの➡ 跡を残したもの

trail
[tréil]

引きずる・通った跡・道

線を引く➡ 跡を残す（もの）

trailer
[tréilər]

トレーラー・（映画の）予告編

er（名詞化）➡ 引きずるもの

trait
[tréit]

特徴・特色

線を引く➡ 描くこと➡ 筆づかい

portray
[pɔːrtréi]

（絵で）描く・描写する・演じる

por＝pro（前に）➡ 前に引く➡ 描き出す

portrait
[pɔ́ːrtrit]

肖像画・（人物の）描写

por＝pro（前に）➡ 前に引くこと➡ 描き出すこと

train
[tréin]

訓練する・電車・汽車・行列
「ずっと引きずる」が原義

trainer
[tréinər]

訓練する人・コーチ
er(名詞化)

trigger
[trígər]

引き金を引く・引き金
「引くもの」が原義(オランダ語より)

treat
[tríːt]

取り扱う・手当てする・もてなし・おごり
物を引きずる➡物を動かす(こと)➡扱う(こと)

treatment
[tríːtmənt]

取り扱い方法・治療法
ment(名詞化)

treatise
[tríːtis]

専門書・論文
ise(名詞化)➡あるテーマについて取り扱うもの

treaty
[tríːti]

条約・協定
ty(名詞化)➡あるテーマについて取り扱うもの➡文書

entreat
[intríːt]

懇願する・切望する
en=in(中に)➡ある人をtreat(もてなし)の中に引き入れる➡もてなす➡お願いをする

retreat
[ritríːt]

退却する・退却・撤退・隠遁・保養所
re(後ろに)➡後ろに引く(こと)

maltreat
[mæltríːt]

虐待する・酷使する
mal(悪い)➡悪く扱う

retire
[ritáiər]

退職する・引退する・(試合で)リタイアする・〈文語〉寝る
re(後ろに)➡後ろに引く

retirement
[ritáiərmənt]

引退・退去・隠居
ment（名詞化）

tier
[tíər]

（層状の）列・段・階・段階
「伸ばす・引く」が原義

draw
[drɔ́ː]

引く・引き寄せる・製図する

drawer
[drɔ́ːr]

引出し
er（名詞化）

drawbridge
[drɔ́brìdʒ]

はね橋
bridge（橋）➡引き寄せられる橋

withdraw
[wiðdrɔ́ː]

引っこめる・（現金を）引き出す・撤退する
with（後ろに）➡後ろに引っ込める

drag
[drǽg]

引きずる・引っ張る・長引かせる

draft
[drǽft]

線画・草稿・徴兵・選抜
「引く」が原義

47

cite 【引く】
ラテン語*ciēre*（名指す・呼び寄せる）より

---

cite
[sáit]

引用する・引き合いに出す
呼び寄せること

citation
[saitéiʃən]

引用・（実例を）挙げること・列挙
ation（名詞化）

101

excite
[iksáit]

興奮させる・刺激する
e＝ex（外に）➡外に呼び動かす

exciting
[iksáitiŋ]

刺激的な・興奮させる
ing（形容詞化）

incite
[insáit]

励ます・鼓舞する
in（上に）➡上に呼び動かす

recite
[risáit]

朗読する・（出来事などを）思い出して言う
re（再び）➡再び呼び寄せる

recital
[risáitl]

朗読会・リサイタル
al（名詞化）

48

vulse 【引く】

ラテン語 *vellere*（引っ張って抜く・むしる）より

---

avulsion
[əvʌ́lʃən]

引き裂くこと
a＝ab（離れて）／ion（名詞化）➡引き離すこと

evulsion
[ivʌ́lʃən]

引き抜き
e＝ex（外に）／ion（名詞化）➡外に抜き出すこと

convulse
[kənvʌ́ls]

（筋肉が）痙攣する・激しく震動させる・騒動を起こさせる
con=com（強意）➡激しく引く➡ねじる

revulsion
[rivʌ́lʃən]

憎悪・反感
re（後ろに）／ion（名詞化）➡後ろに引っ張ること➡むしり取ること

press・print 【押す】
ラテン語*premere*（押す・圧する）より

press
[prés]

圧する・印刷機・新聞
文字を紙に押しつけるから「印刷機」。そこから「新聞」の意味が生まれた。

pressure
[préʃər]

圧力・苦悩・重圧
ure（名詞化）

express
[iksprés]

表現する・急行
e＝ex（外に）➡心の中にあるものを外に出す（もの）

impress
[imprés]

感銘を与える・印象づける
im＝in（上に）➡心の上に押す

impression
[impréʃən]

印象・感銘
ion（名詞化）

depress
[diprés]

憂鬱にする・不景気にする
de（下に）➡気持ちを下に押す➡意気消沈させる

depression
[dipréʃən]

不景気・低下
ion（名詞化）

oppress
[əprés]

重くのしかかる・圧迫する
op＝ob（～に対して）➡人に対して押しつける

repress
[riprés]

抑制する・制止する
re（後ろに）➡後ろに押し戻す

compress
[kəmprés]

圧縮する
com（一緒に）➡まとめて押しつぶす

decompress
[dì:kəmprés]

減圧する・(圧縮されたファイルを)解凍する
de(反対)➡反対にcompress(圧縮する)

suppress
[səprés]

抑圧する・鎮圧する
sup=sub(下に)➡下に押す➡押しつける

print
[prínt]

印刷する・印刷
「押された」が原義

imprint
[ímprint]

(印などを)押す・刻印する
im=in(上に)➡上から押す

blueprint
[blú:prìnt]

青写真・詳細な計画
blue(青)

---

merc・mark 【取引する・商品】

ラテン語*merx*(商品)より
ラテン語*merēre*(稼ぐ・獲得する)より

---

commerce
[kámə:rs]

商業・通商
com(一緒に)➡商品をお互いに取引すること

commercial
[kəmə́:rʃəl]

商業の・貿易の・コマーシャル
al(形容詞化・名詞化)

mercantile
[mə́:rkəntì:l]

商業の
ile(形容詞化)

merchant
[mə́:rtʃənt]

商人
ant(名:人)

mercer
[mə́:rsər]

反物商・織物商
er(名:人)

merchandise
[mə́:rtʃəndàiz]

商品

---

mercy
[mə́:rsi]

慈悲

商品➡報酬➡賃金➡他人に与えるもの

cf. at the mercy of ～（～のなすがままに）

---

mercury
[mə́:rkjuri]

水銀・水星・マーキュリー*

*マーキュリー：神々の使者で商業・盗賊・雄弁・科学の神（ギリシャ神話のヘルメス）。「商品を扱う神」というのが原義で、神の名は天体を支配することから星の名となり、さらに、錬金術の習慣から金属の名となった。

---

mercenary
[mə́:rsənèri]

報酬目当ての・傭兵

ary（形容詞化・名詞化）

---

market
[má:rkit]

市場・相場

「取引の行われるところ」が原義

---

marketing
[má:rkitiŋ]

マーケティング

ing（名詞化）

---

merit
[mérit]

長所・取り柄・手柄・功績

獲得する➡賞賛に値する行為

---

meritocracy
[mèritákrəsi]

実力社会

cracy（支配社会）➡取り柄を持つ者が支配する社会

---

meritorious
[mèritɔ́:riəs]

賞に値する・価値のある

ous（形容詞化）

---

demerit
[dimérit]

欠点・短所・落ち度・罰点

de（否定）

ampl・empt・em 【買う・取る】

ラテン語 *emere*（買う・獲得する）より

---

example
[igzǽmpl]

例・実例
ex（外に）➡外に見本として取り出されたもの

---

sample
[sǽmpl]

サンプル・見本・標本
元々は **example** と同じ語（ex が s に変化）

---

exemplify
[igzémpləfài]

よい例となる・例証する
ex（外に）／ify（動詞化）➡外に見本として取り出す

---

exempt
[igzémpt]

（義務などを）免除する
ex（外に）➡外に取り出される➡自由にされる

---

preempt
[priémpt]

（先買権を得るために）占有する
pre（前に）➡前もって取る

---

peremptory
[pərémptəri]

有無を言わせぬ・威圧的な
per（完全に）／ory（形容詞化）➡完全に取り去る➡断固とした

---

prompt
[prámpt]

即座の・迅速な
pro（前に）➡前方に取ってくる

---

redemption
[ridémpʃən]

買い戻し・救出・あがない
re（元に）／tion（名詞化）➡元のところから買うこと

---

redeem
[ridíːm]

埋め合わせる・（名誉などを）回復する・（債務などを）弁済する
re（元に）➡元のところから買う➡買い戻す

---

premium
[príːmiəm]

保険金・割増金
pre（前に）➡前もって買うもの➡手数料➡余分なお金

---

ransom
[rǽnsəm]

（身代金を払って）受け戻す・身代金
「買い戻し」が原義

52

poly 【売る】
古ギリシャ語 *pōléō* （売る）より

---

monopoly
[mənápəli]

独占・専売
mono（1）➡ 1 人が売ること

monopolize
[mənápəlàiz]

独占する・独り占めする
mono（1）／ize（動詞化）➡ 1 人が売る

anti-monopoly
[ǽnti mənápəli]

独占禁止の
anti（反対の）➡monopoly（独占）に反対の

oligopoly
[àligápəli]

寡占
oligo（少数）➡少数の者が売ること

53

clud・clus・clos・claus 【閉じる】
ラテン語 *claudere* （閉じる・終える）より

---

include
[inklú:d]

含む・包含する
in（中に）➡中に入れて閉じる

exclude
[iksklú:d]

締め出す・除外する
ex（外に）➡外に出して戸を閉じる

conclude
[kənklú:d]

結論を出す・終結する
con=com（完全に）➡完全に閉じる

conclusion
[kənklúːʒən]

結論・終結
sion（名詞化）

preclude
[priklúːd]

妨げる・排除する
pre（前に）➡事前に閉じる

seclude
[siklúːd]

引きこもる・隠遁する
se（分離）➡他のものから離れたところに閉じこもる

occlude
[əklúːd]

遮断する・閉じ込める
oc＝ob（上に）➡上から覆うように閉じる

recluse
[réklùːs]

隠遁者・世捨て人
re（後ろに）➡世俗の後ろに閉じこもる人

close
[klóuz]

閉まる・閉める

closure
[klóuʒər]

閉鎖・終結・（悲しいことなどに対しての）心の整理
ure（名詞化）

enclose
[inklóuz]

取り囲む・同封する
en（中に）➡中に閉じ込める

disclose
[disklóuz]

暴露する・発表する
dis（分離）➡閉じていたものをはずす➡囲いをはずす

closet
[klázit]

クローゼット・押し入れ
et（指小辞：小さい）➡小さく囲まれたもの

cloister
[klɔ́istər]

（修道院・寺院などの）回廊・修道院に閉じ込める・ひきこもらせる
閉じる➡囲まれたところに閉じ込める

clause
[klɔ́ːz]

（文法の）節・（法律などの）条項
「閉じられるもの」が原義

claustrophobia 閉所恐怖症
[klɔ̀ːstrəfóubiə] **phobia**（恐怖症）

54

ject・jet 【投げる】
ラテン語*jacere*（投げる・放つ）より

---

abject みじめな・絶望的な
[ǽbdʒekt] **ab**（離れて）➡ 離れたところに投げ捨てられた

deject 落胆させる
[didʒékt] **de**（下に）➡ 気持ちを下に投げる

dejecta 排泄物
[didʒéktə] **de**（下に）／**a**（名詞化）➡ 下に投げられたもの

reject 拒絶する
[ridʒékt] **re**（元に）➡ 相手の提案を投げ返す

inject 注射する
[indʒékt] **in**（中に）➡ 中に投げ入れる

project 計画する・計画・事業
[[動]prədʒékt [名]prádʒekt] **pro**（前に）➡ 前に投げる（こと）

object 反対する・物・目的
[[動]əbdʒékt [名]ábdʒikt] **ob**（反対に）➡ 反対の意見を投げつける（こと）

subject 服従させる・主題・科目
[[動]səbdʒékt [名]sʌ́bdʒikt] **sub**（下に）➡ 相手を下に投げる（こと）

eject 放出する
[idʒékt] **e**＝**ex**（外に）➡ 外に投げる

---

ejecta
[idʒéktə]

(火山などの)噴出物
a(名詞化)

adjective
[ædʒiktiv]

形容詞
ad(〜に向かって)/tive(名詞化)➡〜に投げること➡付けること➡加えるもの

trajectory
[trədʒéktəri]

弾道
tra=trans(横切って)/ory(名詞化)➡弾が横切った道

interject
[intərdʒékt]

言葉をはさむ
inter(間に)➡間に投げ入れる

conjecture
[kəndʒéktʃər]

推測・憶測
con=com(共に)/ure(名詞化)➡ 2 つのものを共に投げ、比べ
てその場しのぎで決めること

ejaculate
[idʒækjulèit]

射精する
e=ex(外に)/ate(動詞化)➡外に投げる
原義は「矢を射る」

subjacent
[sʌbdʒéisnt]

下方にある・土台となる
sub(下に)/ent(形容詞化)➡外に投げる

adjacent
[ədʒéisnt]

近くの・隣り合った
ad(〜に向かって)/ent(形容詞化)➡〜に投げる➡寄りかかる

interjacent
[intədʒéisənt]

間にある・介在する
inter(間に)/ent(形容詞化)➡間に投げる

jet
[dʒét]

噴射・ジェット機
「投げる」が原義

jettison
[dʒétəsn]

(緊急時に船・飛行機を軽くするため)投げ荷すること・放棄
「投げる」が原義

jetsam
[dʒétsəm]

投げ荷・打荷
「投げる」が原義

jetty
[dʒéti]

防波堤・波止場
海に投げ出されたもの

jut
[dʒʌt]

突出る・突出部
「投げる」が原義

cast 【投げる】
古ノルド語 *kasta*(投げる)より

cast
[kǽst]

投げる・配役
「注意深くねらって投げる」が原義
cf. The die is cast.(さいは投げられた:シーザーがルビコン川を渡ったときに言った言葉。「もうあとには引けない」の意味)

castaway
[kǽːstəwèi]

漂流者
away(離れて)➡離れたところに投げられたもの

die-casting
[dáikæstiŋ]

ダイカスト
die(ダイ)➡ダイ(鋳型の種類)に投げ込むこと

downcast
[dáunkæst]

意気消沈した・伏し目の
down(下に)➡下に投げられた

narrowcast
[nǽroukæst]

有線放送する・特定の地域に放送する・特定の地域向けの放送
narrow(狭い)➡狭いところに投げる(こと)

simulcast
[sáiməlkæst]

同時放送する・同時放送
simul(同時に)➡同時に投げる(こと)

動作関係

形容詞

人間

人間の心

人間の行為・知覚

人体

自然

その他の名詞

55

111

telecast
[télikæst]

テレビ放送する・テレビ放送
tele（遠くに）➡遠くにに投げる（こと）

forecast
[fɔ́rkæst]

予報する・予報
fore（以前に）➡前もって判断を投げる（こと）

outcast
[áutkæst]

追放された
out（外に）➡外に投げられた

broadcast
[brɔ́ːdkæst]

放送する・放送
broad（広く）➡社会に広く投げる（こと）

56

bol 【投げる】
古ギリシャ語*bállō*（投げる）より

---

metabolic
[mètəbálik]

物質交代の・新陳代謝の
meta（変化）／ic（形容詞化）➡変化を投げる

anabolic
[ænəbálik]

〈生物〉同化作用の
ana（上に）／ic（形容詞化）➡一緒になる

catabolic
[kætəbálik]

〈生物〉異化作用の
cata（下に）／ic（形容詞化）➡別になる

hyperbolic
[hàipərbɔ́lik]

誇張された
hyper（超えて）／ic（形容詞化）➡超えて投げる

parabolic
[pærəbɔ́lik]

放物線上の
para（側に）／ic（形容詞化）➡側に投げる

symbolic
[simbɔ́lik]

象徴的な・象徴の
sym＝syn（一緒に）／ic（形容詞化）➡一緒に投げられた➡しるしの

rupt・rout 【破れる】

ラテン語 *rumpere*（破裂させる）より

---

abrupt
[əbrʌ́pt]

突然の
ab（離れて）➡静寂を破って離された

---

bankrupt
[bǽŋkrʌpt]

破産した・破産者
bank（銀行）が破れる

---

erupt
[irʌ́pt]

噴火する・突発する
e＝ex（外に）➡外に破れる

---

corrupt
[kərʌ́pt]

腐敗させる・堕落させる
cor＝com（完全に）➡台無しにする

---

interrupt
[ìntərʌ́pt]

中断する・邪魔をする
inter（間に）➡間に入って破る

---

disrupt
[disrʌ́pt]

分裂させる・混乱させる
dis（分離）➡破って離させる

---

route
[rúːt/ráut]

道・路線
破れる➡切り開かれた道

---

routine
[ruːtíːn]

日課
routeより（道➡決まりきったもの）

---

rupture
[rʌ́ptʃər]

破裂・決裂
ure（名詞化）

noc　　【害する・傷つける】

ラテン語 *nocuus*（有害な）より

innocent [ínəsənt]	無罪の・無邪気な・無害の・純粋な人 in（否定）/ ent（形容詞化・名詞化）➡傷つけない（人）
nocuous [nákjuəs]	有害の・有毒の ous（形容詞化）➡傷つける
innocuous [inákjuəs]	無害の・無毒の in（否定）➡傷つけない
noxious [nákʃəs]	有害な・有毒の・不快な ous（形容詞化）
obnoxious [əbnákʃəs]	とても不快な ob（〜に対して）/ ous（形容詞化）➡害に対して➡害にさらされている
nuisance [njúːsns]	迷惑な人・迷惑なこと ance（名詞化）

cide・cis　　【切る・殺す】

ラテン語 *caedere*（切る・打つ・殺す）より

decide [disáid]	決心する・意思を決定する de（分離）➡他のものからきっぱり切り離す
decisive 発音注意 [disáisiv]	決定的な ive（形容詞化）

suicide
[súːəsàid]

自殺
sui（自分）➡自分を殺すこと

pesticide
[péstəsàid]

殺虫剤
pesti＝pest（害虫）➡害虫を殺すもの

insecticide
[inséktəsàid]

殺虫剤
insecti＝insect（虫）➡虫を殺すもの

parricide
[pǽrəsàid]

親殺し
parr（親）➡親を殺すこと

fratricide
[frǽtrəsàid]

兄弟殺し・姉妹殺し
fratr（兄弟）➡兄弟を殺すこと

ecocide
[éksàid]

環境破壊
eco（生態系）➡生態系を殺すこと

precise
[prisáis]

正確な・精密な
pre（前に）➡前を切りそろえた

concise
[kənsáis]

簡潔な
con＝com（完全に）➡余分なものを完全に切り落とした

excise
[éksaiz]

（文などを）削る・切開する
ex（外に）➡外に切る➡切り出す

incise
発音注意 [insáiz]

切れ込みを入れる・刻む
in（中に）➡中に切る➡切り込む

incisive
発音注意 [insáisiv]

鋭利な・辛辣な
ive（形容詞化）

circumcise
[sə́ːrkəmsàiz]

割礼を施す・心を清める
circum（周りに）➡包皮を切る

scissors
[sízərz]

はさみ
or（名詞化）／s（複数）➡切るもの

chisel
[tʃízəl]

のみ・たがね・彫刻刀
el（指小辞：小さい）➡切るもの

cement
発音注意 [simént]

接合剤・セメント
ment（名詞化）➡石切り場で切られた粗雑な石片

60

sect・seg・sex 【切る】
ラテン語**secāre**（切る）より

---

section
[sékʃən]

切断する・切片・（会社の）課・地区・（新聞の）欄
ion（動詞化・名詞化）➡切る・切ったもの

sectional
[sékʃənl]

部分の・区分の・派閥の
al（形容詞化）➡切られた

sectionalism
[sékʃənəlizm]

セクショナリズム・派閥主義
ism（名：主義）

sector
[séktər]

（産業・経済などの）部門・分野・扇形
or（名：～するもの）➡切るもの

insect
[ínsekt]

昆虫・虫
in（中に）➡中に切れ込みの入ったもの➡刻み目のあるもの

intersect
[intərsékt]

横断する・交差させる
inter（間に）➡間を切る

intersection
[intərsékʃən]

交差点・交点・光線
ion（名詞化）

transect

[trænsékt]

横に切る・観察地（区）

tran＝trans（横切って）➡横切る（もの）

dissect

[disékt]

（人体・動植物を）切断する・解剖する

dis（分離）➡切り分ける

segment

[séɡmənt]

分割する・部分・切片・分節

ment（動詞化・名詞化）➡切る・切ったもの

segmentation

[sèɡməntéiʃən]

区分・分割

ation（名詞化）➡切ったもの

sex

[séks]

セックス・性別・性の

切る➡分けられること➡性別

sexy

[séksi]

セクシーな・性的魅力のある

y（形容詞化）

homosexual

[hòuməsékʃuəl]

同性愛の・同性愛者

homo（同じの）／al（形容詞化・名詞化）➡同じ性の（人）

cf. 英語のhomosexualは男性同士の同性愛だけでなく、女性同士の同性愛者（lesbian）も含める。

heterosexual

[hètərosékʃuəl]

異性愛の・異性愛者

hetero（違った）／al（形容詞化・名詞化）➡違う性の（人）

bisexual

[baisékʃuəl]

両性愛の・両性愛者

bi（2）／al（形容詞化・名詞化）➡両性の（人）

saw

[sɔ́:]

のこぎりで切る・のこぎり

secant

[sí:kænt]

〈数学〉割線

ant（名詞化）➡切るもの

tom 【切る】

古ギリシャ語 *témnō* (切る) より

atom
[ǽtəm]

原子
a (否定) ➡ それ以上切ることができないもの

anatomy
[ənǽtəmi]

解剖学
ana (完全に) ／y (名詞化) ➡ 完全に切ること

epitome
[ipítəmi]

典型・権化・要約
epi (中に) ➡ 中を切り取ったもの ➡ 要約

epitomize
[ipítəmàiz]

典型となる
ize (動詞化)

tomography
[təmágrəfi]

断層X線写真法
graph (書く) ／y (名詞化)
cf. computerized tomography (CTスキャン)

entomology
[èntəmálədʒi]

昆虫学
en=in (中に) ／logy (学) ➡ 体の中まで深く切り込みの入ったものの学問

tail 【切る】

後期ラテン語 *taliāre* (切る・剪定する) より

tail
[téil]

〈法律〉相続人限定
切ること ➡ 制限すること ➡ 限定すること
cf. ポニーテールの tail (尻尾) とは別単語。こちらは古英語 *tægl*
(尾) が語源。

tailor [téilər]	(服を)仕立てる・(特殊な好みに)合わせる・テーラー or(名:人)➡切る人
curtail [kərtéil]	短縮する・縮約する・切り詰める curt(短く)➡短く切る
detail [ditéil]	詳しく述べる・細部・詳細 de(完全に)➡完全に切る(もの)➡細部まで切断する(もの)
retail [rí:teil]	小売りする・小売り re(強意)➡小さく切って売る(こと)
tally [tǽli]	(話が) 一致する・点数を記録する・割符・ゲームの得点(記録) 「数を数えるために切り込み(刻み目)が入れられた小枝」が原義

frag・frac・frain 【壊す】
63
ラテン語*frangere*(粉砕する)より

fragile [frǽdʒail]	壊れやすい・脆い 「真実の」が原義
fragment [frǽgmənt]	破片・かけら・断片 ment(名詞化)➡粉砕されたもの
suffrage [sʌ́fridʒ]	選挙権・参政権 suf=sub(下に)➡下に粉砕すること➡同意の歓声を上げること
fracture [frǽktʃər]	砕けること・骨折 ture(名詞化)➡粉砕すること
fraction [frǽkʃən]	小部分・断片・〈数学〉分数 tion(名詞化)➡粉砕されたもの

119

refrain
[rifréin]

繰り返し 文句・リフレーン

re（再び）➡順序を壊すもの

cf. 同綴異義語の**refrain**（〜を差し控える）はラテン語*refrenare*
（手綱を引いて馬を止める）か語源。

frail
[fréil]

虚弱な・危うい・はかない

64

sat　【満たす・十分にする】

ラテン語*saturāre*（満足させる）より
ラテン語*satis*（十分・十分に）より
古英語*sæd*（満足した）より

---

satisfy
[sǽtisfài]

満たす・満足させる

fy（動詞化）

dissatisfy
[dissǽtisfài]

不機嫌にさせる

dis（否定）

satiate
[séiʃièit]

十分に満足させる・飽き飽きさせる

ate（動詞化）

insatiable
[inséiʃəbl]

飽くことを知らない・貪欲な

in（否定）／able（形：可能）➡満たすことができない

saturate
[sǽtʃərèit]

しみ込ませる・浸す

ate（動詞化）➡十分に満たす

satisfactory
[sǽtisfǽktəri]

満足な・十分な

fact（為す）／ory（形容詞化）➡十分に満たした

satisfaction
[sǽtisfǽkʃən]

満足させること・（債務の）履行

ion（名詞化）➡十分に満たすこと

sate
[séit]
十分に満足させる・満腹にさせる
satiate(十分に満足させる)の短縮形

satire
[sætaiər]
風刺・皮肉
「寄せ集めた満腹したもの」が原義

satirize
[sætəràiz]
風刺する
ize(動詞化)

asset
[æset]
資産・財産
as=ad(〜の方に)➡負債に相当する十分なお金を持つこと

sad
[sæd]
悲しい・惨めな
満足した➡飽き飽きした➡悲しい

65

duct・duce・due 【導く・引く】
ラテン語*dūcere*(導き出す・引く)より

---

duct
[dʌ́kt]
導管・ダクト
導くもの

abduct
[æbdʌ́kt]
誘拐する・かどわかす
ab(離れて)➡離れたところに導く

adduct
[ədʌ́kt]
(手・足などを)内転させる
ad(〜の方に)➡〜の方に導く

conduct
[kəndʌ́kt]
指揮する・振るまう・導く
con=com(一緒に)➡みんなを一緒に導く

conductor
[kəndʌ́ktər]
〈音楽〉指揮者・添乗員
or(名:人)

semiconductor
[sèmikəndʌ́ktər]

半導体

semi（半）／or（名：～するもの）➡導体と絶縁体の中間の電気伝導率を持つもの

misconduct
[mìskándʌkt]

不正行為・職権乱用

mis（誤って）➡誤って**conduct**（振るまう）

conduit
[kándjuːit]

導管・水路・管路

con=com（一緒に）➡一緒に導くもの

introduce
[ìntrədjúːs]

導入する・紹介する

intro（内に）➡内に導き入れる

introduction
[ìntrədʌ́kʃən]

導入・紹介・概論

tion（名詞化）

reduce
[ridjúːs]

減らす・引き下げる

re（後ろに）➡後ろに引く

reduction
[ridʌ́kʃən]

減少・縮小・割引・縮図

tion（名詞化）

induce
[indjúːs]

誘う・誘発する・説いて～させる

in（中に）➡中に引き込む

inductive
[indʌ́ktiv]

帰納（法）の・〈電気〉誘導の

ive（形容詞化）➡中に引き込んだ➡（共通点から）法則を導く

produce
[prədjúːs]

製造する・生産する・農産物

pro（前に）➡公衆の目の前に導き出す・出されたもの

product
[prádʌkt]

生産物・製品
pro（前に）➡公衆の目の前に導き出されたもの
cf. GDP＝gross domestic product（国内総生産）
　　GNP＝gross national product（国民総生産）

by-product
[báipràdəkt]

副産物
by（副）

reproduce
[rì:prədú:s]

複写する・再生する
re（再び）➡再び produce（製造する）

seduce
[sidjú:s]

誘惑する・そそのかす
se（離れて）➡本来の道からそれるように導く

seduction
[sidʌ́kʃən]

誘惑
tion（名詞化）

deduce
[didjú:s]

結論に達する・推定する・演繹する
de（下に）➡下に引く➡導き出す

deductive
[didʌ́ktiv]

演繹的な
ive（形容詞化）➡下に引いた➡（一般的な法則から）例を導き出した

educate
[édʒukèit]

教育する
e＝ex（外に）➡能力を外に引き出す

education
[èdʒukéiʃən]

教育・教養
ation（名詞化）

educe
[idjú:s]

（潜在的能力などを）引き出す
e＝ex（外に）➡能力を外に引き出す

subdue
[səbdjú:]

征服する・弱める
sub（下に）➡自分の下に導く

動作関係

形容詞

人間

人間の心

人間の行為・知覚

人体

自然

その他の名詞

123

endue
[indjú:]

（資質などを）授ける・賦与する

en（中に）➡中に導く➡自分の中に引き込む➡帯びる

duke
[djú:k]

君主・公爵

「導く人」が原義

---

sert 【合わせる・結ぶ】

ラテン語*serere*（からみ合わせる・結合する）より

---

assert
[əsə́:rt]

主張する・断言する

as＝ad（〜に）➡〜に合わせる

insert
[insə́:rt]

挿し込む・挿入する

in（中に）➡中に結ぶ➡入れる

desert
[dizə́:rt]

見捨てる・顧みない

de（分離）➡他と離れたところに結ぶ

cf. 同じ綴りのdesert（砂漠）の発音は[dézərt]。日本語の「食後の
デザート」のデザートはdessert[dizɔ́:rt]。語源はdesertとは別で
フランス語の*desservir*より。「食卓を片づけること」が原義。さらに
desert[dizɔ́:rt]という「当然の報い」という別の意味の単語もあ
り、この単語はデザートと語源が同じ。

dissertation
[disərtéiʃən]

博士論文・論述

dis（離れて）／ation（名詞化）➡離れた言葉を1つに結んでできたもの

exert
[igzə́:rt]

（力・能力などを）使う

ex（外に）➡外に力を置く➡力を出す

本来はex＋sertだが、sertのsはxに吸収される。

124

sermon
[sə́:rmən]

(教会の)説教
「つなぐ・結ぶもの」が原義
cf. salmon [sǽmən] (サケ)と混同しないように

series
[síəri:z]

シリーズ・連続・続き物
つながったもの

serial
[síəriəl]

続き物の・連続している・連続番組
al (形容詞化・名詞化) ➡ つながった(もの)

67

reg 【支配する・王】

ラテン語 *regere* (支配する・管理する)より
ラテン語 *rex* (王)より

---

region
[rí:dʒən]

地方・領域
ion (名詞化) ➡ 支配する地域

regime
[rəʒí:m]

政治体制・政権
支配するもの

regiment
[[動] rédʒəmènt [名] rédʒəmənt]

(厳格に)管理する・連隊・大勢
ment (動詞化・名詞化)

regal
[rí:gəl]

王の・堂々たる
al (形容詞化)

regent
[rí:dʒənt]

摂政・(大学の)理事
ent (名詞化) ➡ 支配する人

regalia
[rigéiliə]

(王冠など)王権の表章・正装
ia (名詞化) ➡ 王の特権 ➡ 王の力

Regina
[ridʒáinə]

（現）女王
cf. Elizabeth Regina（エリザベス女王）というふうに使う

regius
[ríːdʒiəs]

王の・王に属する

regnal
[régnəl]

御代の・治世の
al（形容詞化）

regicide
[rédʒəsàid]

国王殺し・大逆罪
cide（殺す）➡国王を殺すこと

regnant
[régnənt]

君臨している・優勢な
ant（形容詞化）

reign
[réin]

君臨する・統治する

realm
[rélm]

領域・王国
「王国」が原義

royal
[rɔ́iəl]

国王の・女王の・王室の・王員
al（形容詞化・名詞化）

68

dom 【支配する・統治する・主】

ラテン語*dominārī*（支配する・統治する）より
ラテン語*dominus*（家長・専制君主・主）より

---

dominate
[dámənèit]

支配する・服従させる・優位を占める
ate（動詞化）

domain
[douméin]

分野・領域・領土・ドメイン
「王に支配される土地」が原義

dominion
[dəmínjən]

支配権・統治権
主の持つ権利

predominate
[pridámənèit]

優位を占める・支配する・ひときわ目立つ
pre（先に）➡先にdominate（支配する）

demesne
発音注意 [diméin]

直轄地
「王に支配される土地」が原義

69

sec・seq・sue・suit 【従う】
ラテン語*sequi*（従う・追う・続く）より

---

persecute
[pə́:rsikjù:t]

迫害する・悩ます
per（完全に）➡完全に従わせる

prosecute
[prásikjù:t]

起訴する・（研究などを）遂行する
pro（前に）➡前から従わせる➡追いかける

execute
[éksikjù:t]

実行する・執行する・死刑にする
ex（外に）➡外に力を出しきるように実行する

executive
[igzékjutiv]

行政官・取締役・役員
ive（名詞化）
cf. CEO=Chief Executive Officer（最高経営責任者）

consecution
[kànsikjúʃən]

（事件などの）連続・続発
con=com（一緒に）／tion（名詞化）➡一緒に従ってついてくるもの

second
[sékənd]

第2の・2番目の
「従う」が原義

secondhand
[sékən(d)hænd]

中古の・また聞きの
hand（手）➡**second**（第2の）手に渡った

sequence
[síːkwəns]

連続・連続するもの
ence（名詞化）➡従うこと

sequel
[síːkwəl]

（文学作品の）続編・後日談
el（指小辞：小さい）➡後に続くもの

sequester
[sikwéstər]

引き離す・（財産を）一時差し押さえる
追うもの➡随行者➡保管人➡財産を強制保管する

subsequence
[sʌ́bsəkwəns]

結果・次であること
sub（下に）／**ence**（名詞化）➡下に従って起こるもの

consequence
[kánsəkwèns]

（必然の）結果・成り行き・重要さ
con=com（一緒に）／**ence**（名詞化）➡一緒に従ってついてくるもの

obsequious
[əbsíːkwiəs]

こびる・卑屈な
ob（前に）／**ous**（形容詞化）➡前に押した

sue
[súː]

訴えを起こす・告訴する
「従う」が原義。法廷の手続きに「従うこと」から現在の意味が生まれた。

ensue
[insúː]

（結果として）続いて起こる
en=in（中に）➡中に続くように従わせる

pursue
[pərsúː]

追う・追跡する・従事する
pur=pro（前に）➡前のほうに従って行く➡追いかける

suit
[súːt]

スーツ・ひとそろいのもの・訴訟
従うもの➡続くもの➡ひとそろい

suitable
[súːtəbl]

適した・ふさわしい
able（形:可能）➡従うことのできる

pursuit
[pərsúːt]

追跡・追撃・遂行
pur=pro（前に）➡前のほうに従って行くこと➡追いかけること

suite
発音注意 [swíːt]

ひと続きの部屋・ひとそろいのもの
従うもの➡続くもの➡ひとそろい

sect
[sékt]

宗派・学派・教派
「従うべきもの」が原義

70
habit・hibit 【持つ・住む】
ラテン語*habēre*（持つ・有する・住む）より

habit
[hǽbit]

習慣・癖
「持つようになったもの」が原義

habitat
[hǽbitæt]

生息地・産地
「住む」が原義

inhabit
[inhǽbit]

内在する・宿る・居住する
in（中に）➡中に住む

inhabitant
[inhǽbətənt]

居住者・生息動物
ant（名詞化）

cohabit
[kouhǽbit]

同棲する・両立する
co（一緒に）➡一緒に住む

inhibit
[inhíbit]

制する・抑制する
in（中に）➡ある範囲の中に持つ

prohibit
[prouhíbit]

禁止する
pro（前に）➡人の前に持つ➡邪魔をする

exhibit
発音注意 [igzíbit]

展示する
ex（外に）➡外に持つ

behave
[bihéiv]

ふるまう・行動する
be（近くに）➡自分の近くに持つ➡手中にある➡自分自身を支配する

behavior
[bihéivjər]

ふるまい・行為・行儀・品行
ior（名詞化）

malady
[mǽlədi]

（特に慢性の）病気
後期ラテン語malehabitusより. maleは「悪い」この場合の
habitusは「条件付けられた」て、そこから「病気（悪く条件付けら
れた）」という意味になった。

71

serv 【仕える】
ラテン語servus（奴隷）より
ラテン語servīre（仕える・従属する）より

---

serve
[sə́:rv]

仕える・供給する
「奴隷として仕える」が原義

service
[sə́:rvis]

業務・公共事業・礼拝・サービス
「奴隷の状態」が原義

disservice
[dissə́:rvis]

ひどい仕打ち・不親切
dis（反対）

servitude
[sə́:rvətjù:d]

隷従・（刑罰としての）強制労働
tude（名：状態）➡奴隷の状態

servile
[sə́:rvil]

卑屈な・奴隷の
ile（形容詞化）➡奴隷の

serf
[sə́:rf]

農奴・奴隷
「奴隷」が原義

sergeant
[sɑ́:rdʒənt]

軍曹・〈警察〉巡査部長
ant（名：人）➡仕える人

servant
[sə́:rvənt]

召使い・使用人・役人
ant（名：人）
cf. public servant（公務員）

deserve
[dizə́:rv]

〜に値する
de（完全に）➡報いを受けるに足るだけ完全に奉仕する

subserve
[səbsə́:rv]

助長する・有用である
sub（下で）➡下で仕える➡支える

desert
[dizə́:rt]

当然の報い・功績
de（完全に）➡報いを受けるに足るだけ完全に奉仕すること

dessert
[dizə́:rt]

デザート
des＝dis（反対）➡料理を片付ける➡食事の最後のコース
元はフランス語の*desservir*より。この*servir*は serve up（料理を出す）の意味。

vid・vis 【分かれる】

ラテン語造語要素*videre*（分ける）より
古英語*widuwe*（寡婦）より

divide
[diváid]

分ける・分類する
di（離れて）➡ 分け離す

subdivide
[sʌbdiváid]

細分する・（土地を）分譲する
sub（下に）➡ さらに下の区分にする

division
[divíʒən]

分割・部門・部分
di（離れて）／ion（名詞化）➡ 分け離されたもの

dividend
[dívədènd]

株の配当金
di（離れて）／end（名詞化）➡ 分けられたもの

individual
[indəvídʒuəl]

個人の・固体の・個人
in（否定）／di（離れて）／al（形容詞化）➡ 分け離すことができない

widow
[wídou]

未亡人
「分けられたもの」が原義

devise
発音注意 [diváiz]

考案する・工夫する
「何度も分けて工夫する」が原義

device
[diváis]

装置・考案物・工夫・図案

part 【分ける】
ラテン語*partīre*(分ける・分配する)より

part
[pá:rt]
一部分・部品・巻
分かれたもの

parting
[pá:rtiŋ]
分離・告別・別れ
ing(名詞化)➡分けること

participle
[pá:rtəsìpl]
〈文法〉分詞
cip(取る)➡部分を取ること➡参加すること

particle
[pá:rtikl]
粒子・微量・少量
cle(指小辞:小さい)➡分けられた小さいもの

apart
[əpá:rt]
離れて・隔たって・ばらばらに
a=ad(～の方に)➡～の方に分ける➡一方に

impart
[impá:rt]
知らせる・伝える・授ける
im=in(中に)➡分け与える

impartial
[impá:rʃəl]
偏見のない・公平な
ial(形容詞化)

compartment
[kəmpá:rtmənt]
区画・分室・仕切り客室
com(共に)／ment(名詞化)➡共に分け合うこと

portion
[pó:rʃən]
部分・一部・一人前・分け前
ion(名詞化)➡分けられたもの

parcel
[pá:rsəl]
小包・小荷物
分けられた小さいもの

cern 【識別する】

ラテン語*cernere*(ふるいにかける・識別する)より

---

concern
[kənsə́:rn]

関わる・不安にさせる
con=com(強意)➡識別する

---

concerning
[kənsə́:rniŋ]

～に関して
ing(前置詞化)

---

discern
[disə́:rn]

見分ける・(差異を)認識する
dis(離れて)➡見分けて離す

---

discrete
[diskrí:t]

分離している・離散の
dis(離れて)➡見分けて離された

---

excrete
[ikskrí:t]

(老廃物を)排出する
ex(外に)➡見分けて外に出す

---

secrete
[sikrí:t]

(器官などが)～を分泌する
se(分離)➡見分けて分離させる

---

secret
[sí:krit]

秘密の・隠れた・極秘の
se(分離)➡見分けて分離した

---

secretary
[sékrətèri]

秘書・(各省の)長官
ary(名詞化)➡secret(機密)を扱うことができる人

---

secretaire
[sèkrətéər]

執筆に使用する机
機密書類を入れるもの

---

discreet
[diskrí:t]

思慮のある・慎重な
dis(離れて)➡見分けて離すことができる

75 vor 【食べる】
ラテン語 ***vorāre***（飲み込み・むさぼり食う）より

carnivore
[kárnəvɔ̀r]

肉食動物
carni（肉）

herbivore
[hə́:rbəvɔ̀r]

草食動物
herbi（草）

omnivore
[ámnivɔ̀:]

雑食動物
omini（すべて）

voracious
[vɔːréiʃəs]

大食いの・飽くことを知らない
ous（形容詞化）

devour
発音注意 [diváuər]

むさぼり食う
de（完全に）➡ 食べ尽くす

76 pha 【食べる】
古ギリシャ語 ***phageîn***（食べる）より

esophagus
[isáfəgəs]

食道
eso（運ぶ）➡ 食べたものを運ぶもの

macrophage
[mǽkrəfèidʒ]

マクロファージ・大食細胞
macro（大きい）➡ 大食いするもの

sarcophagus
[sɑrkάfəgəs]

石棺

sarco (肉) ➡ 肉を食べるもの (古代ギリシャでは石が肉を分解するものと考えられていた)

77

mord・morse 【噛む】
ラテン語 *mordēre* (噛む・齧る・刺す) より

---

mordant
[mɔ́rdənt]

辛辣な・腐食性の・ひりひりする

ant (形容詞化) ➡ 刺すような

mordent
[mɔ́:rdənt]

モルデント*

イタリア語の「噛んでいる」から

モルデント:主音から下2度の音を経てすぐ主音に返る装飾音

morsel
[mɔ́:rsəl]

(食べ物の) 一口・少量

el (指小辞:小さい) ➡ 小さなひとかじり

remorse
[rimɔ́:rs]

深い後悔・悔恨

re (再び) ➡ 再び噛むもの ➡ 悩ますもの

78

rode・ros 【噛む】
ラテン語 *rōdere* (噛む・齧る) より

---

rodent
[róudnt]

げっ歯類・げっ歯類の

ent (名詞化・形容詞化) ➡ 噛む (もの)

corrode
[kəróud]

(金属などが) 腐食する・徐々に悪くなる

cor＝com (完全に) ➡ 完全に噛む

corrosive
[kəróusiv]
腐食性の・(批判などが)痛烈な
ive（形容詞化）

erode
[iróud]
浸食する・腐食する
e＝ex（外に）➡外に噛む➡齧りとる

erose
[iróus]
（葉などが）ぎざぎざの・でこぼこの
e＝ex（外に）➡外に噛まれた➡齧りとられた

erosion
[iróuʒən]
浸食・腐食
ion（名詞化）

79

bite 【噛む・噛みつく】
古英語 *bītan*（噛む）より

---

bite
[báit]
噛む

bit
[bít]
わずか・小片
「噛み切られた小片」が原義

bait
発音注意 [béit]
えさ・誘惑するもの
スカンジナビア語より。「噛みつかせるもの」

bitter
[bítər]
苦い
「噛むような」が原義

bittern
[bítərn]
苦汁（にがり）
n（もの）➡苦いもの

biting
[báitiŋ]
身を切るような・ひりひりする
「噛みつかれたような」が原義

動作関係

形容詞

人間

人間の心

人間の行為・知覚

人体

自然

その他の名詞

137

beetle
[bíːtl]

カブトムシ
「噛むもの」か原義

---

tropy 【栄養を与える】
古ギリシャ語*trophé*（栄養）より

---

atrophy
[ǽtrəfi]

（筋肉などの）萎縮・退化
a（否定）➡栄養を与えないこと

hypertrophy
[haipə́ːrtrəfi]

（筋肉・器官の）肥大
hyper（超えて）➡超えて栄養を与えること

eutrophy
[júːtrəfi]

（湖などの）富栄養
eu（良い）➡良く栄養が与えられたもの

dystrophy
[dístrəfi]

筋ジストロフィー・栄養障害
dys（不良）➡栄養不良

---

tens・tend・tent 【伸ばす・張る】
ラテン語*tendere*（伸ばす・張る）より

---

tense
[téns]

ぴんと張った・緊張した
よく伸ばされた

tension
[ténʃən]

緊張
ion（名詞化）

---

hypertension
[hàipərténʃən]

高血圧
hyper（過度の）／ion（名詞化）

hypotension
[hàipouténʃən]

低血圧
hypo（不足の）／ion（名詞化）

tensile
[ténsəl]

引き伸ばせる・伸張の
ile（形：能力）➡伸ばせる

intense
[inténs]

極度の・激しい・熱烈な
in（中で）➡中で張りつめた➡集中させて激しくした

intensify
[inténsəfài]

強める・激しくする
ify（動詞化）➡中で張りつめる➡集中させて激しくする

tent
[tént]

テント・天幕
「伸ばされるもの」が原義

tend
[ténd]

心を傾ける・～しがちである

tendency
[téndənsi]

傾向
ency（名詞化）

tender
[téndər]

（正式に）提出する・（代金を）支払う
手を前に伸ばす

tender
[téndər]

優しい・親切な・敏感な・柔らかい
伸びる➡柔らかい・繊細な

tendon
[téndən]

腱
伸びるもの
cf. the Achilles tendon（アキレス腱）

tendril
[téndril]

〈植物〉巻きひげ
「芽・軟骨」が原義。「伸びる」より

attend
[əténd]

参加する・出席する・世話をする
at=ad（〜の方に）➡〜の方に心を傾ける

tend
[ténd]

（店などの）番をする
attendの頭音が消失した語

attendance
[əténdəns]

出席・出席数
ance（名詞化）➡参加すること

attention
[əténʃən]

注意・注意力・配慮
ion（名詞化）➡〜の方へ心を傾けること

contend
[kənténd]

戦う・争う・主張する
con=com（一緒に）➡共に張り合う

contention
[kənténʃən]

争い・闘争・口論
ion（名詞化）

pretend
[priténd]

ふりをする・真似をする
pre（前に）➡事前に顔を伸ばして変身する

pretentious
[priténʃəs]

うぬぼれた・思い上がった
ous（形容詞化）

intend
[inténd]

〜するつもりである・意図する
in（中に）➡〜の中に心が引っ張られる

superintend
[sù:pərinténd]

指揮監督する・指図する
super（上）➡上からintend（意図する）することを伝える

superintendent
[sù:pərinténdənt]

指揮監督者
ent（名詞化）

intention
[inténʃən]

意図・ねらい
tion（名詞化）

extend
[iksténd]

広げる・拡大する・延ばす
ex（外に）➡外に伸ばす

extent
[ikstént]

範囲・広さ
ex（外に）➡外に伸ばすこと

extensive
[iksténsiv]

広範囲にわたる
ive（形容詞化）

distend
[disténd]

（四方に）広げる・拡張させる
dis（離れた）➡離れたところまで伸ばす

portend
[pɔːrténd]

予告する・前兆になる
por＝pro（前に）➡前に伸ばしてみる

ostentation
[àstentéiʃən]

みせびらかし・誇示
os＝ob（〜に対して）／**ation**（名詞化）➡人に対して事実を伸ばして見せること➡誇示すること

82

flict・flig 【打つ】
ラテン語 *flīgere*（打ちつける）より

---

afflict
[əflíkt]

苦しめる・苛む
at＝ad（〜に向かって）➡人に向かって打つ

conflict
[kənflíkt]

衝突する・相反する
con＝com（共に）➡共に打ち合う

inflict
[inflíkt]

苦しめる・科する・負わせる
in（上に）➡ 上に打ち上げる➡ 打ちのめす

profligate
[práfligət]

放蕩な・不道徳な
pro（下に）➡ 打ち倒された➡ 落ちぶれた

83

bat 【打つ】

ラテン語*battuere*（打つ）より
古英語*bēatan*（打つ）より

---

bat
[bǽt]

バット

batter
[bǽtər]

バッター
er（名：人）

battle
[bǽtl]

戦闘・交戦
「打ち合うこと」が原義

battleship
[bǽtəlʃìp]

戦艦
ship（船）

battlefield
[bǽtlfì:ld]

戦場・（比喩的に）闘争の場
field（地面）

battleground
[bǽtəlgràund]

戦場
ground（地面）

battalion
[bətǽljən]

軍隊・大隊
「打ち合うものたち」が原義

battery
[bǽtəri]

電池・バッテリー・砲台
原義は「砲台（打つところ）」。それから野球のバッテリー（投手と捕手）、電池（プラスとマイナス）に意味が拡張した。

combat
[kámbæt]

戦う・戦闘・闘争
com（共に）➡共に打ち合う

combatant
[kəmbǽtənt]

闘士・戦闘員
ant（名：人）

debate
[dibéit]

討議する・ディベート
de（下に）➡打ち下ろす（こと）➡打ち負かす（こと）

abate
[əbéit]

減じる・除去する・省く
a（〜に向かって）➡〜に向かって打つ➡砦で敵の勢いをそぐ

abatis
[ǽbətìː]

逆茂木・有刺鉄線
「砦で敵の勢いをそぐもの」が原義

abattoir
[ǽbətwàr]

畜殺場
「（動物が）打ち倒されるところ」が原義

rebate
[ríːbeit]

割戻し・リベート
re（繰り返し）➡繰り返し減少させること
この語はre＋bate（打つ）ではなくre＋abate（減じる）

bate
[béit]

弱める・和らげる
abate（減じる・除去する・省く）のaが消失した形

beat
[bíːt]

打つ・たたく

fend・fest 【打つ】

ラテン語造語要素*fendere*（打つ）より

---

defend
[difénd]

守る・防御する・弁護する
de（分離）➡打って敵を切り離す➡敵から守る

---

defendant
[diféndənt]

被告人
ant（名詞化）➡守るほうの人

---

fend
[fénd]

（打撃を）受け流す・防衛する
defend（防御する）のdeが消滅したもの

---

fender
[féndər]

フェンダー・泥除け・（暖炉の前の）炉格子
er（名：～するもの）➡受け流すもの

---

fence
[féns]

柵・垣根
defence（防御）のdeが消滅したもの

---

fencing
[fénsiŋ]

フェンシング・巧妙な受け流し
defence（防御）のdeが消滅したもので、「打って敵を切り離すこと」が原義。

---

offend
[əfénd]

感情を害す・罪を犯す
of＝ob（～に対して）➡～に対して打つ

---

offensive
[əfénsiv]

腹ただしい・攻撃的な
sive（形容詞化）

---

counteroffensive
[káuntərəfènsiv]

反撃・迎撃
counter（仕返し）／of＝ob（～に対して）➡～に対して仕返しとして打つこと

144

infest
[infést]

（虫・悪者などが）はびこる・横行する
in（反して）➡反して打つ➡襲撃する

manifest
[mǽnəfèst]

明示する・明らかな・乗客名簿
mani（手）➡手で打つ➡明白な（もの）

manifesto
[mænəféstou]

声明・宣言
mani（手）➡手で打たれたもの➡明らかなもの

85	**CUSS** 【振る・打つ】
	ラテン語*quatere*（振り動かす・打つ）より

---

concussion
[kənkʌ́ʃən]

脳しんとう・衝撃・振動
con=com（強意）／ion（名詞化）➡強く振ること

discuss
[diskʌ́s]

論じる・話題にする
dis（離れて）➡打ち合って離す

percuss
[pərkʌ́s]

〈医学〉打診する・たたく
per（通って）➡打ち通す

percussion
[pərkʌ́ʃən]

打楽器の演奏・衝撃・〈医学〉打診
ion（名詞化）

repercussion
[ripərkʌ́ʃən]

（事件・行動の間接的な）影響・反共
re（元に）➡percussion（衝撃）が戻ってくること

quash
[kwáʃ]

（反乱などを）抑える・鎮圧する
振る➡打つ・打ち勝つ➡抑える

insult
[insʌlt]

侮辱する
in（上に）➡上に跳ぶ➡跳びかかる

result
[rizʌlt]

結果として生じる・結果
re（後ろに）➡後ろから跳ね返ってくる（もの）

desultory
[désəltɔ̀ri]

とりとめのない・漫然とした
de（離れた）／ory（形容詞化）➡離れたところに跳ぶ

assault
[əsɔ́:lt]

急襲する・暴行する
as＝ad（～の方に）➡～の方に跳ぶ

assail
[əséil]

激しく攻撃する・苛む
as＝ad（～の方に）➡～の方に跳ぶ

salient
[séiliənt]

突出した・目立った
in（上に）➡上に跳んだ

exult
[igzʌlt]

大喜びする・狂喜する
ex（上に）➡上に跳び上がる

exultation
[ègzʌltéiʃən]

大喜び・歓喜
ation（名詞化）

sauté
[soutéi]

ソテー
フランス語の「跳んだ」が原義。フライパンの中で時々ほうり上げて炒めることから。

somersault
[sʌ́mərsɔ̀lt]

とんぼ返りをする・とんぼ返り
somer=supra（上に）➡ 上に跳ぶ

salmon
[sǽmən]

サケ
「跳ぶ魚」が原義（アングロノルマン語より）

sally
[sǽli]

反撃・出撃・突進
「跳ぶ」が原義

resile
発音注意 [rizáil]

元の形に戻る・弾む・尻ごみする
re（元に）➡ 元の方向へ跳ぶ

resilient
発音注意 [rizíljənt]

弾力性のある・（人が病気などから）すぐに立ち直れる
ent（形容詞化）

transilient
[trænsíliənt]

（物から物へ）突然跳び移る
trans（AからBへ）／ent（形容詞化）➡ AからBへ跳ぶ

87

volu・volut・volve 【回る・巻く】
ラテン語**volvere**（転がす・回転する・巻き込む）より

voluble
[vɑ́ljubl]

冗舌な・流暢な
ble（形：可能）➡ 簡単に回る➡ 流れるような

volume
[vɑ́lju:m]

巻・書物・容量
「巻かれたもの」が原義

voluminous
[vəlú:mənəs]

（服が）だぶだぶの・（著作が）長い・大作の
ous（形容詞化）➡ 巻き物の多い

volute
[vəlú:t]

〈建築〉渦巻き型の装飾・（巻貝の）渦巻き
「巻く」が原義

volution
[vəlúːʃən]

回転運動・渦巻形

ion（名詞化）

revolt
[rivóult]

反抗する・反感を持つ

re（後ろに）➡後ろに回る➡背を向ける

evolute
[évəlùːt]

〈植物〉後ろに反った・〈幾何学〉縮閉線

e=ex（外に）➡外に回転した（もの）➡外に展開した（もの）

evolution
[èvəlúːʃən]

進化・発展・（ガス・熱の）放出

ion（名詞化）

involute
[ínvəlùːt]

入り組んだ・渦巻き状の・複雑な

in（中に）➡中に巻き込まれた

revolve
[riválv]

回転する・公転する

re（繰り返し）➡繰り返し回る

revolver
[riválvər]

リボルバー・回転式連発拳銃

er（名詞化）➡繰り返し回るもの

revolution
[rèvəlúːʃən]

革命・回転

re（再び）／**ion**（名詞化）➡改めて世の中をひっくり返すこと

revolutionary
[rèvəlúːʃənèri]

革命的な・革命の

ary（形容詞化）

involve
[inválv]

巻き込む・含む・伴う

in（中に）➡中に巻き込む

devolve
[diválv]

（仕事などを）委ねる・移る

de（下に）➡下の者に回す

convolve
[kənválv]

巻き込む・くるくる巻く

con=com（一緒に）➡一緒に巻く

circumvolve
[sə̀:rkəmválv]

回転させる・回る
circum（周りに）➡周りを回る

vault
[vɔ́:lt]

アーチ型の天丼・地下貯蔵室・金庫室
回転➡湾曲した屋根

vault
[vɔ́:lt]

跳躍する・跳躍
回転する➡馬に跳び乗る（こと）➡跳びはねる（こと）

tour・turn 【回る】
ラテン語*tornāre*（ろくろで丸くする）より

tour
[túər]

周遊旅行・観光・ツアー

tourist
[túərist]

旅行者
ist（名：人）

tournament
[túərnəmənt]

勝ち抜き試合・トーナメント
ment（名詞化）➡回ること

turban
[tə́:rbən]

ターバン
オスマン語の*tülbent*（ターバン）が由来だが、*tül*（巻く）の部分が
ラテン語*tornāre*と親戚の可能性がある。

tulip
[tjú:lip]

チューリップ
ターバンに形が似ていることから命名された。

turn
[tə́:rn]

くるっと回転させる・向きを変える・回転・順番

turnip
[tə́ːrnip]

(野菜の)カブ

nip(カブ)➡丸いカブ、もしくは回して引き抜くカブ

turmoil
[tə́ːrmɔil]

騒ぎ・騒動・混乱

moil(激しく動き回る)➡回って激しく動き回ること

attorney
[ətə́ːrni]

弁護士・代理人

at＝ad(〜に向かって)➡〜に向く人➡指名された人

contour
[kántuər]

輪郭・外郭

con＝com(強意)➡周りを回るもの

detour
[díːtuər]

回り道・迂回路

de(離れて)➡回って離れるもの➡遠回りするもの

return
[ritə́ːrn]

(元の状態に)戻る・戻す・返す

re(元に)➡元のところまて回る

89

vers・vert 【回る・向く・曲がる】
ラテン語*vertere*(回す・向く)より

---

version
[və́ːrʒən]

〜版・翻訳版

ion(名詞化)➡ある目的のために曲げられたもの

versus
[və́ːrsəs]

〜対…・〜に対する

「向きを変える」が原義

verse
[və́ːrs]

韻文・詩

鋤で方向を変えながら耕すこと➡一定の長さて改行されたもの

versify
[və́ːrsəfài]

韻文にする・詩を作る

ify(動詞化)➡verse(韻文・詩)にする

vertigo [və́:rtigòu]	めまい・眩暈 「渦巻いている気分」が原義
vortex [vɔ́:rteks]	渦巻き・旋風・うず 回るもの➡渦巻き
vertex [və́:rteks]	頂点・頂上 回るもの➡渦巻き➡頭のつむじ➡てっぺん
vertical [və́:rtikəl]	垂直の・直立した al（形容詞化）➡頂点を向いた
vertebra [və́:rtəbrə]	脊椎（骨） bra（名詞化）➡背骨の関節
universe [jú:nəvə̀:rs]	宇宙・全宇宙 uni（1）➡1つにまとまったもの
universal [jù:nəvə́:rsəl]	万人の・普遍の・宇宙の・普遍的存在 al（形容詞化・名詞化）
university [jù:nəvə́:rsəti]	大学 ity（名詞化）➡1つにまとまったもの➡共同体
diverse [divə́:rs]	多様な・異なった di（分離）➡別々の方向を向いた
diversify [divə́:rsəfài]	多様化する・様々な商品を生産する ify（動詞化）
diversity [divə́:rsəti]	多様性 ity（名詞化）
reverse [rivə́:rs]	逆・裏・逆の・裏の re（後ろに）➡後ろに向いた（もの）

動作関係

形容詞

人間

人間の心

人間の行為・知覚

人体

自然

その他の名詞

151

reversible
[rivə́ːrsəbl]

元に戻せる・可逆の・(服が)両面仕立ての
ible(形：可能)

advert
[ædvə́ːrt]

言及する
ad(〜の方に)➡ある方向に向ける➡注意を向ける

adverse
[ædvə́ːrs]

不利な・敵意に満ちた
ad(〜の方に)➡ある方向に向けられた➡対立した

adversity
[ædvə́ːrsəti]

逆境・不運な出来事
ity(名詞化)

adversary
[ǽdvərsèri]

相手・敵・敵の
ary(名詞化・形容詞化)

traverse
[trəvə́ːrs]

横切る・横断する
tra(横切って)➡横切って回る

tergiversate
[tə́ːrdʒivərsèit]

言い抜ける・ごまかす・信仰を捨てる
tergi＝tergum(背中：ラテン語)／**ate**(動詞化)➡背中を向ける

perverse
[pərvə́ːrs]

予期に反する・へそ曲がりの
per(完全に)➡完全に曲がった

obverse
[ábvəːrs]

表面の・表向きの・表面
ob(反対に)➡反対に向いた(もの)

obvert
[abvə́ːrt]

ひっくり返す
ob(反対に)➡反対に向ける

advertise
[ǽdvərtàiz]

宣伝する・広告する
ad(〜に向かって)➡〜に向ける➡警告する➡広告する

advertisement
[ædvərtáizmənt]

広告・告知
ment(名詞化)

versatile
[və́:rsətl]

融通の・多用途の・多芸の
「いろいろな方向に向く」が原義
cf. DVD＝digital versatile disc

convert
[kənvə́:rt]

変換する・改宗する・兌換 (だ かん) する
con=com（強意）➡回る

convertible
[kənvə́:rtəbl]

変換できる・切り替えられる・〈車〉コンバーチブル
con=com（共に）／ible（名・形：可能）➡共に回ることができる➡
お互いに向きを変えられる

pervert
[pərvə́:rt]

曲解する・堕落させる・変態
per（完全に）➡完全に曲がる（こと）

avert
[əvə́:rt]

（光景から）目をそむける・そらす
as＝ad（～に向かって）➡あるものに向かって目線を曲げる

aversion
[əvə́:rʒən]

嫌悪・嫌悪感を引き起こすもの
as＝ad（～に向かって）／ion（名詞化）➡あるものに向かって目線を曲げること

evert
[ivə́:rt]

裏返す・外転させる
e＝ex（外に）➡外にひっくり返す

invert
[invə́:rt]

逆にする・ひっくり返す
in（中に）➡中に曲げる➡ひっくり返す

inverse
[invə́:rs]

逆の・正反対の・あべこべの・正反対のもの
in（中に）➡中に曲げられた（もの）➡ひっくり返された（もの）

subvert
[səbvə́:rt]

転覆させる・破滅させる
sub（下から）➡下からひっくり返す

subversive
[səbvə́:rsiv]

転覆させる・破滅的な
ive（形容詞化）

revert
[rivə́:rt]

戻る・復帰する・立ち返る
re(後ろに)➡後ろに向く➡元の場所に戻る

introvert
[íntrəvə̀:rt]

内向性の・内向性の人
intro(内に)➡自分の内に向いた(人)

extravert
[ékstrəvə̀:rt]

外向性の・外向性の人
extra(外に)➡自分の外に向いた(人)

controvert
[kántrəvə̀:rt]

反駁する・否定する
contro(反対に)➡反対の立場に回る

controversy
[kántrəvə̀:rsi]

議論・論争
y(名詞化)

incontrovertible
[ìnkɑntrəvə́:rtəbl]

疑いのない
in(否定)／ible(形:可能)➡contraversy(議論)になりえない

converse
[kənvə́:rs]

(意見などが)正反対の
con=com(強意)➡回った➡向きが違う

converse
[kənvə́:rs]

談話する
con=com(一緒に)➡一緒に回る➡親しく交わる

conversation
[kànvərséiʃən]

会話・談話
ation(名詞化)

conversant
[kənvə́:rsənt]

精通している
con=com(一緒に)／ant(形容詞化)➡一緒に回っている➡親しく交っている

malversation
[mæ̀lvərséiʃən]

汚職・公金の使い込み
mal(悪い)➡悪い方向に向くこと

divorce
[divɔ́ːrs]

離婚する・離婚
di（離れて）➡お互いが向きを変え離れる（こと）

pl・plex・bl 【折る】
ラテン語*plectere*（編む・組む）より
古ギリシャ語*plós*（折る）より

simple
[símpl]

単純な・簡単な
sim＝sin（1）➡ 1 つに折った

simpleton
[símpltən]

馬鹿・まぬけ
ton（名：人）➡単純な人

simplex
[simplex]

単純な・〈通信〉単信の
sim＝sin（1）➡ 1 つに折った

plexus
[pléksəs]

（神経・血管の）・叢
織りあわせたもの

double
[dʌ́bl]

2 倍の・2 重の
dou（2）➡ 2 つに折った

triple
[trípl]

3 倍の・3 重の
tri（3）➡ 3 つに折った

multiple
[mʌ́ltəpl]

多数の・倍数の
multi（たくさん）➡何回も折った

diploma
[diplóumə]

卒業証書・公文書・古文書
di（2）➡ 2 重に折られた紙

diplomatic
[dìpləmǽtik]

外交の
tic（形容詞化）➡公文書を扱う

動作関係

形容詞

人間

人間の心

人間の行為・知覚

人体

自然

その他の名詞

diplomat
[dípləmæt]

外交官・駆け引きの上手な人

treble
[trébl]

3つの部分からなる・3倍の
tre=tri(3)➡3つに折った

---

ply・ploy・plic 【折る・縫う・包む】
ラテン語***plicāre***(たたむ・折り曲げる)より

---

ply
[plái]

(合板を構成する)層
「たたむ」が原義

plier
[pláiər]

ペンチ
er(名詞化)➡折るもの
cf. 通常、複数形の**pliers**で使われる。

plywood
[pláiwùd]

合板・ベニヤ板
wood(木)

imply
[implái]

暗示する・ほのめかす・意味する
im=in(中に)➡中に折り込む

reply
[riplái]

返答する・返答
re(元に)➡元のところに包んで返す(こと)

multiply
[mʌ́ltəplài]

増やす・(数字を)掛ける・増加する
multi(たくさん)➡たくさん折って厚さを増やす

employ
[implɔ́i]

雇う・採用する
em=en(中に)➡中に折る➡包む

156

unemployment
[ʌnemplɔ́imənt]

失業者数・失業
un（否定）／ment（名詞化）➡中に折り込まれていないこと

deploy
[diplɔ́i]

（兵隊を）配置につかせる
de（分離）➡包みを外す➡展開する

apply
[əplái]

応用する・申し込む・適用する・当てはめる
ap＝ad（～に向かって）➡～に向かって折る➡～に当てはめる

application
[æplikéiʃən]

申し込み・出願・（薬を）塗布すること
tion（名詞化）

ply
[plái]

せっせと使う・励む・定期的に往復する
applyの頭音が消失した形

applique
[æplikéi]

アップリケ
ap＝ad（～に向かって）➡～に向かって縫うこと➡縫い付けられたもの

display
[displéi]

展示する・陳列する・見せびらかす
dis（分離）➡包みを外す

exploit
[iksplɔ́it]

最大限利用する・搾取する
ex（外に）➡外に向かって折り広げる

replicate
[réplikèit]

折り返す・複製する・複製
re（再び）／ate（動詞化・名詞化）➡再び折る（もの）

replica
[réplikə]

複製・模造品・レプリカ
re（再び）➡再び折られたもの➡同じ面

implicate
[ímplikèit]

暗に示す・関係づける
im＝in（中に）／ate（動詞化）➡中に折り込む➡巻き込む

duplicate
[djúːplikət]

複製する・二重の・写し
du（2）／ate（動詞化・形容詞化・名詞化）➡2つに折る（もの）➡同じ物をつくる（こと）

explicate
[ékspləkèit]

展開する・解明する
ex（外に）／ate（動詞化）➡外に包む➡包みを開く

complicate
[kámpləkèit]

複雑にする・折り重ねる
com（一緒に）／ate（動詞化）➡一緒に折り重ねる➡ややこしくする

supplicate
[kámpləkèit]

嘆願する・懇願する
sup＝sub（下に）／ate（動詞化）➡下に折る➡膝を折る

accomplice
[əkámplis]

共犯者
ac＝ad（～を）／com（一緒に）／ice（名詞化）➡～を一緒に折る人

pliant
[pláiənt]

柔軟な・しなやかな・素直な
ant（形容詞化）➡一緒に折り重なった

plight
発音注意 [pláit]

苦境・逆境
折られた状態

pleat
[plíːt]

（スカートなどの）ひだ・プリーツ
「折ること」が原義

plait
[pléit]

編む・ひだ・編んだもの
「折ること」が原義

92

auc・aug・auth 【増やす】
ラテン語*augēre*（増やす・高める）より

---

auction
[ɔ́kʃən]

競売・オークション
tion（名詞化）➡金額を増加させること

augment
[ɔːgmént]

（権力・収入などを）増加させる
ment（動詞化）

august
[ɔgʌ́st]

威厳のある・堂々たる
「増やされた」が原義

author
[ɔ́θər]

著者・著述家
or(名:人)➡ものを生み出して増やす人

authority
[əθɔ́rəti]

権力・権限・権威者
ity(名詞化)➡author(著者)であること➡権威

auxiliary
[ɔːgzíljəri]

補助の・副の
ary(形容詞化)➡補助として増やされた

93

serv 【保つ】
ラテン語*servāre*(保つ・世話をする)より

---

preserve
[prizə́ːrv]

保存する・保護する
pre(前に)➡あらかじめ保つ

preservative
[prizə́ːrvətiv]

防腐剤
ative(名詞化)

reserve
[rizə́ːrv]

予約する・見合わせる
re(後ろに)➡後ろに保つ➡取っておく

reservoir
[rézərvwàr]

貯め池・貯水池
oir=ory(名:場所)➡後ろに保つ場所➡取っておくための場所

conserve
[kənsə́ːrv]

保存する・大切に使う
con=com(一緒に)➡みんなで一緒に保つ

conservative
[kənsə́ːrvətiv]

保守的な・(服装が)地味な
ative(形容詞化)

conservatory
[kənsə́:rvətò:ri]

芸術学校・温室

ory（名：場所）➡みんなで一緒に保つ場所

observe
[əbzə́:rv]

観察する

ob（～に向かって）➡～に向かって注意を保つ

observatory
[əbzə́:rvətò:ri]

観測所・気象台

ory（名：場所）➡～に向かって注意を保つ場所

subserve
[səbsə́:rv]

助長する

sub（下に）➡下で保ち支える

subservient
[səbsə́:rviənt]

追従する・副次的な

ent（形容詞化）

94

tain・ten・tin 【保つ・含む】
ラテン語*tenēre*（しっかり持つ・含む）より

---

maintain
[meintéin]

維持する・主張する

main（手）➡手をかけて保つ

maintenance
[méintənəns]

維持・保守・扶養料

ance（名：行為）

contain
[kəntéin]

含む・中に入れる・（感情などを）抑える

con=com（共に）➡お互いが保っている

entertain
[èntərtéin]

楽しませる・もてなす

enter（間に）➡間を保つ➡間を取り持つ

entertainment
[èntərtéinmənt]

娯楽・エンターテイメント・もてなし

ment（名詞化）

160

obtain
[əbtéin]

手に入れる・獲得する
ob（そばに）➡そばに保つ

sustain
[səstéin]

支える・維持する・耐える
sus=sub（下から）➡下から保ち支える

retain
[ritéin]

保持する・維持する・記憶する
re（後ろに）➡後ろのほうで保っておく

retentive
[riténtiv]

記憶力のいい・湿気を保つ
re（後ろに）／**ive**（形容詞化）➡後ろで保つ

retinue
[rétənjù:]

（王族などの）従者・随行団
フランス語より。「保持する・雇用する」から「雇われている人」

rein
[réin]

馬の手綱・抑制方法
retain（保持する）より

detain
[ditéin]

拘留する・拘禁する
de（離れた）➡離れたところで保つ

detention
[diténʃən]

拘留・拘禁
de（離れた）／**tion**（名詞化）➡離れたところで保つこと

pertain
[pərtéin]

付随する・〜に関係する
per（完全に）➡完全に関係を保ち通す

abstain
[æbstéin]

避ける・控える・慎む
abs=ab（離れた）➡離れたところに保つ

abstinence
[æbstənəns]

禁欲・禁酒
abs=ab（離れた）➡離れたところに自分を保つこと

content
[kántent]

中身・（書物の）項目・内容
con=com（共に）➡お互いが含まれているもの

content
[kəntént]

満足した

con=com（共に）➡お互いが含まれている➡なんの不足もない

contentment
[kənténtmənt]

満足・安らぎ

ment（名詞化）

discontent
[dìskəntént]

不満・不満を抱いている人・不満な

dis（反対）➡content（満足した）の反対

continue
[kəntínjuː]

続く・続ける

con=com（共に）➡お互いに保ち合う➡持続する

continuous
[kəntínjuəs]

連続した・一連の

ous（形容詞化）

continuity
[kɑ̀ntənúːəti]

連続性・継続性

ity（名詞化）

discontinue
[dìskəntínjuː]

（定期購読などを）やめる

dis（離れて）➡持続することから離れる

continent
[kɑ́ntənənt]

大陸・陸地

con=com（共に）➡お互いに保ち合う➡持続するもの➡一続きのもの

continental
[kɑ̀ntənéntəl]

大陸の・ヨーロッパ大陸の

al（形容詞化）

incontinent
[inkɑ́ntənənt]

抑制できない・淫乱な

in（否定）／con=com（共に）／ent（形容詞化）➡お互いに保ち合えない➡我慢できない

pertinent
[pə́ːrtənənt]

適切な・頃合いのよい

per（通して）／ent（形容詞化）➡通して保つ➡伸ばされた

pertinacious
[pə̀:rtənéiʃəs]

（目的・信念などを）固守する

per（強意）／ous（形容詞化）➡強くしっかり保持している

tenant
[ténənt]

賃貸人・借地人・占有者

ant（名詞化）➡保持する人

countenance
[káuntənəns]

是認する・見かけ・顔つき・賛成・奨励

coun=com（共に）／ance（動詞化・名詞化）➡自分が共に保つ（もの）➡適度に保つ（もの）

tenacious
[tənéiʃəs]

粘着力のある・（人が）粘り強い

ious（形容詞化）➡保持された

tenement
[ténəmənt]

安アパート・共同住宅

ment（名詞化）➡保持しているもの➡保有財産

tenable
[ténəbl]

（攻撃に）耐えられる・持続できる

able（形:可能）➡保持できる

tenure
[ténjər]

保有期間・保有権

ure（名詞化）➡保つこと

tenet
[ténit]

教義・信条

ラテン語より。文字通りの意味はhe holds（彼が持っている）。

tenor
[ténər]

テノール・趣旨・大意

or（名:〜するもの）➡主旋律を保つもの（イタリア語より）

tennis
[ténis]

テニス

古フランス語tenir（つかむ・受け取る）の命令形tenetzより。命令形なので「ほら、取ってみろ」という意味。語源については古期フランス語のtenies（糸）に由来するなど諸説あり。

ly・li・lig 【結ぶ】

ラテン語*ligāre*（結びつける）より

---

rely
[rilái]

当てにする・頼る
re（強意）➡強く結ぶ

---

reliable
[riláiəbl]

頼りになる・信頼できる
able（形：可能）

---

ally
[ǽlai]

同盟させる・同盟国
al＝ad（〜に）➡〜に結ぶ（もの）

---

alliance
[əláiəns]

同盟・類似点
ance（名詞化）

---

alloy
[ǽlɔi]

合金
al＝ad（〜に）➡ある金属に別の金属を結んだもの

---

liable
[láiəbl]

法的責任がある・〜しがちな
able（形：可能）➡結びつけられる➡責任を問われる

---

liaison
発音注意 [líːeizɔ́ːŋ]

（軍隊の）連絡・（料理の）つなぎ
ison（名詞化）➡結ぶもの（フランス語より）

---

oblige
[əbláidʒ]

義務として課す・恩義を施す
ob（〜に対して）➡〜に対して縛る➡強いる

---

obligation
[àbligéiʃən]

義務・拘束・債務
ation（名詞化）

---

disoblige
[dìsəbláidʒ]

希望にそむく
dis（否定）➡oblige（恩義を施す）ことをしない

---

religion
[rilídʒən]

宗教・信仰心
re（強意）／ion（名詞化）➡強く縛るもの

ligate
[láigeit]

縛る・くくる
ate（動詞化）➡結ぶ

ligament
[lígəmənt]

靭帯・ひも・帯・絆
ment（名詞化）➡結ぶもの

league
[líːg]

同盟・連盟・リーグ
「結ぶ」が原義（イタリア語より）

rally
[rǽli]

再結集する・（元気・体力を）回復する・再結集・盛り返し・ラリー
r＝re（再び）➡再び結ぶ

nect 【結ぶ】
ラテン語*nectere*（結びつける・織って作る）より

connect
[kənékt]

結ぶ・つなぐ・関係させる
con＝com（一緒に）➡一緒に結ぶ➡つなげる

connection
[kənékʃən]

つながり・関係・接続
ion（名詞化）

disconnect
[dìskənékt]

（電話が）切れる・連絡を絶つ
dis（否定）

interconnect
[ìntəkənékt]

互いに連絡[連結]する
inter（相互に）➡相互に結ぶ

annex
[ənéks]

(領土などを)併合する・書き添える
an＝ad（〜に）➡〜に結ぶ

nexus
[néksəs]

結合・関連性のある一連のもの

net
[nét]

網
古英語*nett*（網）より

her 【くっつく】
ラテン語*haerēre*（くっつく・とどまる）より

adhere
[ædhíər]

付着する・固執する・厳守する
ad（〜に）➡〜にくっつく

adhesive
[ædhíːsiv]

粘着性の・接着剤
ive（形容詞化・名詞化）

inhere
[inhíər]

本来備わっている
in（中に）➡中にくっついている

cohere
[kouhíər]

密着する・首尾一貫する
co（共に）➡お互いにくっつく➡結合する

cohesion
[kouhíːʒən]

粘着・団結
sion（名詞化）

incoherent
[inkouhíərənt]

支離滅裂の
in（否定）／ent（形容詞化）➡結合できていない

hesitate
発音注意 [hézətèit]

躊躇する・口ごもる
ate（動詞化）➡舌がくっつく

hesitation
[hèzətéiʃən]

躊躇・ためらい
ation（名詞化）

98 junct・join・jug・ju 【つなぐ・結ぶ】
ラテン語*jungere*（つなぐ・結ぶ）より

adjunct
[ǽdʒʌŋkt]

付加物・協力者・助手
ad（〜に）➡〜に結ばれたもの➡くっついてくるもの

conjunct
[kəndʒʌ́ŋkt]

結合した・密接な関係にある
con=com（共に）➡お互いに結ばれている

conjunction
[kəndʒʌ́ŋkʃən]

接続詞・連帯
ion（名詞化）

injunction
[indʒʌ́ŋkʃən]

差止め命令・禁止命令
in（中に）／ion（名詞化）➡中に結びつけること➡制限すること

junction
[dʒʌ́ŋkʃən]

接合点・連結
ion（名詞化）

disjunction
[disdʒʌ́ŋkʃən]

分離・分裂
dis（分離）➡接合されたものを離すこと

join
[dʒɔ́in]

加わる・結び付ける・合流する
「接合する」が原義

joint
[dʒɔ́int]

接合部・関節・連合の・合同の・接合する
「接合されたところ」が原義

disjoint
[disdʒɔ́int]

ほぐす・混乱させる
dis（分離）➡継ぎ目を離す

adjoin
[ədʒɔ́in]

隣接する
ad（〜に向かって）➡あるものに向かって接合する

conjoin
[kəndʒɔ́in]

結合させる
con=com（一緒に）➡一緒に結ぶ

enjoin
[indʒɔ́in]

言いつける・課す・禁ずる
en（中に）➡中に結びつける➡押しつける

rejoin
[ridʒɔ́in]

（きつい口調で）言い返す
re（再び）➡再びjoin（参加する）➡原告が訴訟で答弁する

rejoin
[ridʒɔ́in]

（組織などに）復帰する
re（再び）➡再びつなぐ

disjoin
[disdʒɔ́in]

切り離す・分離する
dis（分離）➡引き離す

yoke
[jóuk]

くびき*
＊くびき：一対の牛などを首の所で連結するための横木

conjugate
[kándʒugèit]

（動詞を）活用させる・接合する
con=com（一緒に）／ate（動詞化）➡一緒にくびきにつなぐ

conjugal
[kándʒugəl]

結婚の・夫婦の
con=com（一緒に）／al（形容詞化）➡一緒につながれた

subjugate
[sʌbdʒugèit]

支配下に置く・征服する
sub（下に）／ate（動詞化）➡下につなぐ➡支配する

jugular
[dʒʌ́gjulər]

頚部の・頚動脈の
ar（形容詞化）➡頭と胴体を結ぶ

yoga
[jóugə]

ヨガ
サンスクリット語で「結合」の意味。yoke（くびき）とは語源学的に親戚。

juxtapose
[dʒʌ́kstəpòuz]

並置する・並列する
pose（置く）➡結ぶために置く➡近くに置く

junta
発音注意 [húntə]

軍事政府・評議会
「ある目的のために合流した者たち」が原義（スペイン語より）

junto
[dʒʌ́ntou]

（政治的な）秘密結社
「ある目的のために合流した者たち」が原義

joust
[dʒáust]

（中世の）馬上試合
「戦いに合流する」が原義

jostle
[dʒásl]

乱暴に突く・競う
joust（馬上試合）の派生語

99

stru・struct　【建てる・積み上げる】

ラテン語*struere*（建設する・積み上げる）より

---

instrument
[ínstrəmənt]

道具・器具・手段・楽器
in（上に）／ment（名詞化）➡上に積み重ねる方法➡建てる方法

structure
[strʌ́ktʃər]

構造・構成・建造物
ure（名詞化）➡積み上げられたもの

infrastructure
[ínfrəstrʌ̀ktʃər]

（組織の）下部組織・インフラ
infra（下の）➡下のstructure（構造）

construct
[kənstrʌ́kt]

組み立てる・構成する
con=com（一緒に）➡すべてを一緒にして建てる

construction
[kənstrʌ́kʃən]

建設・建設業界・建設工事・解釈
ion（名詞化）

misconstruction
[mìskənstrʌ́kʃən]
構成の誤り・誤解
mis(誤って)

construe
[kənstrúː]
解釈する・(口頭で)翻訳する
con=com(一緒に)➡一緒に組み立てる➡文法的に関係を持たせる

misconstrue
[mìskənstrúː]
意味を取り違う・誤って解釈する
mis(誤って)➡誤ってconstrue(解釈する)

reconstruct
[rìːkənstrʌ́kt]
再建する・改築する
re(再び)➡再びconstruct(組み立てる)

instruct
[instrʌ́kt]
教える・指図する・知識を与える
in(上に)➡上に知識を積み上げる

instructive
[instrʌ́ktiv]
教育上有益な
ive(形容詞化)

instructor
[instrʌ́ktər]
教官・指導者
or(名詞化)

instruction
[instrʌ́kʃən]
指示・命令・取扱説明書・教授・教育
ion(名詞化)

obstruct
[əbstrʌ́kt]
妨害する・遮る
ob(反対に)➡反対して建てる

destruct
[distrʌ́kt]
(ロケットなどを)自爆させる
de(下に)➡積み上げたものを下に引く➡壊す

destruction
[distrʌ́kʃən]
破壊・撲滅・破滅
ion(名詞化)

destroy
[distrɔ́i]
破壊する・命を奪う
de(下に)➡積み上げたものを下に引く➡倒す

substructure
[sʌbstrʌ́ktʃər]

基礎工事
sub（下に）➡下に土台を建てること

superstructure
[sú:pərstrʌ̀ktʃə]

上部構造
super（上の）➡土台の上に建てられたもの

industry
[índəstri]

産業・勤勉
indu＝in（中に）／ry（名詞化）➡人の中に建てられたもの➡人間が本来持ち合わせている性質➡勤勉さ➡勤勉さが生み出したもの

100

fix　　　【固定する】

ラテン語*figere*（固定する・掛ける・掲示する）より

---

fix
[fiks]

固定させる・（日時を）決める・修理する

fixture
[fíkstʃər]

（壁などに）取り付けた装備
ture（名詞化）

affix
[əfíks]

添付する
af＝ad（～に）➡～に固定する

prefix
[prí:fiks]

接頭辞・前に置くもの
pre（前に）➡前に固定したもの

suffix
[sʌ́fiks]

接尾辞・付加したもの
suf＝sub（下に）➡下に固定したもの

infix
[ínfiks]

植え付ける・差し込む・接中辞
in（中に）➡中に固定する（もの）

171

transfix
[trænsfíks]

立ちすくませる・刺し通す
trans（横切って）➡横切って固定する➡突き刺す

---

101   ## orn   【装飾する】
ラテン語*ornāre*（装飾する）より

---

ornament
[ɔ́:rnəmənt]

装飾品
ment（名詞化）

ornate
[ɔ:rnéit]

どぎつく飾り立てた
ate（形容詞化）

adorn
[ədɔ́:rn]

飾る・魅力的にする
ad（〜に）➡〜に装飾する

suborn
[səbɔ́:rn]

買収する・偽証させる
sub（下に）➡下で装飾する➡こっそり装飾する

---

102   ## vest   【着る】
ラテン語*vestire*（着せる・包む）より

---

vest
[vést]

ベスト・チョッキ・（権利・財産などを）授ける
日本語でいう下着の「ランニングシャツ」はイギリス英語でvest、
アメリカ英語でundershirtとなる。「スーツと揃いのベスト」の意
味ではアメリカ英語でvest、イギリス英語でwaistcoatとなる。

vestment
[véstmənt]

法衣・祭服
ment（名詞化）

invest
[invést]

投資する・(権力などを)授ける
in(中に)➡服を着せる➡お金に別の形体を与える

investment
[invéstmənt]

投資
ment(名詞化)

divest
[divést]

(服などを)脱がせる・取り去る
di(離れて)➡着ているものを離す

wear
[wéər]

身に着けている
古英語werian(服を着せる)より

103

trib 【割り当てる】
ラテン語tribuere(配分する・与える)より

---

tribute
[tríbju:t]

貢ぎ物・賛辞
「割り当てられたもの」が原義

tributary
[tríbjutèri]

(川の)支流・(貢物を納める)属国
ary(名詞化)➡貢物を定期的に納めるもの➡大きな川に合流する様子

distributary
[distríbjutèri]

(河口の)分流
dis(分離)➡大きな川から離れた流れ

tribe
[tráib]

種族・部族
「ローマ人の3区分(**the Tities, the Ramnes, the Luceres**)に割り当てられたそれぞれ」が原義
cf. nomadic tribe(遊牧民族)

tribune
[tríbju:n]

人民の権利の擁護者・護民官
「ローマ人の種族の長として割り当てられたもの」が原義

tribunal
[traibjúːnl]

裁判官席・裁判所
「護民官の席」が原義

attribute
[ətríbjuːt]

~のせいにする・~に起因すると考える
at=ad(~に)➡~に原因を割り当てる

contribute
[kəntríbjuːt]

寄与する・寄付する
con=com(共に)➡お互いに目標を分配する➡貢献する

distribute
[distríbjuːt]

分配する・割り当てる
dis(分離)➡それぞれに分けて支払う

redistribute
[riːdistríbjuːt]

再分配する・再区分する
re(再び)➡再び分配する

retribution
[rètrəbjúːʃən]

報復・報い・天罰
re(元に)/tion(名詞化)➡元のところに支払い返すこと➡やりかえすこと

104

furn・form 【供給する・成し遂げる】
古フランス語*furnir*(供給する)より

---

furnish
[fə́ːrniʃ]

家具を備え付ける・供給する
ish(動詞化)➡供給する

furniture
[fə́ːrnitʃər]

家具・備品
ture(名詞化)➡備え付けられたもの

perform
[pərfɔ́ːrm]

成し遂げる・演じる・演奏する
per(完全に)➡完全に成し遂げる

---

performance
[pərfɔ́ːrməns]

演奏・上演・遂行
ance（名詞化）

par・pair・ver 【用意する】
ラテン語*parāre*（用意する）より

prepare
[pripéər]

準備する・予習する
pre（前に）➡前もって用意する

preparation
[prèpəréiʃən]

準備・調合剤
pre（前に）／ation（名詞化）➡前もって用意されたもの

apparel
[əpǽrəl]

着せる・衣服・服装
ap＝ad（〜に向けて）➡ある用途に向けて用意する（もの）➡衣装

apparatus
[æpərǽtəs]

器具・用具・機構
ap＝ad（〜に向けて）➡ある用途に向けて用意されたもの

separate
[sépərèit]

分ける・引き離す
se（離れて）➡離れて置く

repair
[ripéər]

修理する・補償する
re（再び）➡再び使えるように用意する

reparation
[rèpəréiʃən]

賠償金
re（再び）／ation（名詞化）➡再び使えるように用意するもの

sever
[sévər]

切断する・分断する・（関係などを）断つ
se（離れて）➡離れて置く

several
[sévərəl]

いくつかの・それぞれの
se（離れて）／al（形容詞化）➡離れて置かれた➡別々の

動作関係

形容詞

人間

人間の心

人間の行為・知覚

人体

自然

その他の名詞

pare
[péər]

（果物などの）皮をむく・漸減させる
「用意すること」が原義

parade
[pəréid]

見せびらかす・パレード・行進
「準備されたもの」が原義。「パレード」➡「見せびらかす」は一見
正しそうだが、これはスペイン語に由来する*parada*（パレード）を
フランス語の*parer*（見せびらかす）と混同したため。中期のフラ
ンス語から英語化した。

rampart
[rémpɑ:rt]

城壁・城壁で囲む
r=re（〜に向けて）／a=ante（前に）➡事前に用意する➡所有する・強化する

---

don・dow・dit　　【与える】

106

ラテン語*dōnāre*（与える・贈る）より
古ギリシャ語*dósis*（贈り物）より

---

donate
[dóuneit]

贈与する・提供する
ate（動詞化）

donor
[dóunər]

寄贈者・（臓器の）提供者
or（名詞化）

anecdote
[ǽnikdòut]

逸話・（歴史などの）秘話
an（否定）／ec=ex（外に）➡外に与えられていない➡秘密の話

antidote
[ǽntidòut]

解毒剤・防御手段
anti（反対）➡対抗するために与えられるもの

pardon
[pá:rdn]

許す・寛容・恩赦
par=per（完全に）➡完全に慈悲を与える（こと）

condone
[kəndóun]
容赦する・大目に見る
con=com（強意）➡十分に慈悲を与える

endow
[indáu]
寄付する・授ける
en（強意）➡娘に嫁入り道具を与える

dowry
[dáuəri]
嫁資・嫁入り道具
「与えられたもの」が原義

dose
[dóus]
（薬の）一服
「与えること」が原義

dosage
[dóusidʒ]
投薬量
age（名：量）➡与える量

predator
[prédətər]
捕食動物・略奪者
pre（先に）➡先に食べ物が与えられるもの

data
[déitə]
データ・基礎事実
「与えられたもの」が原義

date
[déit]
日付・デートする
昔ローマでは手紙を出すときに発信地を示して*Data Romae*（ローマで与えられる）と書く習慣があり、やがて**date**は日付の意味として使われるようになった。

add
[æd]
付け加える・足し算する・合計〜になる
ad（〜に）➡〜に与える

edit
[édit]
編集する・監修する
e=ex（外に）➡外に与える➡出版する

Pandora
[pændɔ́ːrə]

パンドラ*

pan（全て）➡全ての神々から人間への贈り物

＊パンドラ：ギリシャ神話に登場する、火の使用を知った人類を
罰するために神々が作った最初の女性。人類を悩ますあらゆる
害悪を封じ込んだ箱（パンドラの箱）を開けたと言われる。

107

rend 【与える・返す】
ラテン語*reddere*（与える・返す）より

---

render
[réndər]

（人・物を）変える・与える・返す

元へ与える➡元へ返す

---

rendition
[rendíʃən]

（劇の）上演・翻訳

ition（名詞化）➡元へ与えること

---

surrender
[səréndər]

降伏する・放棄する

sur（上に）➡上に与える➡すべてを明け渡す

---

rendezvous
[rándeivù]

会合・待ち合わせ場所

フランス語より。To present yourselves（出席せよ）の意味。

---

rent
[rént]

賃借りする・賃貸料

「返されるもの」が原義

---

rental
[réntl]

賃貸すること・レンタル業

al（名詞化）

ple・ply 【満たす】
ラテン語 *plēre*（満たす）より

complete [kəmplíːt]	全部揃った・完全な com（強意）➡完全に満たした
replete [riplíːt]	豊富な・いっぱいの re（再び）➡再び満たした
deplete [diplíːt]	激減する de（離れて）➡満たされたところから離れる
expletive [éksplətiv]	付加的な・補充的な ex（外に）／ive（形容詞化）➡満たして外にあふれた
implement [ímpləmənt]	道具・備品・手段 im＝in（上に）／ment（名詞化）➡いっぱい入れること➡満たすもの
plenty [plénti]	十分・多数・多量 ty（名詞化）➡満たされたこと
plenary [plíːnəri]	完全な・全員出席の・正式の ary（形容詞化）➡満たされた
plenipotentiary [plènəpəténʃièri]	全権使節・全権大使 potent（有力な）／ary（名詞化）➡力で満たすもの
comply [kəmplái]	（基準などに）従う・応じる com（強意）➡完全に満たす
supply [səplái]	供給する・（要求などを）満たす sup＝sub（下から）➡下から満たす

形容詞　人間　人間の心　人間の行為・知覚　人体　自然　その他の名詞

179

ample
[ǽmpl]

広い・大きい・豊富な
am＝ambi（双方）➡双方を満たした

amplify
[ǽmpləfài]

（音声などを）増幅する・誇張する
ify（動詞化）➡ample（大きい）にする

compliment
[kάmpləmənt]

賛辞・丁寧なあいさつ
ment（名詞化）➡完全に満たすこと

109

sume 【取る・採る】

ラテン語*sūmere*（取る・採り入れる）より

---

consume
[kənsúːm]

消費する
con=com（完全に）➡完全に取る

consumer
[kənsúːmər]

消費者
er（名：人）

consumption
[kənsʌ́mpʃən]

消費
tion（名詞化）

resume
発音注意 [rizúːm]

再開する・回復する
re（再び）➡再び手に取る

assume
[əsúːm]

仮定する・当然と思う
as＝ad（〜の方へ）➡〜の方向に態度をとる

presume
発音注意 [prizúːm]

推定する・おこがましくも〜する
pre（前に）➡前もって取っておく➡当たり前とする

presumably
[prizúːməbli]

おそらく・たぶん
ably（副詞化）

180

presumptuous
[prizámptʃuəs]

差し出がましい・ずうずうしい
ous（形容詞化）

subsume
[səbsú:m]

（規則・原則を）包括する
sub（下に）➡下に取っておく➡含める

sumptuous
[sámptʃuəs]

高価な・ぜいたくな
ous（形容詞化）➡取り放題な

sumptuary
[sámptʃuèri]

贅沢取り締まりの
ary（形容詞化）➡費用に関する

---

110 **linq・lic・lip** 【残す】
ラテン語 *linquere*（去る・残す・遺言で譲る）より

---

delinquent
[dilíŋkwənt]

非行の・怠慢な
de（完全に）／ent（形容詞化）➡完全に義務を残したままにしておく➡義務を怠る

relinquish
[rilíŋkwiʃ]

放棄する・手放す
re（後に）／ish（動詞化）➡後に残していく

reliquiae
[rilíkwii:]

遺物・化石
re（後に）➡後に残されたもの

relic
[rélik]

（歴史的な）遺物・遺構
re（後に）➡後に残されたもの

delict
[dilíkt]

〈法律〉違法行為
de（完全に）➡完全に義務を残したままにしておくこと➡義務を怠ること➡過失

動作関係

形容詞

人間

人間の心

人間の行為・知覚

人体

自然

その他の名詞

181

derelict
[dérəlikt]

(所有者・保護者などに)見捨てられた・放棄された
de(完全に)/re(後に)➡完全に後に残された

eclipse
[iklíps]

日食・月食・(地位・名誉などの)失墜
ec＝ex(外に)➡外に去る➡消えること

111

trad 【引き渡す】
ラテン語*trādere*(引き渡す)より

---

tradition
[trədíʃən]

伝統・慣習
ition(名詞化)➡引き渡されたもの

traditional
[trədíʃnl]

伝統的な・慣習的な
al(形容詞化)

extradition
[èkstrədíʃən]

(他国からの犯人などの)送還
ex(外に)/ition(名詞化)➡外に引き渡すこと

traitor
[tréitər]

反逆者・裏切り者
or(名:人)➡城を敵に引き渡す者

betray
[bitréi]

裏切る・背く
be(強意)➡敵に引き渡す

treason
[tríːzn]

反逆罪
城を敵に引き渡すこと➡裏切ること

rap・rav【つかむ・ひったくる・略奪する】

ラテン語*rapere*（ひったくる・略奪する）より

動作関係

rapt
[rǽpt]

うっとりした・没頭している
心をひったくられた➡夢中の

形容詞

raptor
[rǽptər]

猛禽類
or（名：〜するもの）➡つかむもの

人間

rape
[réip]

強姦する・強姦・レイプ
「ひったくる」が原義

rapid
[rǽpid]

速い・急な・敏速な
id（形容詞化）➡ひったくられる➡急激な

人間の心

enrapture
[inrǽptʃər]

うっとりさせる・有頂天にさせる
en（中に）／ure（動詞化）➡うっとりした状態の中に入れる

人間の行為・知覚

ravage
[rǽvidʒ]

荒らす・略奪する・荒廃・破壊
age（動詞化・名詞化）➡ひったくる（こと）

raven
[rǽvən]

略奪する・荒し回る

人体

rapine
[rǽpain]

強奪・略奪

自然

rapacious
[rəpéiʃəs]

強欲な・肉食の
ous（形容詞化）➡略奪する➡欲深い

ravish
[rǽviʃ]

うっとりさせる・奪い取る・強姦する
ish（動詞化）

その他の名詞

ravine
[rəvíːn]

渓谷・谷間
急激な川の流れによって浸食で（土がひったくられて）できたもの

usurp
[juːsə́ːrp]

（不法に）入手する・占有する
usu（使用）➡使用することで所有する

trouble・turb 【乱す】
ラテン語*turbāre*（波立たせる・混乱させる）より

trouble
[trʌ́bl]

問題・困難・悩ます・苦しめる
「掻き乱す」が原義

troublesome
[trʌ́blsəm]

困難な・面倒な
some（〜を生じる）

turbid
[tə́ːrbid]

（液体・色が）よどんだ・混乱した
id（形容詞化）➡乱れた

turbine
[tə́ːrbin]

タービン
掻き乱すもの➡竜巻➡回るもの

turbulence
[tə́ːrbjuləns]

乱気流・騒乱
ence（名詞化）

disturb
[distə́ːrb]

掻き乱す・（平穏・休息を）妨げる
dis（完全に）➡完全に乱す

perturb
[pərtə́ːrb]

混乱させる・動揺させる
per（完全に）➡完全に混乱させる

imperturbable
[impərtə́:rbəbl]

容易に動じない・冷静な

im＝in（否定）／able（形：可能）➡混乱しえない

114

sperse 【ばらまく】

ラテン語*spargere*（ばらまく・追い散らす）より

---

asperse
[əspə́:rs]

中傷する・非難を浴びせる

a＝ad（〜に向けて）➡〜に向けてばらまく➡浴びせる

disperse
[dispə́:rs]

（四方に）散らす・消散させる

dis（分離）➡四方にばらまく

intersperse
[intərspə́:rs]

間隔をおいて配置する・点在させる

inter（間に）➡〜の間にばらまく➡分散させる

sparse
[spá:rs]

まばらな・希薄な

まき散らされた

115

prise・prehend 【つかむ】

ラテン語*prehendere*（つかむ・捕らえる）より

---

prize
[práiz]

賞・賞品・景品

「捕らえたもの」が原義

enterprise
[éntərpràiz]

事業・企業

enter（間で）➡〜の間でつかむこと➡請け負うこと

surprise
[sərpráiz]

〜を驚かす・仰天させる

sur（超えて）➡〜を超えてつかむ

comprise
[kəmpráiz]

（組織などが）〜よりなる・〜の全体を構成する
com（完全に）➡完全につかむ➡包含する

apprise
[əpráiz]

知らせる・通知する
ap＝ad（〜に向けて）➡〜に向けてつかむ➡心をつかむ

reprise
[əpráiz]

（音楽）反復・繰り返し
re（再び）➡再びつかむ

prison
[prízn]

刑務所・監獄・牢獄
「つかむこと」が原義

prisoner
[prízənər]

囚人・捕虜・（恋などの）とりこ
er（名：人）➡つかまれた人

imprison
[imprízn]

刑務所に入れる・投獄する
im＝in（中に）➡prison（刑務所）の中に入れる

apprehend
[æprihénd]

逮捕する・拘束する・つかむ・懸念する
ap＝ad（〜に向けて）➡〜に向けてつかむ

apprentice
[əpréntis]

見習い・実習生
ice（名詞化）➡〜に向けてつかむ人

comprehend
[kàmprihénd]

〜をよく理解する・〜を十分に把握する・〜を内包する
com（完全に）➡完全につかむ

comprehensive
[kàmprihénsiv]

広範囲にわたる・包括的な・理解力のある
ive（形容詞化）

reprehend
[rèprihénd]

〜を叱る・責める・非難する
re（後ろに）➡後ろにつかむ➡責める

prey
[préi]

えじき・犠牲者
「戦利品」が原義

reprieve
[riprí:v]

（死刑因の）刑執行を猶予する
re（元に）➡元につかみかえす

116	rade・rase・raz	【掻く・削る】
	ラテン語*rādere*（掻く・削り取る）より	

abrade
[əbréid]

すり減らす・削り落とす
ab（離れて）➡削って離す

erase
[iréis]

（文字などを）消す・抹消する
e＝ex（外に）➡削って外に出す➡消し去る

eraser
[iréisər]

消しゴム・黒板消し
er（名：～するもの）

raze
[réiz]

（建物を）徹底的に破壊する・消す
「削る」が原義

razor
[réizər]

かみそり
or（名：～するもの）➡削るもの

rascal
[ræskəl]

いたずら者・悪漢
削られるもの➡かす➡烏合の衆

rash
[ræʃ]

吹き出物・（事件などの）多発
「引っ掻かれるもの」が原義

script・scribe 【書く】

ラテン語*scrībere*（書く・記録する）より

script [skrípt]	台本・原稿・原本 「書かれたもの」が原義
scribe [skráib]	筆記者
manuscript [mǽnjuskrìpt]	原稿・写本 **manu**（手）➡手で書いたもの
Scripture [skríptʃər]	聖書・教典 「書き物」が原義
inscribe [inskráib]	（碑などに）刻む・書く **in**（中に）➡石に書き入れる
inscription [inskrípʃən]	碑文・銘・記入 **ion**（名詞化）
conscript [kənskrípt]	徴収する・徴兵する **con=com**（一緒に）➡一緒に名前を書く➡登録する
postscript [póustskrìpt]	追伸 **post**（後で）➡後で書くもの
rescript [ríːskrìpt]	布告・勅令 **re**（元に）➡書き戻すもの➡ローマ皇帝の答書
subscribe [səbskráib]	署名する・同意する・予約購読する **sub**（下に）➡文書の下のほうに書く

subscription
[səbskrípʃən]

(定期刊行物の)予約購読
ion(名詞化)

prescribe
[priskráib]

規定する・処方する
pre(前に)➡前もって書く

prescription
[priskrípʃən]

処方箋
ion(名詞化)

proscribe
[prouskráib]

(法律で)禁止する
pro(前で)➡前で書く➡世間の前で財産の没収を書き出す

describe
[diskráib]

描写する・記述する
de(下に)➡書き留める

description
[diskrípʃən]

描写・記述
ion(名詞化)

indescribable
[ìndiskráibəbl]

漠然とした・言語に絶する
in(否定)／**able**(形:可能)➡描写できない

ascribe
[əskráib]

〜のせいにする
a=ad(〜に向かって)➡人に向かって書く

transcribe
[trænskráib]

複写する・録音する
trans(AからBへ)➡AからBへ書き写す

circumscribe
[sə́:rkəmskràib]

制限する・囲う
circum(周りに)➡周りに線を書く

superscribe
[sú:pərskràib]

上段に書く
super(上に)➡上に書く

scribble
[skríbl]

落書きする・走り書きをする

scrip
[skríp]

仮証券・受領書
subscription receiptの略

shrive
[ʃráiv]

（司祭が）罪の許しを与える
書くこと➡罪の告白に贖罪を課す

118

graph・gram 【書く・描く】

古ギリシャ語***gráphō***（描く・書く）より
古ギリシャ語***grámma***（書かれたもの）より

---

graphic
[grǽfik]

図式による・生き生きとした・グラフィック
ic（形容詞化・名詞化）

graph
[grǽf]

グラフ・図表
graphic formula（図で示された公式）の略

graphite
[grǽfait]

グラファイト・石墨
ite（名：石）➡書くための石（グラファイトは鉛筆の芯として使われる）

paragraph
[pǽrəgræf]

段落
para（側に）➡側に書かれたもの（原義は段落記号）

polygraph
[pɑ́ligræf]

うそ発見器
poly（たくさん）➡脈拍・呼吸などたくさんの記録を書くもの

epigraph
[épəgræf]

碑銘・碑文
epi（上に）➡上から書かれたもの➡彫られたもの

stenographer
[stənágrəfər]

速記者
steno（狭く）➡狭く書く人

autograph
[ɔ́təgræf]

自筆・署名・サイン
auto（自分）➡自分で書くもの

calligraphy
[kəlígrəfi]

書道・花文字
calli（美しい）／**y**（名詞化）➡ 美しく字を書くこと

radiogram
[réidiougræm]

X線写真・無線電報
radio（光線）

epigram
[épəgræm]

警句・風説詩
epi（上に）➡ ある特定のものの上に書いたもの

grammar
[grǽmər]

文法
「文字を知ること」が原義

glamour
[glǽmər]

すばらしい刺激・性的魅力
grammar（文法）の異形。原義は「学ぶこと・学問」で、これにはオカルト的な魔術を学ぶことも含まれており、この語の古語の意味は「魔法」。

program
[próugræm]

計画・予定表・プログラム
pro（前に）➡ 前もって書くもの

diagram
[dáiəgræm]

図式・図形・路線一覧図
dia（間に）➡ 間を線で結ぶもの➡ 図
cf. 日本語の「ダイヤ」は和製英語。英語で「時刻表」は**timetable**または**time schedule**という。

telegram
[téligræm]

（一通の）電報
tele（遠い）➡ 書いて遠くに送るもの

telegraph
[téligræf]

電報を打つ・電信・電報
tele（遠い）➡ 書いて遠くに送る（もの）

gramophone
[grǽməfòun]

蓄音機
phone（音）➡ 音を書きとめるもの

pict・pig 【塗る】
ラテン語*pingere*(彩色する)より

picture
[píktʃər]
絵画・写真
ure(名詞化)➡色を塗ること

picturesque
[pìktʃərésk]
絵のような
esque(形:〜ふうの)

depict
[dipíkt]
描く・(絵で)表現する
de(強意)

pictograph
[píktəgræf]
絵文字・象形文字
graph(描く)

paint
[péint]
色を塗る・絵の具・ペンキ*
*日本語の「ペンキ」はオランダ語の*pek*が訛ったもの

pigment
[pígmənt]
着色剤・顔料
ment(名詞化)➡色を塗るもの

pixel
[píksəl]
ピクセル・画素
el=element(要素)➡画像の最小構成単位

pixelate
[píksəlit]
画素に分解する
ate(動詞化)➡画素にする

動作関係
形容詞
人間
人間の心
人間の行為・知覚
人体
自然
その他の名詞

120 vel・veal 【覆う・包む】
ラテン語*velare*(覆う・包む)より

veil
[véil]
ベール・覆い

velum
[ví:ləm]
(クラゲの)縁膜(ふちまく)・軟口蓋

velar
[ví:lər]
軟口蓋の
ar(形容詞化)

reveal
[riví:l]
明らかにする・暴露する
re(後ろに)➡覆いを後ろにする➡覆いを外す

121 tect・teg 【覆う】
ラテン語*tegere*(覆う)より

protect
[prətékt]
守る・保護する
pro(前を)➡前を覆う

protector
[prətéktər]
保護者・保護装置
or(名詞化)

detect
[ditékt]
発見する・探り当てる
de(分離)➡覆いを取り去る

detective
[ditéktiv]
探偵・刑事
ive(名詞化)➡覆いを取り去る人

detectaphone
[ditéktəfòun]

電話盗聴器

phone(電話) ➡ 電話の覆いを取り去るもの ➡ 電話で会話を筒抜けにするもの

tegular
[tégjulər]

タイルの・瓦の

ar(形容詞化) ➡ 覆いの

integument
[intégjumənt]

(種子などの)外皮・覆い

in(中に)／**ment**(名詞化) ➡ 中身を覆うこと

122

velop 【包む】

俗ラテン語 *vuloppare*(包む)より

---

develop
[divéləp]

発達させる・開発する・(フィルムを)現像する

de(離れて) ➡ 包みから離れる ➡ 包みを解く

development
[divéləpmənt]

発達・成長・開発

ment(名詞化)

envelop
[invéləp]

包む・くるむ

en＝**in**(中に) ➡ 中に包む

envelope
[énvəlòup]

封筒・外皮

en＝**in**(中に) ➡ 中に包むもの

sim・sem 【似る・同じ】

古英語*same*（同じ）より
ラテン語*similis*（似ている・同様の）より
ラテン語*simulāre*（まねる・似せる）より

same
[séim]

同じ

---

similar
[símələr]

類似の・似ている
ar（形容詞化）

---

similarity
[sìməlǽrəti]

類似点・相違点
ity（名詞化）

---

simulate
[símjulèit]

ふりをする・装う・まねる
ate（動詞化）

---

simulation
[sìmjuléiʃən]

模擬・シミュレーション
ation（名詞化）

---

simile
[síməli]

直喩
似せること➡たとえること
cf. metaphor（隠喩）

---

similitude
[simílətjùːd]

類似・相似
tude（名：性質・状態）➡似ている状態

---

assimilate
[əsíməlèit]

同化する・融合する・消化する
as＝ad（〜に）／ate（動詞化）➡同じものにする

---

dissimilate
[disíməlèit]

異化する・相違させる
dis（否定）／ate（動詞化）➡違うものにする

simultaneous

[sàiməltéiniəs]

同時の

ous（形容詞化）➡同じ時の

cf. simultaneous interpretation（同時通訳）

ensemble

[ɑnsámbl]

全体的調和・合同合唱・アンサンブル

en（中に）➡中で共にすること

resemble

発音注意 [rizémbl]

似ている

re（再び）➡再び同じにする➡似せる

assemble

[əsémbl]

集める・組み立てる

as＝ad（～に向かって）➡～に向かって同じにする➡1つにする

dissemble

[disémbl]

偽る・装う

dis（否定）➡違うものにする

semblance

[sémbləns]

外見・（真実を偽った）見せかけ

ance（名詞化）➡似ているように見せること

seem

[síːm]

～のように見える・思われる

中期英語semeから。原義は「ふさわしい」

124

mut 【変える】

ラテン語mūtāre（変える・移す）より

---

mutual

[mjúːtʃuəl]

相互の・互いの

al（形容詞化）➡変えた➡交換した➡借りた➡お互いの

mutate

[mjúːteit]

変化させる（する）・突然変異させる（する）

ate（動詞化）

mutable
[mjúːtəbl]

変わりやすい・移り気の
able（形：可能）

mutant
[mjúːtnt]

突然変異体・突然変異の
ant（名詞化・形容詞化）

transmute
[trænsmjúːt]

（性質・形状を）変える
trans（AからBへ）➡AからBへ変える

commute
[kəmjúːt]

通勤［通学］する・減刑する・取り換える・（支払いを）一
回払いにする
com（強意）➡変わる・取って代わる
「通勤する」の意味はcommutation ticket（定期券：支払いを一
回払いにするもの）を買うことから生まれた。

commuter
[kəmjúːtər]

通勤者
er（名：人）

permute
[pərmjúːt]

変更する・順序を換える
per（完全に）➡完全に変える

125

fus・fuse 【注ぐ・溶かす】
ラテン語*fundere*（注ぐ・溶かす）より

---

fuse
[fjúːz]

溶解する・融合させる
fuse（信管）という同じ綴りの単語は語源が異なり、ラテン語の
fūsus（紡錘）に由来。

fusion
[fjúːʒən]

融合・融解
ion（名詞化）

fusible
[fjúːzəbl]
可溶性の・溶けやすい
ible（形：可能）

futile
[fjúːtl]
無駄な・無益な
注ぐ➡簡単に流れ出る➡価値のない

refuse
[rifjúːz]
拒絶する・きっぱり断る
re（反して）➡自分の心の中に注がせない

refusal
[rifjúːzəl]
拒絶・辞退
al（名詞化）

confuse
[kənfjúːz]
混同させる・混同する
con=com（一緒に）➡一緒に注ぐ

confusing
[kənfjúːziŋ]
混乱させる・紛らわしい
ing（形容詞化）

effuse
[ifjúːz]
放出する
ef=ex（外に）➡外に注ぐ

infuse
[infjúːz]
注入する
in（中に）➡中に注ぐ

suffuse
[səfjúːz]
（涙・光などで）覆う
suf=sub（下に）➡下に向けて注ぐ➡浴びせかける

diffuse
[difjúːz]
散布する・普及する
dif=dis（分離）➡分けて注ぐ➡あたり一面に注ぐ

profuse
[prəfjúːs]
たくさんの・気前の良い
pro（前に）➡自分の前に注ぎ出た

perfuse
[pərfjúːz]
（湿気・色などで）一面を覆う・まき散らす
per（通して）➡注ぎ通す➡しみ渡らせる

198

transfuse
[trænsfjúːz]

輸血する・注ぐ
trans（AからBへ）➡ある人から別の人へ注ぐ

interfuse
[ìntərfjúːz]

混ぜ合わせる・融合させる
inter（相互に）➡お互いに注ぐ

circumfuse
[sə̀ːkəmfjúːz]

まき散らす
circum（周りに）➡周りに注ぐ

found
[fáund]

溶かす・鋳る
「注ぐ」が原義

foundry
[fáundri]

鋳物工場
ry（名：場所）➡注ぐ作業をする場所

confound
[kɑnfáund]

困惑させる・混同させる
con=com（一緒に）➡一緒に注ぐ➡わからなくする

funnel
[fʌ́nl]

じょうご・漏斗・煙突
「注ぎ込むもの」が原義

mix・misce 【混ぜる・混ざる】

126

ラテン語*mixtus*（混合された）より
ラテン語*miscēre*（混ぜる・結合する）より
古英語*mengan*（混ぜる）より

mix
[míks]

混ぜる

miscellaneous
[mìsəléiniəs]

寄せ集めの・雑多な
ous（形容詞化）➡混ぜられた

miscegenation
[misèdʒənéiʃən]

人種混交
gen（種）／ation（名詞化）➡種を混ぜること

mingle
[míŋgl]

混ぜる・混じる・交際する

among
[əmʌ́ŋ]

～の間で・～に混じって

古英語**on gemang**（群衆の中）が原義。**gemang**（群衆）という語の語源は**mix**など上記のものと同じ。

---

	sist	【立つ・置く】
127

ラテン語***sistere***（立つ・立たせる・置く）より

---

insist
[insíst]

強く主張する・言い張る

in（上に）➡足を上に置く➡固執する

insistent
[insístənt]

しつこい・執拗な

ent（形容詞化）

consist
[kənsíst]

構成される・成り立つ

con＝com（一緒に）➡いくつかのものが一緒に立つ

consistency
[kənsístənsi]

一貫性・堅牢性

ency（名詞化）➡いくつかのものが一緒に立つこと

inconsistent
[inkənsístənt]

一貫しない・食い違っている

in（否定）／**ent**（形容詞化）➡一緒に立っていない

assist
[əsíst]

助ける・手伝う

as＝ad（～に）➡側に立つ

assistant
[əsístənt]

助手・アシスタント

ant（名：人）

exist
[igzíst]

存在する・実在する
ex(外に)➡外に出て立つ

coexist
[kòuigzíst]

共存する
co=**com**(共に)➡共に**exist**(存在する)

persist
[pərsíst]

主張する・固執する
per(通して)➡通して立つ➡ずっと立つ

persistence
[pərsístəns]

しつこさ・永続性
ence(名詞化)➡ずっと立つこと

subsist
[səbsíst]

生存する・存続する
sub(下に)➡ある状況下に立っている

resist
発音注意 [rizíst]

抵抗する・耐える
re(逆らって)➡逆らって立つ

resistance
[rizístəns]

抵抗・反抗
ance(名詞化)➡逆らって立つこと

desist
発音注意 [dizíst]

やめる
de(離れて)➡立つために離れる

128

sti・sta・stant・stan・stall 【立つ・置く】
ラテン語***stāre***(立つ・建設される)より
古ギリシャ語***stásis***(立つこと・置くこと)より

---

substitute
[sʌ́bstətjùːt]

代理をする・取り替える・代理人・補欠
sub(下に)➡下に置かれる(人)➡代わりとなる(人)

constitute
[kánstətjùːt]

構成する・設立する・制定する
con=**com**(共に)➡共に置く➡組み立てる

constitution
[kὰnstətjúːʃən]

憲法・構造・体質
ion〔名詞化〕

institute
[ínstətjùːt]

設立する・実施する・規則・研究所
in（上に）➡ 立ち上げる（もの）

prostitution
[prὰstətjúːʃən]

売春・堕落
pro（前に）／tion〔名詞化〕➡ 前に置くこと➡ 売り物にすること

superstition
[sùːpərstíʃən]

迷信
super（上に）／tion〔名詞化〕➡ 理屈を越えて立つもの

restitution
[rèstətjúːʃən]

損害賠償・介償
re（元に）／tion〔名詞化〕➡ 元のところに立たせるようにすること

destitution
[dèstətjúːʃən]

極貧・欠乏
de（離れた）／tion〔名詞化〕➡ 離れたところに立つこと➡ 見捨てられたこと

obstinate
[άbstənət]

頑固な・（病気などが）治りにくい
ob（反対に）／ate〔形容詞化〕➡ 反対して立つ

solstice
[sάlstis]

（太陽の）至点・絶頂点
sol（太陽）➡ 太陽が静止する点

instant
[ínstənt]

即時の・即席の
in（近くに）／ant〔形容詞化〕➡ 近くに立つ➡ すぐの
cf. instant death（即死）

constant
[kάnstənt]

不変の・一定の・休みなく続く
con＝com（完全に）／ate〔形容詞化〕➡ 完全に立ち続ける➡ 絶えず立ち続ける

extant
[ékstənt]

現存している
ex（外に）／ant〔形容詞化〕➡ 外に立ち続ける
本来はex＋stantだが、sはxに吸収される。

obstacle
[ábstəkl]

障害物・邪魔・妨害

ob（反対に）／cle（名：〜するもの）➡反対して立つもの

stage
[stéidʒ]

舞台・演台・ステージ

「立っている場所」が原義

status
[stéitəs]

地位・身分

「立っている状態」が原義

statistics
[stətístiks]

統計学

ics（学問）➡status（状態）の学問

station
[stéiʃən]

駅・基地・警察本部・放送局

ation（名詞化）➡立っているところ

stationer
[stéiʃənər]

文房具商（店）

er（名：人）➡立てられた場所で本を売る人

stationery
[stéiʃənèri]

文房具・便箋

stationer（文房具商）より

statue
[stǽtʃuː]

彫像・立像

「立てられたもの」が原義

cf. Statue of Liberty（自由の女神）

statute
[stǽtʃuːt]

法令・法規・規則

「立っている状態」が原義

static
[stǽtik]

静止の・静的な

ic（形容詞化）➡立ったままの

cf. static electricity（静電気）

state
[stéit]

（意見を）述べる・国家・州・状態

「立っている状態」が原義

statement
[stéitmənt]

声明(書)・陳述・発言
ment(名詞化)

destined
[déstind]

運命にある・〜行きである
de(下に)➡あるものの下に立つ➡神によって決められた

destiny
[déstəni]

運命・宿命
y(名詞化)➡あるものの下に立つこと➡神によって決められたもの

destination
[dèstənéiʃən]

目的地・行き先
ation(名詞化)➡神によって決められたところ

stand
[stǽnd]

立つ・我慢する

stand-off
[stǽndɔ:f]

同点・にらみ合い・行き止まり
off(離れて)➡両軍が離れて立つこと➡戦況が膠着状態になること

standby
[stǽndbài]

頼りになる人・代替物
by(側に)➡側に立つ人

standard
[stǽndərd]

基準・水準・規範
「集合地点に立っている旗」が原義

bystander
[báistændər]

傍観者・見物人
by(側に)／er(名:人)➡側に立つ人

outstanding
[àutstǽndiŋ]

顕著な・突き出した
out(外に)／ing(形容詞化)➡外にstand(立つ)➡目立つ

understand
[ʌndərstǽnd]

わかる・理解する
under(下に)➡ものごとの下に立つ➡深く理解している

stable
[stéibl]

安定した・不変の
ble(形:可能)➡立っていられる

204

stable
[stéibl]

馬小屋・厩舎
ble（名詞化）➡立つところ

constable
[kánstəbl]

巡査・警官・保安官
con＝count（伯爵）➡stable（馬小屋）の伯爵

establish
[istǽbliʃ]

設立する・創立する
ish（動詞化）➡立っている状態にする

stance
[stæns]

姿勢・構え・立場
「立っている状態」が原義

substance
[sábstəns]

物質・物体・中身
sub（下に）／ance（名詞化）➡下に立つもの➡底にあるもの

distance
[dístəns]

距離・道のり
di（離れて）／ance（名詞化）➡離れて立つこと

circumstance
[sə́rkəmstæns]

状況・（周囲の）事情
circum（周りに）／ance（名詞化）➡周りに立っているもの➡付随する事情

stall
[stɔ́ːl]

売店・露店・家畜小屋・エンスト
「あるものを置く場所」が原義

install
[instɔ́ːl]

据え付ける・設置する
in（中に）➡中に置く➡場所に置く

installment
[instɔ́ːlmənt]

（分割払いの）1回分
ment（名詞化）➡中に置くこと➡場所に置くこと➡取り付けること

forestall
[fɔrstɔ́ːl]

未然に防ぐ
fore（先に）➡先に置く➡先手を打つ

estate
[istéit]

地所・所有地・財産
「地位（立っている状態）」が原義

system
[sístəm]

組織体系・機構・システム
sy=sys（共に）➡部分を集めて立てるもの

obstetrics
[əbstétriks]

産科学・助産学
ob（側に）／**tri=trix**（名：女性形）／**ics**（学問）➡側に立つ女性の学ぶべきもの➡助産婦の学ぶもの

apostasy
[əpástəsi]

背教・棄教・脱党
apo（離れて）／**sy**（名詞化）➡離れて立つこと

ecstasy
[ékstəsi]

恍惚・エクスタシー
ec=ex（外に）／**sy**（名詞化）➡自分の外に立ち我を忘れること

metastasize
[mətǽstəsàiz]

（病気が）転移する
meta（変化）／**size**（動詞化）➡変化して立つ

stay
[stéi]

滞在する・とどまる・耐える・滞在
「立つ」が原義

stead
[stéd]

代理・助け・利益
「静かに立つこと」が原義

steadfast
[stédfæst]

確固とした・不動の
fast（しっかりと）➡しっかりと立った

stool
[stú:l]

腰掛け・腰掛式便器・便・大便
「立つもの」が原義

129 | pos・pose・pon・pound・post　【置く】
ラテン語*pōnere*（置く）より

pose
[póuz]

ポーズをとる・ふりをする・（問題などを）提起する
後期ラテン語*pausāre*（止む）より。*pōnere*（置く）の意味を受け継いで「ポーズをとる」の意味になった。

posit
[pázit]

事実と仮定する・置く
it（動詞化）➡置かれる

position
[pəzíʃən]

姿勢・ポジション・体位・社会的な地位
tion（名詞化）

positive
[pázətiv]

明確な・積極的な・陽性の
ive（形容詞化）➡位置の定まった➡はっきりした

propose
[prəpóuz]

提案する・結婚を申し込む
pro（前に）➡意見を人の前に置く

proposal
[prəpóuzəl]

提案・（結婚の）プロポーズ
al（名詞化）

proposition
[pràpəzíʃən]

提案・取引条件の申し出・（セックスの）誘い
ition（名詞化）

purpose
[pə́:rpəs]

目的
pur＝pro（前に）➡自分の前に置くもの

expose
[ikspóuz]

露出する・さらす
ex（外に）➡外に置く

exposure
[ikspóuʒər]

暴露・露見・さらすこと
ure(名詞化)

repose
[ripóuz]

休息する・永眠する・休憩・平静
re(再び)➡動いているものを再び置く(こと)➡休ませる(こと)

repose
[ripóuz]

(信頼などを)人に置く・託す
re(強意)➡強く置く

repository
[ripázətɔ̀ri]

貯蔵室・(天然資源・情報などの)宝庫
ory(名:場所)➡休ませる場所

compose
[kəmpóuz]

構成する・組み立てる・作曲する
com(一緒に)➡一緒に置く➡まとめる➡組み立てる

composer
[kəmpóuzər]

作曲家
er(名:人)➡組み立てる人

decompose
[dì:kəmpóuz]

分解する
de(分離)／**com**(一緒に)➡一緒にまとめたものを分ける

suppose
[səpóuz]

思う・想定する・仮定する
sup=**sub**(下に)➡前提として置く

presuppose
[prì:səpóuz]

前提条件とする・(〜と)あらかじめ仮定する
pre(下に)➡前もって**suppose**(仮定する)

apposit
[ǽpəzit]

適切な
ap=**ad**(〜に向けて)➡〜に向けて置かれた

deposit
[dipázit]

預ける・預金
de(下に)➡下から置いていく(もの)➡積み上げる(もの)

depository
[dipázətɔ̀ri]

倉庫・金庫
ory(名:場所)➡**deposit**(預ける)場所

depose
[dipóuz]

廃位する
de(下に)➡身分を下に置く

oppose
[əpóuz]

反対する・抵抗する
op=ob(反対に)➡反対に置く

opposite
[ápəzit]

反対側の・反対側に・反対のこと
ite(形容詞化・名詞化)➡反対に置かれた(こと)

opposition
[àpəzíʃən]

反対・抵抗
ition(名詞化)

cf. the Opposition party(野党)

dispose
[dispóuz]

配列する・処理する
dis(分離)➡離して置く➡並べる

disposal
[dispóuzəl]

処理・廃棄・処分・配置
al(名詞化)

disposition
[dìspəzíʃən]

(人の)気質・配置・配列・処置
ition(名詞化)

impose
[impóuz]

(税金などを)課す・押しつける
im=in(上に)➡人々の上に置く

interpose
[ìntərpóuz]

はさむ・割り込ませる
inter(間に)➡間に置く

transpose
[trænspóuz]

(順番などを)置き換える
trans(AからBへ)➡AからBへ置く➡置き換える

postpone
[poustpóun]

延期する・下位に置く
post(後ろに)➡後ろに置く

exponent
[ikspóunənt]

主唱者・解説者・〈数学〉指数
ex(外に)／ent(名詞化)➡見やすいように外に置く人・もの

opponent
[əpóunənt]

対抗者・相手・的
op＝ob(反対に)／ent(名詞化)➡反対に置かれた人・もの

component
[kəmpóunənt]

構成要素・構成要素を成す
com(一緒に)／ent(名詞化・形容詞化)➡一緒に置かれた(もの)➡合わせられた(もの)

impound
[impáund]

囲い込む・閉じ込める・押収する
im＝in(中に)➡中に置く

compound
[kámpaund]

合成の・複合の・合成物・複合物
com(一緒に)➡一緒に置かれた(もの)➡合わせられた(もの)

propound
[prəpáund]

提出する・提起する
pro(前に)➡意見を人の前に置く

expound
[ikspáund]

(詳しく)説明する・解説する
ex(外に)➡見やすいように外に置き詳しく説く

post
[póust]

地位・官職・部署
「置かれた」が原義

posture
[pástʃər]

ある姿勢(態度)を取る・姿勢・心構え
ure(動詞化・名詞化)

post
[póust]

(手紙などを)投函する・郵便・郵便ポスト
置かれた場所➡宿場➡飛脚➡郵便

postage
[póustidʒ]

郵送料
age(名詞化)

compost
[kámpoust]

堆肥・合成物

com（一緒に）➡一緒に置かれたもの➡合わせられたもの

130

sess・sid・set・siege 【座る】

ラテン語*sedēre*（座る・留まる）より
ラテン語*sella*（椅子）より
ラテン語*sinere*（放っておく・残す）より
古英語*sittan*（座る）より

assess
[əsés]

査定する・評価する

as＝ad（〜の方に）➡補佐として判事の横に座る

assiduous
[əsídʒuəs]

世話の行き届く

as＝ad（〜の方に）／ous（形容詞化）➡横に座った

obsess
[əbsés]

（妄想などが）取りつく・支配する

ob（側に）➡側に座る

possess
発音注意 [pəzés]

所有する・（悪霊が）取りつく

pos（力を持った）➡主人として座る

session
[séʃən]

開会・会合

ion（名詞化）➡会議の席に着くこと

sessile
[sésil]

固着性の

ile（形：能力）➡座っている能力の➡動かない

sedate
[sidéit]

鎮静剤を飲ませる・落ち着いた

ate（動詞化・形容詞化）➡座らせる

sedative
[sédətiv]

鎮静させる・鎮静剤

ive（形容詞化・名詞化）➡座らせる（もの）

211

insidious
[insídiəs]

狡猾な・潜行性の
in（中に）／ous（形容詞化）➡中に座る➡待ち伏せる

sediment
[sédəmənt]

沈殿物
ment（名詞化）➡座るもの

supersede
[sùːpərsíːd]

取って代わる・破棄する
super（上に）➡前のものより上に座る

preside
発音注意 [prizáid]

（集会・会議の）議長をする・主宰する
pre（前に）➡一番前に座る

president
[prézədənt]

大統領・会長
ent（名詞化）➡一番前に座る人

dissident
[dísədənt]

異論を持つ
dis（離れて）／ent（形容詞化）➡離れて座る

subside
[səbsáid]

（感情などが）静まる・沈下する
sub（下に）➡下に座る➡沈む

subsidy
[sʌ́bsədi]

補助金
y（名詞化）➡下に座ったもの➡補助的なもの

reside
発音注意 [rizáid]

居住する・（性質などが）備わっている
re（後ろに）➡後ろに座って残る➡滞在する

resident
[rézədənt]

居住者・居住する・内在する
ent（名詞化・形容詞化）

residue
[rézədjùː]

残留物・残余
re（後ろに）／ue＝um（名詞化）➡座って残るもの

sedentary
[sédntèri]

座りがちな・座った姿勢の
ary（形容詞化）➡座った

site
[sáit]

敷地・遺跡
「建物が座るところ」が原義

situation
[sìtʃuéiʃən]

位置・状況
ation（名詞化）➡座るところ➡置かれる場所

set
[sét]

置く・据える・定める
「座る」が原義

seat
[síːt]

椅子・腰掛け
「座られるもの」が原義

settle
[sétl]

定住する・解決する・決める
「座る」が原義

sit
[sít]

座る・（議会などが）開かれる・職についている

saddle
[sǽdl]

（馬の）鞍・（自転車の）サドル
「座るところ」が原義

soil
[sɔ́il]

土壌・土
ラテン語*solium*（座席）より。ラテン語*solum*（地面）という語と綴りが似ているため混同された。

siege
[síːdʒ]

包囲攻撃・立てこもり
「座り込むこと」が原義

besiege
[bisíːdʒ]

包囲する・取り囲む
be（動詞化）➡**siege**（包囲攻撃）する

exile
[égzail]

国外追放・亡命者
ex（外に）➡外に座らせること

131 cumb・cub 【横たわる】
ラテン語*cubāre*（横たわる・寝る）より

decumbent
[dikʌ́mbənt]

寝ころんだ・横臥した
de（下に）／ent（形容詞化）➡下に横たわった

procumbent
[proukʌ́mbənt]

うつ伏せの・ひれ伏した
pro（前に）／ent（形容詞化）➡前向きに横たわった➡前向けに倒れた

recumbent
[rikʌ́mbənt]

もたれた・横たわった
re（後ろに）／ent（形容詞化）➡後ろに横たわった➡よりかかった

incumbent
[inkʌ́mbənt]

現職の・在職の・～の責務である
in（上に）／ent（形容詞化）➡上に横たわっている

succumb
[səkʌ́m]

負ける・屈服する・死ぬ
suc（下に）➡下に横たわる

incubate
[ínkjubèit]

（鳥が卵を）抱く・孵化する・（計画などを）生み出す
in（上に）➡上に横たわる➡卵の上に座って温める

decubitus
[dikjúːbitəs]

〈医学〉臥位*
de（下に）➡下に横たわること

＊臥位：患者がベッドに横たわっている姿勢

214

132 dorm 【眠る】
ラテン語*dormīre*（眠る）より

dormitory
[dɔ́rmətɔːri]
（大学などの）寮
ory（名：場所）➡眠る場所

dorm
[dɔ́rm]
（大学などの）寮
dormitoryの略

dormant
[dɔ́rmənt]
眠っている・活動休止中の
ant（形容詞化）

dormer
[dɔ́rmər]
屋根窓
「寝室の窓」が原義

133 quit 【休む・解放する】
ラテン語*quiēs*（休養・眠り）より

quit
[kwít]
（職・学校などを）辞める・立ち去る
休んでいる状態➡解放する

quittance
[kwítns]
免除・免責
ance（名詞化）➡解放すること

acquit
[əkwít]
釈放する・無罪にする
ac＝**ad**（〜に向けて）➡〜に向けて解放する

acquittal
[əkwítl]
釈放・無罪
ac＝**ad**（〜に向けて）／**al**（名詞化）➡〜に向けて解放すること

quiet
[kwáiət]

静かな・平穏な・動かない
「休む」が原義

requite
[rikwáit]

（人・親切などに）恩返しする・報いる
re（返す）➡解放して返す➡精算する

tranquil
[trǽŋkwil]

平穏な・落ち着いた
tran＝trans（超えて）➡普通を超えて休んだ➡非常に静かな

tranquility
[trǽŋkwíləti]

静寂・落ち着き
tran＝trans（超えて）／ity（名詞化）➡普通を超えて休むこと➡
非常に静かなこと

quietude
[kwáiətjùːd]

静けさ
tude（名詞化）

disquiet
[diskwáiət]

動揺・不安
dis（否定）➡休んでいないこと

quietus
[kwaiíːtəs]

死・とどめの一撃
「借金から解放された」が原義

quiescent
[kwiésnt]

静止した
ent（形容詞化）➡休んでいる

acquiesce
[ækwiés]

黙認する
ac＝ad（〜に向けて）➡〜に向けて休んでいる➡静かにしている

216

lud 【遊ぶ】

134

ラテン語 *lūdēre*（遊ぶ・演じる・騙す）より

ludicrous [lú:dəkrəs]	嘲笑を招く・ばかげた ous（形容詞化）➡遊ぶような➡滑稽な
allude [əlú:d]	それとなく言う・ほのめかす al＝ad（〜に）➡〜に遊ぶように言う➡戯言をいう
delude [dilú:d]	惑わす・たぶらかす・だます de（離れて）➡離れるように騙す
elude [ilú:d]	（追及・法律などを）うまく避ける・逃れる e＝ex（外に）➡外に行くよう騙す➡逃げる
illusion [ilú:ʒən]	思い違い・幻想・錯覚 il＝in（上に）／sion（名詞化）➡〜の上に遊ぶこと➡嘲ること
interlude [íntərlù:d]	合間・幕間・間奏・間奏曲 inter（間に）➡間に演じるもの
prelude [prélju:d]	前触れ・準備行為・前奏曲 pre（前に）➡前もって演じるもの
postlude [póustlu:d]	後奏曲・終末部 post（後に）➡後に演じるもの

ori 【始まる・昇る】

ラテン語*orīrī*（始まる・昇る）より

---

origin
[ɔ́:rədʒin]

起源・由来・家系
in（名詞化）

---

originate
[ərídʒənèit]

（物事が）始まる・創設する
ate（動詞化）

---

original
[ərídʒənl]

最初の・原始の・本来の・独自の
al（形容詞化）

---

originality
[ərìdʒənǽləti]

独創性・創造力
ity（名詞化）

---

aborigine
[æ̀bərídʒənì]

原住民・アボリジニー
ab（〜から）➡元からいる人々

---

abortion
[əbɔ́:rʃən]

中絶・人工流産
ab（離れて／tion（名詞化）➡産まれる過程からはずれること

---

orient
[ɔ́:riènt]

目指している・〜向けである
日が昇る方向に向く➡方向づける
cf. the Orient（東洋：「日が昇るところ」が原義）

---

orientation
[ɔ̀:riəntéiʃən]

方向づけ指導・オリエンテーション
ation（名詞化）

---

fin 【終わる・境界】

ラテン語*finis*（終わり・境界）より

---

finish
[fíniʃ]

終える・仕上げる
ish（動詞化）

---

finis
[fínis]

終わり・終焉

---

fine
[fáin]

良い・純粋の・美しい・細かい
最終の点の➡究極の

---

fine
[fáin]

罰金
終わるもの➡清算するもの

---

final
[fáinl]

最後の・究極の・目標の
al（形容詞化）

---

finalize
[fáinəlàiz]

仕上げる・完結させる
ize（動詞化）

---

finale
[finǽli]

最後の演奏曲・フィナーレ
イタリア語より

---

confine
[kənfáin]

制限する・閉じ込める
con=com（完全に）➡完全に境界をつくる

---

define
[difáin]

定義する・限定する
de（強意）➡はっきりと境界を決める

---

definite
[défənit]

確定した・限定した
ite（形容詞化）

definitely
[défənitli]

明確に・きっぱりと・絶対に
ly（副詞化）

---

refine
[rifáin]

洗練する・精錬する
re（再び）➡再び仕上げる➡さらに良くする

---

refinery
[rifáinəri]

（金属・砂糖・石油などの）精製所
ery（名：場所）

---

finite
発音注意 [fáinait]

有限の・限定された
ite（形容詞化）➡終わりのある

---

infinite
[ínfənət]

無数の
in（否定）／ite（形容詞化）➡終わりの無い

---

affinity
[əfínəti]

類似・好み
af=ad（～の方へ）➡境界の方へ近づくこと➡似ていること

---

finance
[fínæns]

財政・金融
ance（名詞化）➡終わること➡支払うこと

---

financial
[finǽnʃəl]

財政上の・財務の
al（形容詞化）

---

phan·fan 【現れる】
古ギリシャ語 *phantázō*（現れる）より

---

phantom
[fǽntəm]

幻想・幻影・幽霊

---

phantasm
[fǽntæzm]

幽霊・想像の産物・幻影

---

phantasmagoria
[fæntæzməgɔ́riə]

幻灯・走馬灯
agor（集まる）➡幻影の集まり

phasis
[féisis]

（存在の）様式・様相
現れる➡見た目

phase
[féiz]

相・様相・段階・段階的に調整する
「見た目」が原義

phenomenon
[fənámənən]

現象・事象・非凡な人
「現れるもの」が原義

emphasize
[émfəsàiz]

強調する・重要視する
em＝in（中に）／**ize**（動詞化）➡中に現れる➡示す

emphasis
[émfəsis]

強調すること・重点
em＝in（中に）

epiphany
[ipífəni]

（神格者の）出現・顕現・エピファニー
epi（上に）／**y**（名詞化）➡天から現れること

fantasy
[fǽntəsi]

空想・夢想・気まぐれ
幻影➡想像の中のもの

fantastic
[fæntǽstik]

とてもすばらしい・空想的な
tic（形容詞化）➡想像の中のもののような

fancy
[fǽnsi]

空想・夢想・好み・装飾の多い・風変わりな
fantasyの略語

pant
[pǽnt]

荒い息をする・息を切らす
幻覚を見る➡悪夢を見るときに息切れする

fl・flu

【流れる】

古英語*flōwan*（流れる）より
古英語*flōd*（流れ・川）より
ラテン語*fluctus*（波・流れ）より

flow
[flóu]

流れる・流れ

flowage
[flóuidʒ]

流動・氾濫
age（名詞化）

float
[flóut]

浮く・浮かぶ・浮遊物

flood
[flʌd]

洪水・大氾濫

floodgate
[flʌdgèit]

水門・防潮門・（感情などの）はけ口
gate（門）➡ 流れが出入りする門

floodlight
[flʌdlàit]

投光照明・フラッドライト
light（光）➡ 流れるような光

flush
[flʌʃ]

（顔が）赤くなる・（水が）どっと流れる・（顔の）紅潮・（感情の）ほとばしり
flash（光る）とgush（流れ出る）の混成語

flush
[flʌʃ]

同じ高さの・（特にお金を）十分持っている
上記flushより

flush
[flʌʃ]

（ポーカー）フラッシュ

fluid
[flúːid]

流動的な・流体
id（形・名：状態）
cf. liquid（液体）・solid（固体）

fluent
[flúːənt]

流暢な・なだらかな
ent（形容詞化）

flume
[flúːm]

（狭くて急な）谷川・人工水路
流れるところ

flux
[flʌ́ks]

流れ・流出・流量・赤痢
流れること

fluvial
[flúːviəl]

河川の・河川に生ずる
al（形容詞化）➡流れるものの

fluctuate
[flʌ́ktʃuèit]

変動する・動揺する
ate（動詞化）

fluctuation
[flʌ̀ktjuéiʃən]

（価格の）変動・動揺
ation（名詞化）

influence
[ínfluəns]

影響・感化
in（中に）／ence（名詞化）➡中に流れこむこと➡星が中に流れ込むことによって起こる力（元々は天文学用語）

influential
[influénʃəl]

大きな影響を与える・有力な
al（形容詞化）

influenza
[influénzə]

インフルエンザ
in（中に）／enza（名詞化）➡体の中に流れこんでくる病気（イタリア語より）
cf. 口語では単にfluと言うことが多い。

effluence
[éfluəns]

流出・放出・発散

ef＝ex（外に）／ence（名詞化）➡外に流れること

effluvium
[iflúːviəm]

悪臭

ef＝ex（外に）／ium（名詞化）➡外に流れるもの

efflux
[éflʌks]

流出・放出・発散

ef＝ex（外に）➡外に流れること

confluence
[kánfluəns]

（河川などの）合流・集まり

con＝com（共に）／ence（名詞化）➡共に流れるもの

affluent
[ǽfluənt]

豊富な・裕福な

af＝ad（～の方へ）／ent（形容詞化）➡～の方へ豊かに流れる

afflux
[ǽflʌks]

流入・流れ込み

af＝ad（～の方へ）➡～の方へ流れること

refluent
[réfluənt]

逆流する・引き潮の

re（元に）／ent（形容詞化）➡元の方向に流れる

reflux
[ríːflʌks]

逆流・退潮・〈化学〉還流（液）

re（元に）➡元の方向に流れるもの

circumfluent
[sərkʌ́mfluənt]

取り巻く

circum（周りに）／ent（形容詞化）➡周りを流れる

superfluous
[supə́ːrfluəs]

余分の・過剰の

super（超えて）／ous（形容詞化）➡限界を超えてあふれ出た

139 lapse 【滑る】

ラテン語*lābī*(滑る・失敗する)より

lapse
[lǽps]

失効する・逸脱する・ふとした過失・経過
滑る➡誤る(こと)

collapse
[kəlǽps]

倒れる・(人が)卒倒する・(テントなどを)折りたたむ
col=com(一緒に)➡一緒に滑る➡すべて落ちる

elapse
[ilǽps]

(時が)経過する
e=ex(外に)➡外に滑る➡滑り去る

relapse
[rilǽps]

(病気が悪い状態に)戻る・(病気の)再発
re(後ろに)➡後ろに滑る➡異端や悪事に戻る(こと)

140 flex・flect 【曲げる】

ラテン語*flectere*(曲げる・変える)より

flex
[fléks]

(関節などを)曲げる

flexion
[flékʃən]

(関節の)屈曲
ion(名詞化)

flexible
[fléksəbl]

曲げやすい・柔軟な・融通のきく
ible(形:可能)➡曲げることができる

inflexible
[infléksəbl]

不可変の・柔軟性のない・強情な
in(否定)➡曲げることができない

flexibility
[flèksəbíləti]

柔軟性・適応性
ibility（名：可能）➡曲げることができる性質

circumflex
[sə́:rkəmflèks]

曲折する・曲折アクセントのついた
circum（丸く）➡丸く曲がる

reflex
[rí:fleks]

反射を起こさせる・反射的な・反射
re（元へ）➡元の方向に曲がる（こと）

deflect
[diflékt]

そらせる・偏らせる・ゆがめる
de（分離）➡離れるように曲げる

reflect
[riflékt]

反射する・反映する・反省する
re（元へ）➡元の方向に曲げる

reflection
[riflékʃən]

〈神経〉反射作用・（鏡・水などの）像・熟考・反響・非難
ion（名詞化）

inflect
[inflékt]

抑揚をつける・調節する・内に曲げる
in（中に）➡内側に曲げる➡調子を変える

141

tact・tang・tain・teg 【触れる】
ラテン語*tangere*（触れる・味わう・たたく）より

---

taste
[téist]

味見をする・味・好み
「触れる」が原義

tact
[tǽkt]

機転・手触り

tactual
[tǽktʃuəl]

触覚の・触感の
al（形容詞化）

tactics
[tǽktiks]

戦術
tact(機転)より

contact
[kántækt]

接触する・接触
con=com(共に)➡あるものとあるものが共に触れる(こと)

intact
[intǽkt]

損なわれていない・完全な
in(否定)➡触れられていない

attain
[ətéin]

達する・獲得する
at=ad(〜に)➡〜に触れる➡手に入れる

tangible
[tǽndʒəbl]

触れることができる・有形の
ible(形:可能)➡触れることができる

tangent
[tǽndʒənt]

接線・タンジェント
ent(名詞化)

taint
[téint]

汚す・堕落する
「触れて汚す」が原義

attaint
[ətéint]

(被告から)私権を剥奪する
「触れて汚す」が原義

contaminate
[kəntǽmənèit]

汚染する・悪影響を及ぼす
con=com(共に)／ate(動詞化)➡お互いに触れて汚す

contagion
[kəntéidʒən]

伝染・接触感染・伝播
con=com(共に)／ion(名詞化)➡お互いに触れること

contingent
[kəntíndʒənt]

偶発的な・依存的な
con=com(共に)／ent(形容詞化)➡共に触れ合っている➡関係
している

integrate
[íntəgrèit]

統合する・完全なものにする
in(否定)／ate(動詞化)➡触れられないようにする➡完全なものにする
cf. IC＝integrated circuit(集積回路)

integral
[íntigrəl]

完全にそろった・不可欠な・整数の・積分の・積分
in(否定)／al(形容詞化・名詞化)➡触れられていない(もの)➡完全な(もの)

integer
[íntidʒər]

整数・完全体
in(否定)／er(名詞化)➡触れられていないもの➡完全なもの➡
分割されていないもの

disintegrate
[disíntəgrèit]

分解する・崩壊する
dis(分離)➡完全なものから離れる

entire
[intáiər]

全体の・無傷の・(雄が)去勢されていない
en＝in(否定)➡触れられていない➡完全な

---

tempt・tent 【触る・試す】
ラテン語*tentare*(触る・調べる・試す)より

---

tempt
[témpt]

誘惑する・関心を引く
「触る・試す」が原義

temptation
[temptéiʃən]

誘惑・誘惑するもの
ation(名詞化)

attempt
[ətémpt]

試みる・試み
at＝ad(〜に)➡〜に試す(こと)

tentative
[téntətiv]

仮の・不確かな
ive(形容詞化)➡試しの

---

tentacle
[téntəkl]

（タコなどの）触手
cle（指小辞：小さい）➡触る小さなもの

143

cap・ceive・cept・ceit・cip 【つかむ・取る】
ラテン語*capere*（つかむ・取る）より

---

capture
[kǽptʃər]

捕える・取る
ure（動詞化）

---

caption
[kǽpʃən]

見出し・表題・字幕
ion（名詞化）➡取り出されるもの

---

captive
[kǽptiv]

捕虜・捕虜になった
ive（名詞化・形容詞化）

---

capacity
[kəpǽsəti]

収容力・包容力・容量・素質
city（名詞化）➡物事を頭の中に取り入れることができる能力

---

capable
[kéipəbl]

能力のある・有能な・やりかねない
able（形：可能）➡物事を頭の中に取り入れることができる

---

incapable
[inkéipəbl]

無能の・〜の余地がない
in（否定）

---

cable
[kéibl]

ケーブル・太綱
「馬や牛をつかんで留めておく綱」が原義

---

occupy
[ákjupài]

占める・占領する
oc＝ob（側に）➡側でつかむ

---

preoccupy
[priɑkjupài]

夢中にする
pre（先に）➡先にoccupy（占領する）➡思い通りにする

occupation
[ὰkjupéiʃən]

職業・仕事・占有
ation（名詞化）➡心を占有するもの

deceive
[disíːv]

騙す・欺く
de（離れて）➡離れたところでつかむ➡連れ去る➡罠にかける

deception
[disépʃən]

騙すこと・ごまかし
de（離れて）➡離れたところでつかむこと➡連れ去ること➡罠にかけること

perceive
[pərsíːv]

知覚する・気づく
per（通して）➡五感を通して受け取る

conceive
[kənsíːv]

（考えを）抱く・受胎する
con=com（完全に）➡完全に受け取る

conceivable
[kənsíːvəbl]

想像できる・考えられる
con=com（完全に）➡完全に受け取ることのできる

preconceive
[prìkənsíːv]

あらかじめ考える・予想する
pre（前に）➡前もって受け取る

concept
[kánsept]

概念・観念
con=com（完全に）➡完全につかまれたもの

conception
[kənsépʃən]

心に抱くこと・着想・妊娠
con=com（完全に）／ion（名詞化）➡完全につかむこと

contraception
[kàntrəsépʃən]

避妊・避妊法
contra（反して）➡conception（妊娠）に反するもの

accept
[əksépt]

受け入れる・容認する
ac＝ad（～に）➡～に受け取る

unacceptable
[ʌnəkséptəbl]

受け入れ難い
un（否定）／able（形：可能）➡容認できない

intercept [intərsépt]	横取りする・遮断する inter（間で）➡間で取る➡途中で奪う
incept [insépt]	摂取する・（学位を）取る in（中に）➡体の中に取り入れる
except [iksépt]	～を除いて ex（外に）➡除外して取る
exception [iksépʃən]	例外・除外 ion（名詞化）
exceptional [iksépʃənl]	例外的な・格別な・非常に優れた al（形容詞化）
preceptor [priséptər]	教授者・教師 pre（前に）／or（名：人）➡前もって取る人
receive [risí:v]	受け取る re（元に）➡元に戻ってきた物を取る
receipt 発音注意 [risí:t]	受領・領収書・レシート re（元に）➡元に戻ってきた物を取ること➡受け取ること
reception [risépʃən]	受理・（会社の）受付・歓迎会 re（元に）➡元に戻ってきた物を取ること➡受け入れること
receptacle [riséptəkl]	入れ物・容器・花床 re（元に）／cle（名：器・もの）➡元に戻ってきた物を取る器
recipient [risípiənt]	受取人・受領者 re（元に）／ent（名：人）➡元に戻ってきた物を取る人➡受け入れる人
anticipate [æntísəpèit]	予期する・予想する anti（前に）／ate（動詞化）➡物事が起こる前に取る

participate
[pɑ:rtísəpèit]

参加する
part（役割）／**ate**（動詞化）➡ 役割を取る

emancipate
[imǽnsəpèit]

開放する・自由にする
e＝ex（外に）／**ate**（動詞化）➡ 外に取り出す

susceptible
[səséptəbl]

影響を受けやすい・敏感な
sus＝sub（下で）／**ible**（形：可能）➡ 下で取られやすい ➡ 動かされやすい

conceit
[kənsí:t]

うぬぼれ・慢心
con＝com（完全に）➡ 完全につかんでいること

deceit
[disí:t]

だますこと・嘘・偽り
de（離れて）➡ 離れたところでつかむこと ➡ 連れ去ること ➡ 罠にかけること

recipe
[résəpi]

レシピ・秘訣
receiveの命令形「材料を取れ」という命令から

chase
[tʃéis]

（すばやく）追う・追いかける
「つかまえる」が原義

purchase
[pə́:rtʃəs]

購入する・獲得する
pur＝pro（前に）➡ 前のほうを追いかける ➡ 手に入れようとする

144

tri・thr 【こする・ねじる】

ラテン語*terere*（こする・すりつぶす）より

---

detriment
[détrəmənt]

損害・損失
de（分離）／**ment**（名詞化）➡ こすってはずされたもの ➡ すり減らされたもの

contrition
[kəntríʃən]

悔恨・悔悟
con＝com（完全に）／**tion**（名詞化）➡ 完全にこすられたこと

attrition
[ətríʃən]

摩擦・消耗・漸減
at＝ad（〜の方に）／tion（名詞化）➡〜の方にこする

detritus
[ditráitəs]

破片・残骸
de（分離）➡こすってはずされたもの➡すり減らされたもの

tribulation
[trìbjuléiʃən]

苦難・辛苦
ation（名詞化）➡ねじられること

trite
[tráit]

使い古された・陳腐な
「こすられた」が原義

thread
[θréd]

糸・スレッド・（話などの）筋道
「ねじれるもの」が原義

throw
[θróu]

投げる
「ねじれる」が原義

---

tor・tort・torqu 【ねじる】
145
ラテン語*tortus*（ねじれた・渦巻いた）より
ラテン語*torquēre*（ねじる・巻く）より

---

tort
[tɔ́ːrt]

（補償が請求できる）不法行為
「ねじれたこと」が原義

torment
[[動] tɔːrmént [名] tɔ́ːrment]

苦しめる・悩ます・苦悩
ment（動詞化・名詞化）➡ねじりの力で石を投げる仕掛け➡人に苦痛を与えるもの

distort
[distɔ́ːrt]

歪める・ねじまげる
dis（分離）➡ねじって別の形にする

contort
[kəntɔ́ːrt]

ねじる・顔をゆがめる
con＝com（一緒に）➡一緒にねじる➡ねじり合わせる

extort
[ikstɔ́ːrt]

（お金を）ゆすりとる・恐喝する
ex（外に）➡外にねじり出す➡無理に引き出す

retort
[ritɔ́ːrt]

言い返す・やり返す
re（元に）➡巻き返す
cf. 日本語のレトルトの元の単語。retort pouchが正しい英語だ
が、この言い方はあまり一般的ではなく、sealed pouchやready
to-eat-mealsなどと呼ぶことが多い。

torture
[tɔ́ːrtʃər]

拷問・激しい苦痛
「ねじられること」が原義

torch
[tɔ́ːrtʃ]

たいまつ
「ねじれたもの」が原義

torque
[tɔ́ːrk]

トルク・回転力
「ねじれたもの」から。元々は「首飾り」が原義

torsion
[tɔ́ːrʃən]

ねじり
sion（名詞化）

tortoise
[tɔ́ːrtəs]

（陸上の）カメ
語源はTartarus（タルタロス：冥府の下の日の差さない深み）の動
物。ギリシャ神話でカメは冥府の動物とされていたことに由来する。
綴りはtortの影響と、porpoise（ネズミイルカ）の影響と考えられる。

turtle
[tə́ːrtl]

（総称的に）カメ・ウミガメ
フランス語tortue（カメ）が英語化したが、綴りはturtle（キジバ
ト）という鳥を意味する単語の影響を受けていると思われる。現
在、「キジバト」の意味ではturtledoveを使う。

pend・pens・pond
【ぶら下がる・秤にかける】

ラテン語*pendēre*（秤にかける）より
ラテン語*pensare*（重さを計る）より
ラテン語*ponderāre*（秤にかける）より

---

depend
[dipénd]

依存する・頼る
de（下に）➡誰かの下につるされている

---

independence
[ìndipéndəns]

独立
in（否定）／ence（名詞化）➡何も頼りにしないこと

---

interdependence
[ìntədipéndəns]

相互依存
inter（互いに）／ence（名詞化）➡お互いに頼りにすること

---

append
[əpénd]

付け加える
ap＝ad（〜に）➡あるものにぶら下げる➡くっつける

---

appendix
[əpéndiks]

付録・盲腸
ix（名詞化）➡くっついてくるもの

---

appendicitis
[əpèndəsáitis]

虫垂炎
itis（炎）➡くっついてくるもの

---

pendulum
[péndʒuləm]

振り子
ulum（指小辞：小さい）

---

pendulous
[péndʒuləs]

たれ下がっている
ous（形容詞化）

---

pending
[péndiŋ]

未解決の
ぶら下がっている➡決まらない

---

pendant
[péndənt]

ペンダント
ant（名詞化）

pendent
[péndənt]

未決定の・ぶら下がった
ent（形容詞化）➡ぶら下がった

pendente lite
[pendénti láiti]

〈法律〉訴訟中に
lite（訴訟）➡ぶら下がっている訴訟
ラテン語がそのまま英語として残っている。

pension
[pénʃən]

年金・恩給
ion（名詞化）➡計って支払われるもの

prepense
[pripéns]

計画的な・故意の
pre（前に）➡前もって計った

dispense
[dispéns]

分け与える・（薬を）調合する
dis（分離）➡秤で計ってそれぞれに分ける

dispenser
[dispénsər]

調剤師・薬剤師・分配者
er（名：人）

indispensable
[indispénsəbl]

欠くことのできない・必須の
in（否定）／able（形：可能）➡分け与えることのできない

compensate
[kámpənsèit]

相殺する・償う
com（一緒に）／ate（動詞化）➡同じになるように計る

compensation
[kàmpənséiʃən]

補償・相殺・埋め合わせ
ation（名詞化）

propensity
[prəpénsəti]

傾向・性向
pro（～の方へ）／ity（名：性質）➡～の方へ傾く性質

recompense
[rékəmpèns]

償いをする・弁償をする
re(元に)／com(一緒に)➡元のところに同じになるように計る

expend
[ikspénd]

(精力・時間・大金をなどを)費やす
ex(外に)➡計って外に出す➡使う

expensive
[ikspénsiv]

高価な・贅沢な
ive(形容詞化)

expenditure
[ikspéndit∫ər]

支出・歳出・消費
ture(名詞化)

pensive
[pénsiv]

物思いに沈んだ
ive(形容詞化)➡重さを計る➡じっくり考えている

pensée
[pɑ̃:séi]

回想・思索
フランス語より。フランス語の動詞*penser*(考える)に由来し、*penser*の語源は「重さを注意深く計る」というラテン語に由来。

spend
[spénd]

(金を)費やす
s＝ex(外に)➡expend(費やす)のexがsになったもの

suspend
[səspénd]

吊るす・一時停止する
sus＝sub(下に)➡下に吊るす➡宙吊りにする

suspense
[səspéns]

気がかり・不安・サスペンス
sus＝sub(下に)➡下に吊るすこと➡宙吊りにする状態

suspension
[səspén∫ən]

停学・停職・(車の)サスペンション・〈化学〉懸濁
ion(名詞化)

suspender
[səspéndər]

サスペンダー・ズボン吊り
er(名詞化)➡下に吊るすもの
cf. 2本あるので通例sが付く

impend
[impénd]

差し迫る・おおいかかる
im＝in（上に）➡自分の身の上にぶら下がってくる

perpendicular
[pə̀:rpəndíkjulər]

垂直の
per（完全に）➡完全にぶら下がった

ponder
[pándər]

熟考する
「秤で重さを計る」が原義

preponderate
[pripándərèit]

重要である・重さで勝る
pre（前に）／ate（動詞化）➡先に秤が傾く➡重さのある

poise
[pɔ́iz]

平衡状態・つりあい・落ち着き
「秤で重さを計る」が原義

counterpoise
[káuntərpɔ̀iz]

平衡力・平衡する
counter（～に対して）➡～に対して釣り合う（力）

147

measure・mens　　　　　　　　【測る】
ラテン語*mēnsūrāre*（測る・測定する）より

---

measure
[méʒər]

測る・測定する・測定・巻き尺

measurable
[méʒərəbl]

測定できる・目に見える
able（形：可能）

measurement
[méʒərmənt]

測定・寸法
ment（名詞化）

commensurate
[kəménsərət]

（量・大きさなどが）等しい・つり合った
com（共に）／ate（形容詞化）➡共に測られた

dimension

[diménʃən]

寸法・大きさ・次元
di＝dis（離れて）／ion（名詞化）➡測って分けること

immense

[iméns]

非常に大きな・計り知れない
im＝in（否定）➡測れない

148

grave 【掘る・墓】

古英語*græf*（墓）より

---

grave

[gréiv]

墓・墓場

graveyard

[gréivjàrd]

墓地
yard（囲われた土地）

engrave

[ingréiv]

彫る・彫り込む・（記憶などに）刻み込む
en＝in（中に）➡中に掘る

grub

[gráb]

幼虫・（略式）食べ物
「幼虫」の意味は土を掘ることから発生したと思われる。「食べ物」
の意味は鳥が土を掘って食べることによるとされている。

groove

[grúːv]

溝・慣習・溝を刻む
「掘る」が原義

動作関係

形容詞

人間

人間の心

人間の行為・知覚

人体

自然

その他の名詞

cult・till 【耕す】

ラテン語*cultus*（耕作・居住）より
古英語*tilian*（手に入れる）より

culture
[kʌ́ltʃər]

文化・教養・耕作
「耕作された土地」が原義

masscult
[mǽskʌlt]

大衆文化
mass（大衆）

midcult
[mídkʌlt]

中間文化
mid（中間）

acculturation
[əkʌ̀ltʃəréiʃən]

文化変容・文化的適応
ac＝ad（～の方に）／**ation**（名詞化）➡～の方に耕すこと

agriculture
[ǽgrikʌ̀ltʃər]

農業
agri（畑）

floriculture
[flɔ́rikʌ̀ltʃər]

花作り・草花栽培
flori（花）

aquaculture
[ǽkwəkʌ̀ltʃər]

水産養殖
aqua（水）

sericulture
[sérəkʌ̀ltʃər]

養蚕・生糸生産
seri（絹）

apiculture
[éipikʌ̀ltʃər]

養蜂
api（蜂）

till
[tíl]

耕す
「求めて努力する」が原義

tillage [tílidʒ]	耕作 **age**（名詞化）

colony [káləni]	植民地・移民団・外国人居住地 「小作人（耕す人）」が原義

colonize [kálənàiz]	植民地化する **ize**（動詞化）

150

text 【織る】
ラテン語 *texere*（織る・編む）より

text [tékst]	本・原本・テキスト

texture [tékstʃər]	（織物の）織上がり・生地質 **ure**（名詞化）

textile [tékstail]	織物・布地

context [kántekst]	文脈・前後関係・背景 **con＝com**（共に）➡ 共に織るもの ➡ 織り合わせるもの

pretext [prí:tekst]	口実・名目 **pre**（前に）➡ 前を織り合わせるもの ➡ 飾るもの

subtle 発音注意 [sátl]	微妙な・ほのかな **sub**（下に）➡ 下に織った ➡ 繊細な

tissue
[tíʃuː]

ティッシュペーパー・〈生物〉組織

「織られたもの」が原義

fil 【紡ぐ・糸】

ラテン語*filum*（糸）より

file
[fáil]

書類一式・ファイル・ファイルに入れる

「書類に糸や針金を通す」から。原義は「糸」

file
[fáil]

縦列・(軍事)縦隊で行進させる

「糸を通す」から

profile
[próufail]

(物の)側面・横顔・プロフィール・概略を描く

pro（前方に）➡前方に線（糸）を引く（こと）➡おおまかに描く（こと）

filament
[fíləmənt]

単繊維・フィラメント

ment（名詞化）➡紡いだもの

filaria
[filéəriə]

フィラリア・糸状虫

糸状の寄生虫

filum
[fáiləm]

〈解剖〉糸状組織

purfle
[pə́ːrfl]

〜に縁飾りを付ける

pur＝**pro**（前に）➡前に糸を付ける

merg·mers 【浸す】

ラテン語*mergere*（浸す・沈める）より

merge [mə́:rdʒ]	合併する・結合する
merger [mə́:rdʒər]	（企業の）合併 **er**（名詞化） cf. M&A=mergers and acquisitions（企業の合併や買収の総称）
emerge [imə́:rdʒ]	（見えなかったものが）現れる・（事実などが）明らかになる **e＝ex**（外に）➡浸されたところから外に出る➡水中から現れる
emergency [imə́:rdʒənsi]	緊急事態・非常事態 **e＝ex**（外に）／**ency**（名詞化）➡見えなかったものが突然現れること
submerge [səbmə́:rdʒ]	水中に沈める・水没させる **sub**（下に）➡水の下に浸す
immerse [imə́:rs]	（液体に）浸す・没頭させる **im＝in**（中に）➡中に浸す
emersion [imə́:rʒən]	出現 **e＝ex**（外に）／**ion**（名詞化）➡浸されたところから外に出ること ➡水中から現れること

launder
[lɔ́:ndər]

洗う・洗濯する・ロンダリングする
「リネンを洗濯するもの」が原義

laundry
[lɔ́:ndri]

洗濯物・クリーニング店
ry（名詞化）

lavatory
[lǽvətɔ̀:ri]

トイレ・洗面所
ory（名：場所）➡手を洗うところ

lave
[léiv]

～を洗う・～を浸す・沐浴する

laver
[léivər]

洗盤・水盤
ユダヤ教の祭司が手足を洗うのに使った青銅のたらい

lavender
[lǽvəndər]

ラベンダー
ローマ時代に入浴時（＝体を洗う時）の香料として使われたことに由来

lava
[lɑ́:və]

溶岩
山を洗うように流れるもの

lavish
[lǽviʃ]

浪費の・豊富な・（人が）気前のよい
ish（形：～のような）➡洗うような➡どしゃぶりの雨のような➡豊富な

lavage
[ləvɑ́:ʒ]

〈医学〉（胃などを）洗浄すること
age（名詞化）

deluge
[délju:dʒ]

大洪水・殺到・反乱
de（離れて）➡離れるように洗うこと➡洗い去ること

diluvial
[dilú:viəl]

洪水の
di(離れて)➡離れるように洗う

antediluvian
[æ̀ntidəlúviən]

大昔の・時代遅れの
ante(前の)➡ノアの洪水より前の

alluvial
[əlú:viəl]

堆積して出来た
al=ad(～に向けて)➡～に向けて洗った➡あふれた

dilute
[dilú:t]

薄める・希釈する
di(離れて)➡離れるように洗う➡洗い薄める

ablution
[æblú:ʃən]

〈宗教〉沐浴
ab(離れて)➡離れるように洗うこと➡洗い清めること

nov・neo 【新しい】

154

ラテン語*novus*（新しい・若い）より
ラテン語*novāre*（新しくする）より

novel [nάvəl]	新鮮な・奇抜な
novel [nάvəl]	小説 ラテン語*novella narrātiō*（新しい種類の話）の短縮形が、イタリア語より英語に入った。
novice [nάvis]	初心者 **ice**（名詞化）
novitiate [nouvíʃiət]	見習い期間 **ate**（名詞化）
nova [nóuvə]	新星
supernova [sùːpərnóuvə]	超新星 **super**（超）
innovate [ínəvèit]	刷新する・革新する **in**（中に）／**ate**（動詞化）➡新しいという概念の中に入れる
renovate [rénəvèit]	修復する・回復する **re**（再び）／**ate**（動詞化）➡再び新しい状態に戻す

neoclassic
[nìːouklǽsik]

新古典派の
classic（古典派の）

neon
[níːɑn]

ネオン
on（元素）➡ネオンが発見されたのは 1898 年で、この当時「新しい」という意味で命名された。

neonate
[néənèit]

新生児
nat（生まれる）／**ate**（名詞化）

neologism
[niɑ́lədʒìzəm]

新語
log（言葉）／**ism**（名詞化）➡新しい言葉（造語）

new
[njúː]

新しい・新鮮な・奇抜な
古英語*nēowe*より

155

grav・griev 【重い】
ラテン語*gravis*（重い・困難な）より

---

gravity
[grǽvəti]

重力・引力・重さ
ity（名詞化）

grave
[gréiv]

重い・厳粛な
cf.「墓」を意味する**grave**は古英語*græf*（墓）より。「彫刻する・銘記する」の**grave**は古英語*grafan*（掘る）が語源で、両単語は同じ綴りだが語源は別。

gravid
[grǽvid]

身重の・妊娠している
id（形容詞化）

gravitate
[grǽvətèit]
引力に引かれる
ate（動詞化）

grieve
[grí:v]
深く悲しむ・嘆く
「気分を重くする」が原義

grief
[grí:f]
深い悲しみ・嘆き
「気分を重くすること」か原義

grievous
[grí:vəs]
ひどい・耐え難い
ous（形：〜の多い）

aggrieved
[əgrí:vd]
虐げられた・不服な
ag＝ad（〜を）／ed（形容詞化）➡人を深く悲しませる

aggravate
[ǽgrəvèit]
悪化させる・重くする・いらいらさせる
ag＝ad（〜に）／ate（動詞化）➡人に重荷を与える

156　fort・force　【強い】
ラテン語 *fortis*（強い・勇敢な）より

---

comfort
[kʌ́mfərt]
慰める・慰め・快適さ
com（十分に）➡十分に力づける（こと）

comfortable
[kʌ́mfərtəbl]
快適な・心地よい
able（形：可能）➡十分にに力をつけられる

uncomfortable
[ʌnkʌ́mfərtəbl]
心地よくない・いらいらさせる
un（否定）

discomfort
[diskʌ́mfərt]
不快にする・不快・不安
dis（逆）➡力を奪う（こと）

248

effort [éfərt]	努力・奮闘・骨折り **ef＝ex**(外に)➡力を出すこと
fort [fɔ́ːrt]	砦・城塞 「力」が原義
forte [fɔ́ːrt]	得意・強み 強いところ
forte [fɔ́ːrtei]	〈音楽〉フォルテ 強音
fortress [fɔ́ːrtris]	要塞都市・安全な場所 強い場所
fortitude [fɔ́ːrtətjùːd]	不屈の精神・堅忍 **tude**(名:性質)➡強い性質
fortify [fɔ́ːrtəfài]	強化する・防備を固める **ify**(動詞化)➡強くする
fortissimo [fɔːrtísəmòu]	〈音楽〉フォルティッシモ きわめて強く(イタリア語より)
force [fɔ́ːrs]	強制する・力・強さ・軍隊
enforce [infɔ́ːrs]	強要する・(法律を)施行する **en**(中に)➡効力の中に入れる
forcible [fɔ́ːrsəbl]	無理強いの・強制的な・効果的な **ible**(形:可能)
reinforce [rìːinfɔ́ːrs]	補強する・強化する **re**(再び)／**in**(中に)➡再び力を中に入れる

lang・lease・lax 【弱っている・緩い】
ラテン語*languēre*（弱っている・しぼんでいる）より

---

languish
[læŋgwiʃ]

（人・花が）弱る・しぼれる・みじめに暮らす
「緩む」が原義

---

languid
[læŋgwid]

気力に欠ける・けだるい
「緩む」が原義

---

lease
[líːs]

賃貸借契約・リース・（土地などを）賃貸する
緩める➡解放する（こと）

---

release
[rilíːs]

（拘束から）自由にする・免除する・（映画などを）初公開
する・解放・公開・免除
re（強意）➡強く緩める（こと）

---

lax
[læks]

厳格でない・手ぬるい
「弱い」が原義

---

relax
[rilæks]

くつろがす・（緊張を）ほぐす
re（強意）➡強く緩める

---

relaxation
[riːlækséiʃən]

息抜き・レクリエーション・弛緩
ation（名詞化）

---

laxative
[læksətiv]

下剤・下剤の
tive（名詞化・形容詞化）➡弱くする（もの）➡緩める（もの）

---

slack
[slæk]

緩い・怠慢な・不活発な・（縄などを）緩める

---

slacken
[slǽkən]

（速度などを）緩める・不活発にする
en（動詞化）

158

apt 【適した】
ラテン語*aptus*（ぴったり合った・適した）より

---

apt
[ǽpt]

〜しがちな・適切な
cf. be apt to 〜（〜しがちである）

adapt
[ədǽpt]

適応させる・順応させる
ad（〜の方に）➡適する方に合わせる

aptitude
[ǽptətjùːd]

才能・適正・習性
itude（名詞化）➡ぴったり合ったもの

inapt
[inǽpt]

不適切な・不器用な
in（否定）

inept
[inépt]

〜の器量に欠ける・不手際な
in（否定）

ineptitude
[inéptətjùːd]

愚かしさ・不条理
itude（名詞化）

159

bri・bre 【短い】
ラテン語*brevis*（短い・小さい・浅い）より

---

brief
[bríːf]

短時間の・簡潔な・要約・任務

briefcase
[brí:fkèis]

ブリーフケース・書類かばん
case（かばん・〜入れ）➡書簡入れ

briefing
[brí:fiŋ]

ブリーフィング・簡単な報告会
ing（名詞化）

debrief
[di:brí:f]

（兵士や外交官などに）任務の結果を尋ねる
de（離れて）➡brief（任務）から離す

breve
[brí:v]

短音記号
母音が短母音であることを示す記号

brevity
[brévəti]

（時間・期間の）短さ
ity（名詞化）

abbreviate
[əbrí:vièit]

省略する・約分する
ab＝ad（〜の方に）／ate（動詞化）➡〜の方に短くする

abridge
[əbrídʒ]

（本などを）要約する・縮める
a（〜の方に）➡〜の方に短くする

---

sane・salu・safe　　【健康な】

ラテン語*sānus*（健康な・正常な）より
ラテン語*salūs*（健康・無事）より

---

sane
[séin]

正気の・健全な
「健康な」が原義

insane
[inséin]

正気でない・狂気の
in（否定）

insanity
[insǽnəti]

精神異常・狂気
ity（名詞化）

sanitary [sǽnətèri]	衛生上の・衛生的な **ary**（形容詞化）
sanitize [sǽnətàiz]	衛生的にする・健全に見せかける **ize**（動詞化）
sanatorium [sæ̀nətɔ́riəm]	療養所 **um**（名：場所）
salute [səlú:t]	敬礼する・（人を）迎える・敬礼・礼砲 健康を願う（こと）
salutary [sǽljutèri]	（困難だが）有益な **ary**（形容詞化）
salubrious [səlú:briəs]	健康によい・健全な **ous**（形容詞化）
safe [séif]	安全な・無事な・金庫
safety [séifti]	安全・安全装置 **ty**（名詞化）
save [séiv]	救う・貯蓄する・節約する・（データを）セーブする
saving [séiviŋ]	倹約・貯金・節約の **ing**（名詞化・形容詞化）
savior [séiviər]	救助者・救い手・救世主 **or**（名：人）
salvation [sælvéiʃən]	救済・救出 **ation**（名詞化）

salvage
[sǽlvidʒ]

海難救助・救出財貨・(船・貨物を)救い上げる
age(名詞化・動詞化)

---

cand 【白い・光る】

ラテン語*candēre*(輝くような白さである・光る)より

---

candle
[kǽndl]

ろうそく
「白い・光る」が原義

candid
[kǽndid]

率直な・正直な
「白い」が原義

candor
[kǽndər]

率直さ・正直

candela
[kændíːlə]

カンデラ*
*カンデラ:光度の単位

candidate
[kǽndidèit]

候補者・志望者
ate(名詞化)➡白い者(ローマ時代に候補者が白いトーガを着ていたことから)

chandelier
[ʃændəlíər]

シャンデリア
光るもの

incense
[ínsens]

香・香のかおり
in(上に)➡上に光るようにするもの➡燃やされたもの

incendiary
[inséndièri]

放火の・火をつけるのに使う
in(上に)/ary(形容詞化)➡上に光るようにする➡燃やす

---

prim・prin 【第一の・主な・初めの】

ラテン語*primus*（第一の・主な・初めの）より

prime
[práim]
主要な・首位の・元来の
「礼拝の最初の時間」が原義

primeval
[praimí:vəl]
原始の・古代の
ev（年）／al（形容詞化）➡最初の年の

primate
[práimeit]
霊長類・大司教
ate（名詞化）➡第一に来るもの

primal
[práiməl]
原始の・根源の
al（形容詞化）➡第一の

prima donna
[pri:mə dánə]
プリマドンナ*
＊プリマドンナ：オペラの主役女性歌手。イタリア語より。文字通りの意味は「最初の女性」。

primitive
[prímətiv]
原始の・原始人
ive（形容詞化・名詞化）

primordial
[praimɔ́:rdiəl]
最初の・根源の
ordi（始まり）／al（形容詞化）➡最初に始まった

primogenitor
[pràimədʒénətər]
始祖・祖先
geni（生む）／or（名：〜するもの）➡最初に生まれたもの

primary
[práimeri]
首位の・根本の・小学校の
ary（形容詞化）

prince
[príns]

王子・皇太子
ce（取る）➡最初に王位を得る人

princess
[prínses]

王女・親王妃
ess（名：女性）

principle
[prínsəpl]

原則・原理・主義
le（名詞化）➡主要になるもの

principal
[prínsəpəl]

主要な・元金・主役・校長
al（形容詞化・名詞化）

primrose
[prímròuz]

サクラソウ
rose（バラ）➡春に一番早く咲くバラ

premier
[primjíər]

首位の・首相
第一に来る

prior
[práiər]

前の・先の
or（比較級）➡より前の

priority
[praió:rəti]

優先すること・先であること
ity（名詞化）➡第一に来ること

163

equ・equi 【平らな・等しい】
ラテン語*aequus*（平らな・等しい）より

---

equal
[í:kwəl]

等しい・同等な
al（形容詞化）

equality
[ikwáləti]

平等・対等・同格
ity（名詞化）

equation
[ikwéiʒən]

等式・方程式
ation（名詞化）

equator
[ikwéitər]

赤道
or（名詞化）➡地球を等しく分けるもの

Ecuador
[ékwədɔ:r]

エクアドル
スペイン語で「赤道」の意味（エクアドルは赤道上に位置することから）

equate
[ikwéit]

等しくする・同等にする
ate（動詞化）

adequate
[ǽdikwət]

適当な・相当な
ad（〜に）／ate（形容詞化）➡平らにされた

inadequate
[inǽdikwət]

不適切な・不十分な
in（否定）

equinox
[íkwinàks]

春分・秋分
nox（夜）➡昼と夜の時間が同じこと

equipoise
[ékwipɔiz]

つり合い・対抗勢力
poise（原義は「重さ」／現在の意味は「落ち着き・身のこなし」）
➡同じ重さであること

equilibrium
[ì:kwəlíbriəm]

つり合い・平衡
libr（天秤）／ium（名詞化）➡天秤が等しく釣り合うこと

iniquitous
[iníkwətəs]

ひどく不正な・邪悪な
in（否定）／ous（形容詞化）➡平等でない

par 【等しい】
ラテン語*pār*(等しい)より

par
[páːr]

同等・同意・基準
「等しい」が原義

parity
[pǽrəti]

同等・等価
ity(名詞化)

pair
[péər]

組み合わせる・1組・1組の男女
「等しい」が原義

peer
[píər]

貴族・同僚
「平等の」が原義。「貴族」という意味は元々、アーサー王の円卓の
騎士やフランスの叙事詩「ローランの歌」の十二勇士など高貴な
騎士がそれぞれ「同等の」身分とされたことによる。

peerless
[píərlis]

無二の・比類のない
less(形:〜のない)➡平等なもののいない

compeer
[kəmpíər]

同輩・同志
com(共に)➡共に等しくするもの

compare
[kəmpéər]

比較する・匹敵する
com(共に)➡共に等しい状態に置く➡比べる

comparative
[kəmpǽrətiv]

比較の
ative(形容詞化)

disparage
[dispǽridʒ]

軽んじる
dis(否定)➡等しくない階級のものと結婚する➡信用を落とす

disparity
[dispǽrəti]

不同・不等・相違
dis（否定）／ity（名詞化）➡等しくないこと

umpire
[ʌ́mpaiər]

審判員・アンパイア・仲裁者
um＝non（無い）➡どちらとも等しくない立場の人➡第三者
元々はnumpireと綴ったが、a numpireがan umpireと間違って
解釈されため、現在の綴りになった。

165

firm 【堅固な】
ラテン語firmus（強固な・健康な）より

---

firm
[fə́:rm]

堅固な

firm
[fə́:rm]

会社・商会
堅い➡確実にするもの➡商談を決めるもの➡署名するもの

farm
[fɑ́:rm]

農場・農園
堅固な➡きまって納めるもの➡土地代➡貢物➡農作物➡農場

confirm
[kənfə́:rm]

確かめる・確認する
con＝com（完全に）➡完全にしっかりしたものにする

affirm
[əfə́:rm]

断言する・肯定する
af＝ad（～に）➡堅固なものにする

affirmative
[əfə́:rmətiv]

肯定的な・積極的な・肯定語
ative（形容詞化・名詞化）

disaffirm
[dìsəfə́:rm]

否定する・取り消す
dis（否定）

infirm
[infə́:rm]

虚弱な・病弱な
in（否定）➡堅固でない

infirmary
[infə́:rməri]

診療所・病院
ary（名：場所）➡堅固でない人の行くところ

firmament
[fə́:rməmənt]

天空・大空
ment（名詞化）➡堅い固形物（古代の神話などでは、天空は現代
のような解釈ではなく形あるもののように見なされていた）

furl
[fə́:rl]

（帆などを）巻きつける
l（結ぶ）➡固く結ぶ

---

166 dur・dure 【堅い】
ラテン語*dūrāre*（堅くする・耐える）より

---

during
[djúəriŋ]

〜の間・〜の間中
堅い➡耐える

duration
[djuréiʃən]

継続・持続（期間）
ation（名詞化）

durable
[djúərəbl]

耐久力のある・長持ちする
able（形：可能）➡耐えられる

duress
[djuərés]

拘束・監禁
ess（名詞化）➡堅いこと➡厳しい扱いをすること

endure
[indjúər]

耐える・我慢する
en＝in（中に）➡心の中を堅くする

indurate
[índjurèit]

堅くする・固める
in（中に）／ate（動詞化）➡心の中を堅くする

obdurate
[ábdurət]

頑固な
ob（〜に対して）／ate（形容詞化）➡〜に対して堅い

167

al・alt 【別の】
ラテン語*alius*（他の・別の・異なった）より

---

alibi
[ǽləbài]

アリバイ
ibi（そこに）➡別の場所に

alter
[ɔ́:ltər]

（部分的に）変える・改める
別にする

alternative
[ɔ:ltə́:rnətiv]

二者択一の・代替の
tive（形容詞化）

altercate
[ɔ́:ltərkèit]

激しく論じる・口論する
ate（動詞化）➡立場を別とする

altruism
[ǽltru:ìzm]

利他主義
ism（名：主義）➡他を利する主義

alien
[éiljən]

在留外国人の・エイリアン
別に属する（人）

alienate
[éiljənèit]

引き離す・孤立させる
ate（動詞化）➡別とする

alias
[éiliəs]

別名は・（犯罪者などの）偽名
「他の時に・他の場所で」が原義

allophone
[ǽləfòun]

〈言語学〉異音
phone（音）

---

else
[éls]

その他の・別の

---

crypt 【隠れた・秘密の】
古ギリシャ語*kruptós*（隠れた・秘密の）より

---

crypt
[krípt]

地下室・(教会の)地下聖堂

---

decrypt
[di:krípt]

(暗号を)解読する
de（分離）➡暗号から離す➡暗号でなくする

---

encrypt
[inkrípt]

暗号化する
en（中に）➡暗号の中に入れる

---

crypto
[kríptou]

(政党などの)秘密同調者

---

cryptic
[kríptik]

隠された・人目につかない・謎の
ic（形容詞化）

---

cryptonym
[kríptənìm]

匿名
onym（名前）

---

cryptogram
[kríptəgræm]

暗号・暗号文
gram（書く）➡隠すために書かれたもの

---

cryptology
[kriptólədʒi]

暗号研究
logy（学問）

262

apocryphal
[əpúkrəfəl]

でっちあげられた・偽の

apo（離れて）／al（形容詞化）➡本物から離された➡隠された➡本物でない

krypton
[kríptɑn]

クリプトン

on（元素）➡隠れたもの（空気中に微量しか存在しないため）

horr・hor 【恐い・身震いする】
ラテン語 *horrēre*（恐れる・震える）より

horror
[hɔ́:rər]

恐怖・おぞましいこと・憎悪

or（名詞化）

horrible
[hɔ́:rəbl]

恐ろしい・ものすごく嫌な

ible（形容詞化）

horrid
[hɔ́:rid]

恐ろしい・大変ひどい

id（形容詞化）

horrendous
[hɔ:réndəs]

ひどく恐ろしい

ous（形容詞化）

abhor
[æbhɔ́:r]

忌み嫌う・嫌悪している

ab（離れて）➡離れたところで震える➡尻ごみする

abhorrent
[æbhɔ́:rənt]

大嫌いな・憎むべき

ent（形容詞化）

vac・va・vo 【空の・空しい】

ラテン語*vānus*(空の・うわべだけの)より
ラテン語*vacuus*(空の・実体のない)より

---

evacuate
[ivǽkjuèit]

避難する・明け渡す
e＝ex(外に)／ate(動詞化)➡人が外に出て建物を空にする

---

vacuum
[vǽkjuəm]

掃除機をかける・真空・空虚

---

vacate
[véikeit]

立ち退く・無効にする
ate(動詞化)

---

vacancy
[véikənsi]

空っぽ・空き室・放心状態
ancy(名詞化)

---

vacation
[veikéiʃən]

休暇・バケーション
ation(名詞化)➡仕事が空っぽの状態

---

vaunt
[vɔ́:nt]

自慢する・うぬぼれて話す
「空しくする」が原義

---

vain
[véin]

無益な・虚栄心の強い

---

vanity
[vǽnəti]

空しさ・うぬぼれ・虚栄心
ity(名詞化)

---

vainglorious
[vèinglɔ́:riəs]

うぬぼれの強い
glor＝glory(名誉)／ous(形容詞化)➡無益な名誉の

---

vanish
[vǽniʃ]

消える・消滅する
ish(動詞化)

---

void
[vɔ́id]

無効にする・無効の・無益の・空虚感

avoid
[əvɔ́id]

避ける・回避する
a（離れて）➡離れて空にする

devoid
[divɔ́id]

欠いた・持っていない
de（完全に）➡完全に空の

evanescent
[èvənésnt]

（視界・記憶から次第に）消え去っていく・儚い
e＝ex（外に）／ent（形容詞化）➡中から外に出て行き、空になる

171

acr・acer・acro　【鋭い・酸っぱい】

ラテン語*ācer*（鋭利な・刺激性の）より
ラテン語*acidus*（酸っぱい・辛辣な）より

---

acrid
[ǽkrid]

刺すような・ぴりぴりする・辛辣な
id（形容詞化）

acrimonious
[ǽkrimóuniəs]

手厳しい・辛辣な
ous（形容詞化）

acerbity
[əsə́:rbəti]

酸っぱさ・激しさ
ity（名詞化）

acetify
[əsí:təfài]

酸化させる・酢酸にする
ify（動詞化）

acid
[ǽsid]

酸・酸性物・酸の・酸っぱい

acidity
[əsídəti]

酸性・酸性度
ity（名詞化）

acrobat
[ǽkrəbæt]

曲芸師
ba（行く）➡鋭いところに行く人➡高所に行く人

acrophobia
[ǽkrəfóubiə]

高所恐怖症
phobia（恐怖症）

eager
[í:gər]

切望している・熱心な
「鋭い」か原義

exacerbate
[igzǽsərbèit]

憤慨させる・悪化させる
ex（強意）／ate（動詞化）➡完全に鋭くする➡悪くする

vinegar
[vínigər]

食用酢・ビネガー
vine（原義は「ワイン」／現在の意味は「つる植物」）➡酸っぱいワイン

vinegary
[vínigəri]

酢のような・すっぱい
y（形容詞化）

172

ortho 【まっすぐな】
古ギリシャ語 *orthós*（まっすぐな）より

---

orthodox
[ɔ́:rθədɑ̀ks]

正統な・伝統に囚われた
dox（意見）➡まっすぐな意見の

orthodontics
[ɔ̀:rθədántiks]

歯列矯正術
dont（歯）／ics（名：術）➡歯をまっすぐにする術

orthopedics
[ɔ̀:rθəpí:diks]

整形外科（学）
ped（しつけ・訓練）／ics（名：術）➡まっすぐにする術

orthograde
[ɔ́:θəgrèid]

直立歩行の
grade（歩く）➡まっすぐ歩く

orthography
[ɔːrθágrəfi]

正字法・正書法
graph（書く）／y（名詞化）➡まっすぐ書くこと

orthosis
[ɔːθóusis]

整形術・整形器具

rect・ress　【まっすぐな・支配する】
ラテン語*regere*（支配する・管理する・矯正する）より
ラテン語*dīrigere*（まっすぐにする・導く）より

direct
[dirékt]

指揮する・直接の
di（離れて）➡離れたところまで支配する

director
[diréktər]

取締役・映画監督・校長
or（名：人）

correct
[kərékt]

正しい
cor＝com（完全に）➡完全に指示された➡間違いのない

erect
[irékt]

直立させる・勃起する
e＝ex（外に）➡外に出して姿勢をまっすぐにさせる

rectangle
[réktæŋgl]

長方形
angle（角）➡まっすぐな角➡直角

rectitude
[réktətjùːd]

公正・厳正
itude（名詞化）➡まっすぐさ

rectilinear
[rèktəlíniər]

直線の
linear（線の）➡まっすぐな線の

rectify
[réktəfài]

改正する・修正する
ify（動詞化）➡まっすぐにする

動作関係 形容詞 人間 人間の心 人間の行為・知覚 人体 自然 その他の名詞

rector
[réktər]

教区牧師
or(名詞化)➡ある地区を支配するもの(昔は、牧師でもtitheと呼ばれる10分の1税を受領した)

rectum
[réktəm]

直腸
ラテン語*intestinum rectum*(まっすぐな腸)より

address
[ədrés]

宛名を書く・演説・住所
ad(〜に)➡まっすぐにする➡方向を定める➡手紙を出す・演説

dress
[drés]

服を着る・ドレス
まっすぐに置くこと➡自分の身なりを正す(もの)

escort
[[動] iskɔ́:rt [名] éskɔ:rt]

護送する・エスコートする・護衛
元々はイタリア語*scorgere*(導く)だが、*scorgere*は俗ラテン語の*excorrigere*＝*ex*(外に)＋*corrigere*(まっすぐにする)が語源。

174

reg　　　　　　　　　　　　　　【まっすぐな】
ラテン語*rēgula*(定規)より

---

regular
[régjulər]

普通の・規則正しい
ar(形容詞化)➡まっすぐな棒の➡物差しの➡尺度となる

irregular
[irégjulər]

不規則な・異常な
ir＝in(否定)

rail
[réil]

鉄道・レール・手すり
「まっすぐな棒」が原義

rule
[rú:l]

支配する・原則・規則・支配
「まっすぐな棒」が原義

268

lat 【広い・幅広い・側の】

ラテン語*lātus*(広い・幅広い)より

latitude
[lǽtətjùːd]

緯度・(思想などの)許容範囲
tude(名詞化)➡幅広いこと

lateral
[lǽtərəl]

横の・側面の・側部
al(形容詞化・名詞化)

unilateral
[jùːnəlǽtərəl]

片側の・一方的な
uni(1)/**al**(形容詞化)➡ 1 つの面の

bilateral
[bailǽtərəl]

双方の
bi(2)/**al**(形容詞化)➡ 2 つの面の

collateral
[kəlǽtərəl]

傍系の・平行した・担保
col=com(共に)/**al**(形容詞化・名詞化)➡側に共にある(もの)

dilate
[dailéit]

(目・瞳などを)大きく広げる・膨張させる
di(離れて)/**ate**(動詞化)➡離れたところにまで広げる

alt 【高い】
ラテン語*altus*(高い)より

alto
[ǽltou]

アルト
イタリア語より。女性の「低い」声部を意味するか、これは基本となるテノール(**tenor**)からみて「高い」声部なので、アルトと呼ばれる。

altar
[ɔ́ːltər]

祭壇・供物台
ar(名:場所)➡高い場所

altitude
[ǽltətjùːd]

高度・標高・海抜
tude(名詞化)

altimeter
[æltímətər]

高度計
meter(測る)➡高さを測るもの

exalt
[igzɔ́ːlt]

ほめる・(地位・名誉などを)高める
ex(外に)➡高くして外に出す➡持ち上げる

enhance
[inhǽns]

高める・強める
en(中に)➡高い中に入れる➡高くする

haughty
[hɔ́ːti]

横柄な・不遜な
「高い」か原義

177 **bas・base** 【基礎の・低い】

古ギリシャ語***básis***（段・人が乗るところ）より

base
[béis]
土台・基底部・ベース

basic
[béisik]
基礎の・基礎
ic（形容詞化・名詞化）

basis
[béisis]
基礎・基盤・根拠

basement
[béismənt]
地階・地下室
ment（名詞化）

abase
[əbéis]
（人の品位などを）下げる・落とす
a＝ad（〜に）➡底に置く➡低いところに置く

debase
[dibéis]
（品質・価値などを）低下させる
de（下に）➡底の下に置く

bass
[béis]
ベース・低音歌手
イタリア語の「低い」から

178 **celer** 【速い】

ラテン語***celer***（すばやい・迅速な）より

celerity
[səlérəti]
敏速さ・機敏
ity（名詞化）

accelerate
[æksélərèit]

促進する・加速する
ac＝ad（〜に向かって）／ate（動詞化）➡〜向かって速度を出す

accelerator
[æksélərèitər]

促進する物（人）・アクセル
or（名：〜するもの）

decelerate
[di:sélərèit]

速度を落とす
de（反対に）／ate（動詞化）➡遅くする

179

min 【小さい】
ラテン語*minuere*（小さくする・少なくする）より

---

minify
[mínifài]

縮小する・少なくする
ify（動詞化）

minim
[mínim]

微量・微小なもの・つまらないもの

minus
[máinəs]

〜を引いた・マイナスの

mince
[míns]

（野菜などを）細かく刻む・細分化する
「小さくする」が原義

miniature
[míniətʃər]

縮小した・小型の・縮小模型

minimize
[mínimàiz]

最小限にする・最小化する
ize（動詞化）

minimum
[míniməm]

最小の量・最低限度
um（名詞化）

minister
[mínistər]

大臣・国務大臣
より小さい➡召使い

ministry
[mínistri]

省・省庁・閣僚・聖職
ry(名詞化)➡より小さい➡召使い

minor
[máinər]

僅かな・小さい・軽微な
or(形容詞化)

minority
[mainɔ́rəti]

少数派・少数
ity(名詞化)

minute
発音注意 [mainjúːt]

微小の・微細の
小さくされた

minute
[mínit]

(時間の)分
小さい塊

administer
[ədmínistər]

(国・政府・団体などを)治める・処理する・(薬を)与える
ad(〜に)➡〜にminister(大臣・召使い)として働く

administration
[ədmìnəstréiʃən]

管理・運営・政権
ation(名詞化)

diminish
[dimíniʃ]

小さくする・減らす
di=dis(離す)➡小さくして離す

diminution
[dìmənjúːʃən]

減少・縮小
tion(名詞化)

diminutive
[dimínjutiv]

小さい・小型の
tive(形容詞化)

maj・mag・max 【大きい】

ラテン語*magnus*（大きな・多数の・重要な）より

major
[méidʒər]

大部分の・過半数の・主要な

majority
[mədʒɔ́:rəti]

大多数・過半数
ity（名詞化）

majesty
[mǽdʒəsti]

王者の威厳・荘厳さ・陛下
y（名詞化）➡偉大なこと

magnify
[mǽgnəfài]

大きく見せる・拡大する・誇張する
ify（動詞化）

magnate
[mǽgneit]

有力者・大物
ate（名詞化）

magnitude
[mǽgnətjù:d]

大きさ・規模・マグニチュード
tude（名詞化）

magnificent
[mægnífəsnt]

壮大な・堂々たる・偉大な
fi（為す）／ent（形容詞化）➡偉大なことを為した

magnanimous
[mægnǽnəməs]

度量の大きい・寛大な
ani（魂）／ous（形容詞化）➡偉大な魂を持った

magniloquent
[mægníləkwənt]

大言壮語の
loq（話す）／ent（形容詞化）➡大きくしゃべる

maxim
[mǽksim]

格言・金言
ラテン語*prōpositiō maxima*（最大の前提）の略に由来

maximal
[mǽksəməl]

最大限の・最高の
al（形容詞化）

181

plus 【より多くの】
ラテン語*plūs*（より多くの数）より

---

plus
[plʌ́s]

～を加えた・プラスの

surplus
[sə́:rplʌs]

残り・余り・剰余金
sur＝super（超えた）➡超えたより多くのもの

plural
[plúrəl]

複数形
al（名詞化）➡より多くのもの

pluripotent
[plùripóutənt]

（生物）多能性の
potent（能力がある）➡より多くの能力の
cf. IPS細胞＝induced pluripotent stem cells（人工多能性幹細胞）

［人間］

hum・hom　【人間・土地】

182

ラテン語*humus*（大地・地方）より
ラテン語*humāre*（埋める・埋葬する）より

---

human
[hjúːmən]

人間・人間の・人間らしい
「地上のもの」が原義

---

humanism
[hjúːmənìzm]

人間主義・人本主義
ism（主義）

---

humanity
[hjuːmǽnəti]

人間性・人類・人道
ity（名：状態）

---

humanitarianism
[hjuːmǽnətéəriənìzm]

人道主義・博愛主義
ism（主義）➡人間であること

---

humane
[hjuːméin]

人間味のある・慈悲深い

---

humanize
[hjúːmənàiz]

人間らしくする・教化する
ize（動詞化）

---

dehumanize
[dihjúːmənàiz]

人間性を奪う・機械化する
de（離れて）／ize（動詞化）➡人間から離れる

---

superhuman
[sùːpərhjúːmən]

人間の域を超えた・超人的な
super（超えた）➡人間を超えた

---

homicide
[háməsàid]

殺人
cide（殺す）➡人を殺すこと

hominid
[hάmənid]

〈人類学〉ヒト
id（名詞化）

homage
[hάmidʒ]

尊敬・敬意・主従の関係
age（名詞化）➡人に仕えること

humor
[hjúːmər]

ユーモア・こっけい
or（名詞化）➡湿ったもの➡気分をよくするもの
乾いた気候のヨーロッパでは、人の気質を左右するのは湿気だ
と考えられてきた。昔、humorは「体液」を意味した。

exhume
[igzjúːm]

（死体を）発掘する・復活させる
ex（外に）➡土地から外に出す

inhume
[inhjúːm]

（死体を）埋葬する
in（中に）➡土地の中に入れる

humble
[hʌ́mbl]

身分の低い・粗末な・謙虚な
地面低く暮らす➡質素な

humid
[hjúːmid]

湿った
id（形容詞化）➡地面に置かれた（低い地面の上は湿っていて水
蒸気が多いので）

humidify
[hjuːmídəfài]

湿らせる
ify（動詞化）➡地面に置く（低い地面の上は湿っていて水蒸気が多いので）

humiliate
[hjuːmílièit]

侮辱する
ate（動詞化）➡相手を低いところ（地面）に置く

humility
[hjuːmíləti]

謙遜・謙虚・卑下
ity（名：状態）➡自分を低いところ（地面）に置いた状態

posthumous
[pástʃuməs]

死後に起こる・父親の死後生まれた
post（後に）➡自分を低いところ（地面）に置いた状態の後に➡死んだ後の

183

anthrop 【人間】
古ギリシャ語 *ánthrōpos*（人間）より

---

anthropology
[ǽnθrəpάlədʒi]

人類学
logy（学問）

---

anthropoid
[ǽnθrəpɔ̀id]

人間に似た・類人の
oid（似た）

---

misanthropy
[misǽnθrəpi]

人間嫌い
mis＝miso（嫌う）

---

philanthropist
[filǽnθrəpist]

博愛主義者
phil（愛する）／ist（名：人）➡人を愛する人

184

proper・propri 【自分自身】
ラテン語 *proprius*（自分の・独自の・適当な）より

---

proper
[prάpər]

適切な・固有の
自分のもの➡自分に適した

---

improper
[imprάpər]

不適切な・不道徳な
im＝in（否定）

---

property
[prάpərti]

財産・不動産・特性
ty（名詞化）➡自分のもの➡所有物

propriety
[prəpráiəti]

礼儀正しさ・適切さ
ty（名詞化）➡自分のもの➡自分に適したもの➡適切さ➡たしなみの良さ

appropriate
[əpróupriət]

適した・ふさわしい
ap＝ad（〜に向かって）／ate（形容詞化）➡それ自身に向けて
作った

expropriate
[ekspróuprièit]

（私有地・財産を）徴用する
ex（外に）／ate（動詞化）➡自分の外に出す➡奪う

185	esse・s・es	【ある・存在する】
	ラテン語*esse*（ある・存在する）より	

---

essence
[ésns]

本質・真髄・エキス
ence（名詞化）➡存在するもの➡本質的に不可欠なもの

quintessence
[kwintésns]

本質・真髄
quint（5）➡哲学の五大元素である気・地・水・火とその外にある
と考えられていたもの

essential
[isénʃəl]

必須の・本質的な
al（形容詞化）

absence
[ǽbsəns]

不在・欠席
ab（離れて）／ence（名詞化）➡離れて存在すること➡目の前にないこと

absent
[ǽbsənt]

不在の・欠席の
ent（形容詞化）

absentminded
[ǽbsəntmáindid]

ぼんやりした・上の空の
minded（〜な心の）➡心が不在な

presence
[prézns]

存在・出席
pre（前に）／ence（名詞化）➡目の前にあること

present
[préznt]

贈り物をする・提出する
pre（前に）／ent（動詞化）➡目の前にあるようにする

presentation
[prèzəntéiʃən]

贈呈・提出・公開・プレゼンテーション
ation（名詞化）

represent
[rèprizént]

表す・象徴する・代理する
pre（前に）➡目の前にあるようにする

representative
[rèprizéntətiv]

（米国の）下院議員・代理人
ative（名詞化）
cf. senator（上院議員）

entity
[éntəti]

存在物・統一体
ity（名詞化）➡存在するもの

interest
[íntərəst]

興味・利子・興味を持たせる
inter（間に）／t（名詞化）➡間にある（もの）➡利害関係を持つ（もの）

disinterest
[disíntərist]

無関心・公平無私
dis（否定）➡興味のないこと

186

bio 【命】
古ギリシャ語 **bíos**（生命）より

biology
[baiáládʒi]

生物学・生態学
logy（学問）

biography
[baiágrəfi]

伝記
graph（書く）／y（名詞化）➡ 人の生涯を書いたもの

autobiography
[ɔːtoubaiágrəfi]

自叙伝
auto（自分）／graph（書く）／y（名詞化）➡ 自分の生涯を書いたもの

antibiotic
[æntibaiátik]

抗生物質
anti（反する）

biomass
[báioumæs]

生物量・バイオマス
mass（集まり）➡ 生物の集まり

biohazard
[bàiouhæzəd]

生物学的有害物質・バイオハザード
hazard（危機）➡ 生物の危機

microbe
[máikroub]

微生物・病原菌
micro（小さな）➡ 小さな生き物

187

vig 【元気】
ラテン語 *vigēre*（元気である・繁栄している）より

---

vigor
[vígər]

活力・元気・気力

vigorous
[vígərəs]

元気いっぱいの・はつらつとした
ous（形容詞化）

invigorate
[invígərèit]

元気づける・活気づける
in（中に）／ate（動詞化）➡ vigor（元気）の中に入れる

vigil
[vídʒəl]

徹夜・寝ずの番
元々はラテン語*vigilia*（起きていること）が語源で、*vigére*（元気である・繁栄している）と語源学的に親戚。

vigilant
[vídʒələnt]

油断しない・警戒中の
ant（形容詞化）

vegetate
[védʒətèit]

（植物が）生長する
ate（動詞化）➡活気づける

vegetable
[védʒətəbl]

野菜
able（形：可能）➡生きて成長することが可能なもの

vegetarian
[vèdʒətériən]

菜食主義者・ベジタリアン
ian（名詞化）

vegan
[víːgən]

完全菜食主義者・ビーガン
vegetableもしくは**vegetarian**の略

188

pop・pub 【人々】
ラテン語*populus*（国民・人民）より

---

popular
[pápjulər]

人気のある・大衆的な
一般の人々の評判が良い➡大衆的な

population
[pápjuléiʃən]

人口・住民数
ation（名詞化）

depopulate
[diːpápjulèit]

（虐殺・疫病などで）人口を激減させる
de（下に）／ate（動詞化）➡人口を下にする

publish
[pʌbliʃ]

発表する・出版する
ish（動詞化）➡人々のものにする➡公にする

publicize
[pʌbləsàiz]

公表する・広告する
ize（動詞化）➡人々のものにする➡公にする

public
[pʌblik]

公の・公共の
「人民の」が原義

pub
[pʌb]

パブ・大衆的な酒場
public house（大衆的な酒場）の略

republic
[ripʌblik]

共和国
re（もの）➡人々のもの
このreは接頭辞ではなくラテン語の*rēs*（もの）という語に由来。

---

demo・dem　　【民・人々】
古ギリシャ語*demos*（国・人民）より

demos
[díːmɑs]

（古代ギリシャの）大衆・市民

democracy
[dimákrəsi]

民主主義・民主主義国
cracy（政治）➡人民主権の政治

demography
[dimágrəfi]

人口統計研究
graph（書く）／y（名詞化）➡人民の数を書くこと

demagogue
[déməgàg]

扇動者・デマゴーグ
agogue（導く）➡人民を導く人

endemic
[endémik]

風土病・風土性の

en（中に）／ic（名詞化・形容詞化）➡特定の人々の中だけの病気（の）

epidemic
[èpədémik]

伝染病・流行・伝染性の

epi（間に）／ic（名詞化・形容詞化）➡人々の間に広がる病気（の）

pandemic
[pændémik]

パンデミック・（病気が）全地域にわたる

pan（すべて）／ic（名詞化・形容詞化）➡すべての地域の人々の病気（の）

190

pat・patr・pa 【父】

ラテン語*pater*（父・先祖・貴族）より
古ギリシャ語*páppas*（パパ）より

---

paternity
[pətə́:rnəti]

父性・父であること

ity（名詞化）

paternal
[pətə́:rnl]

父の

al（形容詞化）

expatriate
[ekspéitriət]

国外居住者・駐在員

ex（外に）／ate（名詞化）➡父なる国の外に出た人

repatriate
[ri:péitrièit]

本国送還する

re（元に）／ate（動詞化）➡父なる国の元に返す

patrician
[pətríʃən]

元老院議員・貴族・パトリキ

ian（名:人）➡貴族の父

patriot
[péitriət]

愛国者

「父なる国を愛する人」が原義

compatriot
[kəmpéitriət]

同胞・同国人

com（共に）➡共に父なる国を愛する人々

patricide [pǽtrəsàid]	父殺し **cide**（殺す）
patron [péitrən]	後援者・パトロン・常得意客 **on**（名詞化）➡父のような保護者
patriarchy [péitriɑ̀rki]	父権制・家父長制 **arch**（支配）／**y**（名詞化）
patrimony [pǽtrəmòuni]	世襲財産 **mony**（状態）➡父から受け継いだ状態
repair [ripéər]	（大勢で）赴く・行く **re**（再び）➡再び父なる国に帰る
pope [póup]	教皇・ローマ法王 「父」が原義
papa [pάːpə]	パパ 「父」が原義
papal [péipəl]	ローマ教皇の **al**（形容詞化）
pattern [pǽtərn]	模様・図柄・模範・パターン 「父のように真似されるべきもの」が原義

形容詞

人間

人間の心

人間の行為・知覚

人体

自然

その他の名詞

285

mat・matr 【母】
ラテン語*māter*（母・養母・源）より

---

maternity
[mətə́:rnəti]

母性
ity（名詞化）
cf. maternity leave（出産休暇）

---

maternal
[mətə́:rnl]

母の
al（形容詞化）

---

alma mater
[ɑ́:lmə mɑ́:tər]

母校・校歌
alma（実り豊かな・慈悲深い）➡養母の
元来は古代ローマ人か地母神であるCeres（ケレス）とCybele
（キュベレ）に対して与えた異名。

---

matricide
[mǽtrəsàid]

母殺し
cide（殺す）

---

matrix
[méitriks]

母体
ix（名詞化）➡母の子宮

---

matron
[méitrən]

寮母・婦長
on（名詞化）

---

matriculate
[mətríkjulèit]

（大学への）入学を許可する
ate（動詞化）➡登録する
意味に関してはギリシャ語の*metra*（登録する）という語の影響が
あり、*metra*は同じ綴りで「子宮」という別の意味の語もあったた
め、ラテン語に入り混同された。

matrimony
[mǽtrəmòuni]

結婚・夫婦関係
mony（状態）➡ 母という状態になること

matriarchy
[méitriàrki]

母権制・母系社会
arch（支配）／**y**（名詞化）

metropolis
[mitrápəlis]

大都市・主要都市
polis（都市）➡ 母なる都市

metropolitan
[mètrəpálitən]

大都市の・本国の・大都市の住民
an（形容詞化・名詞化）

mother
[mʌðər]

母・母のように世話する

motherly
[mʌðərli]

母の・母親らしく
ly（形容詞化・副詞化）

motherland
[mʌðərli]

母国
land（土地）➡ 母なる土地

192

pedi・pedo 【子】
古ギリシャ語 *paîs*（子）より

pediatrics
[piːdiǽtriks]

小児科
ics（名：学問）

pedophilia
[piːdəfíliə]

子どもに対する異常性欲
phil（愛する）／**ia**（名詞化）

pedology
[pidálədʒi]

育児学
logy（名：学問）

fili 【息子】
ラテン語*filius*（息子）より

filial
[fíliəl]

子の・雑種の
al（形容詞化）

filiation
[filiéiʃən]

子であること・由来・派生関係
ation（名詞化）

affiliate
[əfílièit]

（人・施設などを）会員にする・支部にする・支部・分会
af=ad（〜に）／ate（動詞化・名詞化）➡息子にする（もの）

civ 【市民】
ラテン語*cīvis*（市民）より

civil
[sívəl]

市民の・民間の・親切な・礼儀正しい
il（形容詞化）

civilian
[sivíljən]

一般市民・文民
ian（名詞化）

citizen
[sítəzən]

市民・公民
元は古フランス語の*citeain*（*cite*：都市＋*ain*：人）という形が、母音と母音の結合を避けるため、間に**z**かアングロフランス語以来入った。

civics
[síviks]

市政学・公民科
ics（名：学問）

citizenship
[sítəzənʃìp]

市民権
ship（資格）➡市民の資格

civilize
[sívəlàiz]

教化する・啓蒙する・文明化する
ize（動詞化）➡civil（礼儀正しい）にする

civilization
[sìvəlizéiʃən]

文明
ation（名詞化）

city
[síti]

都市・都会・市
「市民のいる状態」が原義

citadel
[sítədl]

砦・要塞
el（指小辞：小さい）➡小さな町

195

na・gna 【生まれる】
ラテン語*nātus*（生まれた・生じた）より

Renaissance
[rénəsùns]

ルネサンス・文芸復興
Re（再び）➡再び生まれること

nature
[néitʃər]

自然・本来の姿・本質
「生まれたままの形」が原義

natural
[nǽtʃərəl]

自然の・当然の・生まれながらの・生まれながらに才能のある人
al（形容詞化・名詞化）

unnatural
[ʌnnǽtʃərəl]

不自然な・人為的な
un（否定）／al（形容詞化）

supernatural
[sù:pərnǽtʃərəl]

超自然的な・超常現象
super（超えた）／al（形容詞化・名詞化）

naturalize
[nǽtʃərəlàiz]

市民権を与える・帰化させる
ize（動詞化）➡その国の生まれとする

natal
[néitl]

誕生の・出生地の
al（形容詞化）

naive
[nɑːíːv]

愚直な・騙されやすい・素朴な
「生まれたままの」が原義

innate
[inéit]

生来の・先天的な・固有の
in（中に）／ate（形容詞化）➡中に持って生まれた

nascent
[nǽsnt]

初期の・生まれようとしている
ent（形容詞化）➡生まれたときの

renascent
[rinǽsnt]

元気を盛り返そうとしている
re（再び）／ent（形容詞化）➡再び生まれる

nation
[néiʃən]

国家
ion（名詞化）➡生まれること

national
[nǽʃnl]

全国的な・国家の・（特定の国の）市民
al（形容詞化・名詞化）

nationalism
[nǽʃənəlìzm]

愛国心・国粋主義
ism（主義）➡国を想う考え

nationality
[nǽʃənǽləti]

国籍
ity（名詞化）

international
[intərnǽʃənl]

国際的な・国家間の
inter（間の）／al（形容詞化）➡nation（国家）の間の

denationalize
[dinǽʃənəlàiz]

民営化する・国籍を奪う
de（離れて）／ize（動詞化）➡国の手から離す

native
[néitiv]

（ある国に）生まれ育った・生まれつきの
「生まれたままの」が原義

pregnant
[prégnənt]

妊娠した
pre（前に）／ant（形容詞化）➡生まれる前の

cognate
[kágneit]

〈言語〉同系の・同語源の・同系の語
co（一緒に）／ate（形容詞化・名詞化）➡一緒に生まれた（もの）

196

gene・gen 【生む・種族・種類】
ラテン語*genus*（血統・種族・性・子孫）より

---

gene
[dʒíːn]

遺伝子
生物を生み出す源

indigenous
[indídʒənəs]

固有の・原種の・生来の
indi＝in（中で）／ous（形容詞化）➡ある地域の中で生まれた➡土着の

generic
[dʒənérik]

一般的な・〈薬〉ジェネリックの
ic（形容詞化）➡種族の➡包括的な

general
[dʒénərəl]

一般的な・全体的な・将軍
種族を導くもの➡指導者

generalize
[dʒénərəlàiz]

一般化する・普及させる
ize（動詞化）

genetic
[dʒənétik]

遺伝の・発生の
cf. genetic engineering（遺伝子工学）

genre
[ʒáːŋrə]

ジャンル・様式・風俗画
フランス語より。「種類」が原義。

genital
[dʒénətl]

生殖器の
al(形容詞化)➡生み出すものの

genteel
[dʒentíːl]

上品ぶった・気取った
フランス語より。原義は「上流階級の生まれの」

gentile
[dʒéntail]

非ユダヤ人の・部族の
ile(形容詞化)➡部族の
元々は「部族の」という意味か、古くから「ローマ市民でない」など
の意味を経て、「(ユダヤ教ではなく)キリスト教の信念を持つよ
う育てられた」という意味で「異教徒の」という意味を帯びた。

eugenics
[juːdʒéniks]

優生学
eu(良い)／**ics**(学問)➡人類の遺伝的素質を良くすることを研究する学問

generate
[dʒénərèit]

発生する・生じる
ate(動詞化)

degenerate
[didʒénərèit]

退化する・堕落する
de(下に)／**ate**(動詞化)➡種族の特色を落とす

regenerate
[ridʒénərèit]

〈生物〉(失った部分を)再生する・刷新する
re(再び)／**ate**(動詞化)➡再び**generate**(生じる)

congenial
[kəndʒíːnjəl]

(人が)同じ気質を持った
con＝**com**(共に)／**al**(形容詞化)➡生まれを共にする

genocide
[dʒénəsàid]

虐殺
cide(殺す)➡一種族を殺すこと

gender
[dʒéndər]

性・性別
「生まれながらの性質」が原義

engender
[indʒéndər]

(感情・状態などを)生む
en(中で)➡中で生じる

progeny
[prádʒəni]

子孫・子どもたち

pro(前に) ➡ 自分の前に生まれる者

＊このproは「時間の流れにおいて前[昔]に生まれる」ではなく、日本語で言う「面前」の「前」の意味

progenitor
[proudʒénətər]

先祖・創始者

pro(前に)／**or**(名：〜するもの) ➡ 前に生み出すもの

genesis
[dʒénəsis]

起源・発生

cf. Genesis(創世記)

genius
[dʒíːnjəs]

天才・天賦の才能

守護神 ➡ 神とその御業に守られた遺伝子 ➡ 生まれもった才能

engine
[éndʒin]

エンジン

en(中に) ➡ 生まれながらの才能 ➡ 才能の産物 ➡ 道具・武器

＊この場合のgineはgenius(才能)の意味

engineer
[èndʒiníər]

技術者・技師

eer(名：人) ➡ 生まれながら才能を持つ人

ingenious
[indʒíːnjəs]

利口な・器用な・工夫した

in(中に)／**ous**(形容詞化) ➡ 才能の中に生まれた

genealogy
[dʒìːniǽlədʒi]

系譜・系図

logy(学問) ➡ 生まれたものに関する学問

genial
[dʒíːnjəl]

温和な・親切な

al(形容詞化) ➡ 生まれの良い

generous
[dʒénərəs]

気前の良い・寛大な

「生まれの良い」が原義

homogeneous
[hòumədʒíːniəs]

同種の・均質の
homo（同じ）／ous（形容詞化）➡同じ種の

heterogeneous
[hètərədʒíːniəs]

異種の・異質の
hetero（異なる）／ous（形容詞化）➡異なる種の

generosity
[dʒènərásəti]

寛大・寛容・気前の良さ
sity（名詞化）

genuine
[dʒénjuin]

正真正銘の・真の
「生まれつきの」が原義

gentle
[dʒéntl]

優しい・親切な
同じ種の➡良い家系の➡育ちの良い

gentleman
[dʒéntlmən]

紳士
man（男）➡育ちの良い男性

jaunty
[dʒɔ́ːnti]

粋な・軽快な・颯爽とした
同じ種の➡良い家系の➡育ちの良い

197

gamy 【結婚・繁殖】
古ギリシャ語*gámos*（結婚）より

---

monogamy
[mənágəmi]

一夫一妻婚・一夫一妻制
mono（1）➡1人の男性と1人の女性が婚姻すること

bigamy
[bígəmi]

重婚・重婚罪
bi（2）

polygamy
[pəlígəmi]

一夫多妻制・一妻多夫制
poly（多い）

autogamy
[ɔ:tágəmi]

自家受粉・自家生殖
auto(自分で)

allogamy
[əlágəmi]

他花受粉・交雑受粉
allo(異形の)

198

cre・cr 【創造する・成長する】
ラテン語*creāre*(産む・創造する・もたらす)より

---

create
[kriéit]

創造する・創作する
ate(動詞化)

creature
[krí:tʃər]

生物・動物・人間・被造物
ure(名詞化)➡創造されたもの

recreate
[rékrièit]

気晴らしをさせる・休養させる
re(再び)➡再び英気をつくり出させる

recreation
[rèkriéiʃən]

気晴らし・レクリエーション
ion(名詞化)

accrete
[əkrí:t]

共生する・付着させる
ac＝ad(〜の方に)➡〜の方に成長する➡大きくなる

procreate
[próukrièit]

(子を)つくる・作り出す
pro(前に)➡前に作り出す

increase
[inkrí:s]

増加する・増加
in(上に)➡上に成長する(こと)

decrease
[dikrí:s]

減少する・減少
de(下に)➡下に成長する(こと)

concrete
[kánkri:t]

具体的な・コンクリート
con＝com（一緒に）➡ 1 つのところに生じた（もの）➡固まった
（もの）

crescent
[krésnt]

三日月・三日月の
徐々に丸くなっていくもの（西洋では、三日月は成長のシンボル）
cf. crescent roll（クロワッサン［フランス語］）

crescendo
[kriʃéndou]

次第に大きさが増すこと・〈音楽〉クレッシェンド
徐々に丸くなっていくこと➡だんだん大きくなること（イタリア語より）

decrescent
[dikrésnt]

次第に減少する・（月が）下弦の
de（否定）／ent（形容詞化）➡徐々に欠けていく

excrescent
[ikskrésnt]

異常成長した・余分の
ex（外に）／ent（形容詞化）➡外にはみ出るほど成長した

recruit
[rikrú:t]

募集する・新兵
re（再び）➡再び人員を補充し組織を成長させる（人）

crew
[krú:]

乗組員・船員・一団
成長➡増加➡増員された兵隊

199

spir 【息をする】
ラテン語*spīrāre*（呼吸する・香りを発散する）より

---

aspire
[əspáiər]

熱望する・求める
as＝ad（向ける）➡あるものに息を向ける

inspire
[inspáiər]

鼓舞する・奮起させる・吹き込む
in（中に）➡人の中にやる気を吹き込む

respire [rispáiər]	呼吸する **re**(繰り返し)➡繰り返し息を吸う
perspire [pərspáiər]	汗をかく・発汗する **per**(通して)➡毛穴を通して蒸発する
transpire [trænspáiər]	判明する・起こる・(植物が)蒸散する **trans**(通して)➡通して息を吐く➡明るみに出る
expire [ikspáiər]	期限が切れる・終了する・息を吐き出す **ex**(外に)➡息を外に出し尽くす
conspire [kənspáiər]	共謀する・陰謀を企む **con＝com**(一緒に)➡息を一緒にする➡息を合わせる
conspiracy [kənspírəsi]	共謀・陰謀 **cy**(名詞化)
suspire [səspáiər]	ため息をつく **sus＝sub**(下に)➡下に向かって息をする
spirit [spírit]	魂・精神 息➡命の源
spiritualism [spírit∫uəlìzm]	精神主義・心霊主義 **ism**(主義)
spiracle [spáiərəkl]	空気穴・(クジラの)噴気孔 **cle**(指小辞:小さい)➡小さな息をするためのもの
esprit [esprí:]	才気・機知・エスプリ 「魂・精神」が原義(フランス語より)
sprite [spráit]	妖精 「霊・魂」が原義

sprightly
[spráitli]

(特に高齢者が)活発な・元気の良い
ly（形容詞化）

---

hal 【呼吸する】

ラテン語*hālāre*（吐き出す・発散する）より

---

inhale
[inhéil]

吸い込む・(肺に)吸い込む
in（中に）➡中に息を吸う

---

inhalator
[ínhəlèitər]

(麻酔剤などの)吸入器
or（名：〜するもの）

---

exhale
[ekshéil]

息を吐き出す・(においなどが)発散する
ex（外に）➡外に息を吐く

---

halitosis
[hæˌlətóusis]

〈医学〉口臭
osis（名：病名）

---

flat 【吹く】

ラテン語*flāre*（風が吹く・息が吹く）より

---

conflate
[kənfléit]

融合させる・合成する
con＝com（一緒に）／ate（動詞化）➡一緒に吹く➡混ぜる

---

deflate
[difléit]

しぼませる・(物価を)引き下げる
de（離す）／ate（動詞化）➡吹いて離す➡小さくする

---

deflation
[difléiʃən]

デフレーション・空気を抜くこと
ation（名詞化）

---

inflate
[infléit]

膨らませる・膨張させる
in(中に)／**ate**(動詞化)➡吹き込む

inflation
[infléiʃən]

インフレーション・膨らますこと
ation(名詞化)

flatus
[fléitəs]

〈医学〉鼓腸・腸内ガス

flatulent
[flǽtʃulənt]

腸にガスを生じさせる
ent(形容詞化)

reflate
[rifléit]

再膨張させる
re(再び)／**ate**(動詞化)➡再び吹く

reflation
[rifléiʃən]

リフレーション・通貨再膨張
ation(名詞化)

202

vit・viv 【命・生き生きとした】
ラテン語 ***vīta***(生命・人生)より

---

vitamin
[váitəmin]

ビタミン
amin(アミノ基化合物)➡生物の正常な生理活動に必要なアミン
(窒素を含む有機化合物)
ビタミンは 1912 年、ポーランドの生化学者カシミール・フンクに
よって命名された。

vitality
[vaitǽləti]

生命力・バイタリティ・活力
ity(名詞化)

survive
[sərváiv]

生き残る
sur(越えて)➡困難を越えて生き延びる

survival
[sərváivəl]
生き残ること・残存
al (名詞化)

revive
[riváiv]
生き返る・復活する
re (再び) ➡ 再び生きる

reviviscence
[rèvəvísns]
生き返り・復活
ence (名詞化)

vivid
[vívid]
生き生きとした・活発な
id (形容詞化)

vivisect
[vívisèkt]
生体解剖をする
sect (切る) ➡ 生きたものを切る

vivify
[vívəfài]
生命を与える・活気づける
fy (動詞化)

convivial
[kənvíviəl]
宴会好きの・陽気な
con＝com (一緒に) ／al (形容詞化) ➡ 一緒に生き生きとする

avid
[ǽvid]
熱心な・欲しくてたまらない
「渇望した」が原義

vivacious
[vivéiʃəs]
活発な・陽気な
ous (形容詞化)

viable
[váiəbl]
実行可能な・生存可能な
able (形：可能) ➡ 生きていける

viand
[váiənd]
ごちそう・食品
生きるためのもの

victual
発音注意 [vítl]

食料・糧食
生きるためのもの

203

anim 【命・息・魂】

ラテン語*anima*(そよ風・息・活力・生き物)より
ラテン語*animus*(精神)より

---

anima
[ǽnəmə]

魂・精神・命

---

animal
[ǽnəməl]

動物
「息をするもの」が原義

---

animalcule
[ænəmǽlkju:l]

微小動物
cule＝cle(指小辞:小さい) ➡ 小さい命

---

animate
[ǽnəmèit]

生気を吹きこむ
ate(動詞化) ➡ 息を吹き込む

---

animation
[æ̀nəméiʃən]

アニメーション・活発・生気
ation(名詞化) ➡ 息を吹き込むこと

---

animus
[ǽnəməs]

敵意・悪意
「魂・感情」が原義

---

animosity
[æ̀nəmásəti]

悪意・敵意
「気高い魂」が原義

---

animism
[ǽnəmìzm]

アニミズム
ism(名:信仰) ➡ 自然界のあらゆる事物にanima(霊魂)が宿ると
信じる考え方

animadvert
[ænimædvə́:rt]

非難する・叱責する
advert（向ける）➡気高い魂を向ける

unanimous
[juːnǽnəməs]

満場一致の
un＝uni（1）／ous（形容詞化）➡心を1つにした

magnanimous
[mægnǽnəməs]

寛大な・太っ腹の
magn（偉大な）／ous（形容詞化）➡偉大な魂の

inanimate
[inǽnəmət]

活気のない
in（否定）／ate（形容詞化）➡生気のない

exanimate
[igzǽnəmət]

元気のない・死んだ
ex（外に）／ate（形容詞化）➡命を外に出す➡命を奪われた

equanimity
[ìːkwəníməti]

（緊張時の）落ち着き・平静
equ（等しい）／ity（名詞化）➡等しい魂を持つこと

204

mort・morb 【死・死体・病気】

ラテン語*mors*（死亡・死体）より
ラテン語*morbus*（病気・苦悩）より

---

mortal
[mɔ́:rtl]

死すべき運命の・死の
al（形容詞化）

immortal
[imɔ́:rtl]

不死の・永遠の
im＝in（否定）➡死なない

mortify
[mɔ́:rtəfài]

屈辱を与える・（欲などを）制する
ify（動詞化）➡死なす

mortician
[mɔːrtíʃən]

葬儀屋
ian（名：人）

amortize
[ǽmərtàiz]

清算する・償却する
a＝ad（〜に）／ize（動詞化）➡死に向かう➡消す

mortgage
[mɔ́ːrgidʒ]

抵当・抵当権
gage（誓約）➡死の誓約（支払いを完遂するか、支払いに失敗することで契約が終わることから）

post-mortem
[poustmɔ́ːrtəm]

死後の・事後の
post（後の）➡死んだ後の

mortuary
[mɔ́ːrtʃuèri]

埋葬の・死の・遺体安置所
ary（形容詞化・名詞化）

murder
[mə́ːrdər]

殺す・殺人

morbid
[mɔ́ːrbid]

病的な・不健全な・ぞっとする
id（形容詞化）➡病気の

moribund
[mɔ́ribʌnd]

瀕死の・沈滞している
bund（動作の進行）➡死につつある

rigor mortis
[rígər mɔ́ːrtis]

死後硬直
rigor（筋肉の硬直）

205	necro 【死・死体】
	古ギリシャ語 ***nekrós***（死んだ）より

necrolatry
[nekrɔ́lətri]

死者崇拝・死霊崇拝
latry（崇拝）

necrology [nəkrálədʒi]	死亡告示記事・死亡者名簿 **logy**(収集)➡死を収集したもの
necromancy [nékrəmænsi]	降霊術・魔術 **mancy**(占い)➡死者を使った占い
necrophagous [nəkráfəgəs]	腐肉を食べる **pha**(食べる)／**ous**(形容詞化)➡死肉を食べる
necrophilia [nèkrəfíliə]	死体かん症 **philia**(愛する)➡死体に性的魅力を感じること
necrophobia [nèkroufóubiə]	死亡恐怖症 **phobia**(恐怖症)
necropolis [nekrápəlis]	共同墓地・古墳 **polis**(都市)➡死者の都市
necrosis [nəkróusis]	壊死 **osis**(名:異常状態)➡生体の組織・細胞が死ぬ異常状態

［人間の心］

cor・cord・cour 　【心】
中期英語 *coren*（果芯）より
ラテン語 *cordis*（心臓・心）より

core
[kɔ́ːr]
芯・（物事の）核心
「花芯」が原義

cordial
[kɔ́ːrdʒəl]
心からの
al（形容詞化）

concord
[kánkɔːrd]
一致・調和・和合
con＝com（共に）➡ 同じ心を持つこと

concordance
[kankɔ́ːrdns]
一致・用語索引
ance（名詞化）

discord
[dískɔːrd]
不一致・不和・内輪もめ
dis（否定）➡ 心が対立していること

accord
[əkɔ́ːrd]
一致・和音・一致する・調和する
ac＝ad（〜に）➡ 〜に心を合わせる（こと）

according
[əkɔ́ːrdiŋ]
一致した・〜しだいで
ing（副詞化）

accordion
[əkɔ́ːrdiən]
アコーディオン
「和音の器」が原義

record
[[動]rikɔ́ːrd [名]rékərd]
記録する・記録
re（再び）➡ 再び心に呼び戻す（もの）

courage
[kə́:ridʒ]

勇気
「心の特色とするもの」が原義

courageous
[kəréidʒəs]

勇敢な・度胸のある
ous（形容詞化）

discourage
[diskə́:ridʒ]

落胆させる
dis（否定）➡勇気をくじく

encourage
[inkə́:ridʒ]

勇気づける・奨励する
en（中に）➡人の中に勇気を入れる

heart
[há:rt]

心臓・心・ハート
古英語heorteより

207

psycho 【心・魂】
古ギリシャ語psukhé（魂）より

---

psychology
[saikálədʒi]

心理学
logy（学問）

psychosomatic
[sàikousəmǽtik]

心因性の・心身相関の
somat（身体）／ic（形容詞化）➡心と身体の

path・pat・pass　【情・苦しみ】

古ギリシャ語*páthos*(感情・情熱)より
ラテン語*passiō*(熱情・苦難)より
ラテン語*patiens*(よく耐える)より

sympathy
[símpəθi]

同情・共感
sym＝syn(同じ)／**y**(名詞化)➡同じ情を持つこと

apathy
[ǽpəθi]

無感情・無気力
a(無い)／**y**(名詞化)➡感情が無いこと

antipathy
[æntípəθi]

反感
anti(反する)／**y**(名詞化)➡反発する情を持つこと

empathy
[émpəθi]

感情移入・共感
em＝en(中に)／**y**(名詞化)➡中に感情を入れること

telepathy
[təlépəθi]

テレパシー・精神感応能力
tele(遠い)／**y**(名詞化)➡遠くの観念を伝達すること

pathology
[pəθάlədʒi]

病理学
logy(学問)➡病の苦しみを学ぶこと

pathogen
[pǽθədʒən]

病原菌・病原体
gen(生む)➡苦しみを生むもの

patience
[péiʃəns]

辛抱・我慢・忍耐
ence(名詞化)➡苦しむこと

patient
[péiʃənt]

辛抱強い・忍耐強い・患者
ent(形容詞化・名詞化)

pathetic
[pəθétik]

哀れな・痛ましい・救いようのない
ic(形容詞化)

pathos
[péiθɑs]

悲哀・哀感
「哀しみを持つこと」が原義

psychopath
[sáikəpæθ]

精神病者
psycho（心）➡心が苦しんでいる人

passion
[pǽʃən]

情熱
「（難を受けた）キリストの十字架の苦しみ」が原義

passionate
[pǽʃənət]

情熱的な・官能的な
ate（形容詞化）

impassioned
[impǽʃənd]

情熱の込もった・熱烈な
im＝in（中に）/ed（形容詞化）➡情熱の中にある

passive
[pǽsiv]

受身の・消極的な
ive（形容詞化）➡苦しんでいる➡服従的な

compassion
[kəmpǽʃən]

同情・哀れみ
com（一緒に）/ion（名詞化）➡一緒に苦しむこと

compatible
[kəmpǽtəbl]

仲良くやっていける・互換性のある
com（一緒に）/ible（形:可能）➡一緒に苦しんでもいいと思える

incompatible
[inkəmpǽtəbl]

和合しない・互換性のない
in（否定）

209
vol 【意志・意図】
ラテン語*velle*（欲する・望む）より
古英語*wyllan*（欲する・意図する）より

volunteer
[vὰləntíər]

志願者・志願兵・ボランティア
eer（名:人）

308

voluntary [váləntèri]	自発的な・任意の・随意の **ary**(形容詞化)
involuntary [inváləntèri]	無意識の・何気ない **in**(否定)
volition [voulíʃən]	意欲・意志作用・意志力 **ition**(名詞化)
voluptuous [vəlʌ́ptʃuəs]	享楽的な・淫らな・好色な **ous**(形容詞化)➡自分の意志でやる➡乗り気の➡快感を伴う
benevolence [bənévələns]	慈善の心・博愛 **bene**(良い)／**ence**(名詞化)➡良い意志
malevolence [məlévələns]	悪意・憎悪 **mal**(悪い)／**ence**(名詞化)➡悪い意志
will [wíl]	意志・意志力・願望・遺言・〜だろう
willing [wíliŋ]	〜する気がある **ing**(形容詞化)➡する意志のある

210

dox・dog 【意見】

古ギリシャ語 *dóxa*（意見）より
古ギリシャ語 *dógma*（意見・信条）より

---

doxy [dáksi]	（宗教上の）説・教義 **y**(名詞化)
orthodox [ɔ́:rθədàks]	正統の・公認の **ortho**(正しい)➡正しい意見の

heterodox
[hétərədɑ̀ks]

異端の
hetero（異なった）➡異なった意見の

paradox
[pǽrədɑ̀ks]

逆説・パラドックス
para（逆）➡逆の意見

doxology
[dɑksɑ́lədʒi]

（キリスト教）頌栄・栄唱
log（言葉）➡良いと思われる言葉➡神を讃える歌

dogma
[dɔ́ːgmə]

教義・信条・定説・独断
「良いと思われるもの（意見）」が原義

dogmatize
[dɔ́ːgmətàiz]

独断的な主張をする
tize（動詞化）

211

neg 【否定する】
ラテン語*negāre*（否定する・拒絶する）より

---

negate
[nigéit]

否定する・無効にする
ate（動詞化）

negative
[négətiv]

否定の・消極的な
tive（形容詞化）

negotiate
[nigóuʃièit]

交渉する
ot（余暇）／ate（動詞化）➡余暇を否定する➡仕事をする

abnegate
[ǽbnigèit]

（教義などを）放棄する・捨てる
ab（離れる）／ate（動詞化）➡否定して離れる

renegade
[rénigèid]

裏切り者・変節者
re（後ろに）➡否定して後ろに行く者

cred・grant 【信じる】
ラテン語*crēdere*（任せる・信用する）より

credit [krédit]	功績とする・信用・名声・信憑性 「信用できること」が原義
creditor [kréditər]	債権者 or（名：人）➡credit（信用する）する人
accredit [əkrédit]	認可する・（使節などを）派遣する ac＝ad（～を）➡～を信用する
incredible [inkrédəbl]	信じられない・すごい in（否定）／ible（形：可能）➡信用できない
discredit [diskrédit]	疑う・評判を落とす dis（否定）➡信じない
credence [krí:dəns]	信用・信頼 ence（名詞化）
credulous [krédʒuləs]	信じやすい ous（形容詞化）
credential [kridénʃəl]	信任状・保証書 ial（名詞化）
creed [krí:d]	信条・主義
credo [krí:dou]	信条・〈キリスト教〉使徒信条 「私は信じる」が原義

grant
[grǽnt]

与える・授ける・認める
「信じる」が原義。gの綴りはアングロフランス語を経由して英語化したためと思われる。

---

fide 【信じる・約束】

ラテン語*fidēs*（信頼・約束）より
ラテン語*fidēre*（信頼する）より

---

fidelity
[fidéləti]

厳守・正確・忠実
ity（名詞化）➡信頼➡忠実

---

hi-fi
[háifái]

ハイファイ*
high fidelity（高忠実度）の略。
*ハイファイ：ラジオや録音の再生装置の音が極めて原音に近いこと

---

infidelity
[ìnfədéləti]

不誠実・不貞
in（否定）

---

bona fide
[bóunə fàid]

真実の・本物の・善意の
bona（良い）➡良い信念を持った

---

affiance
[əfáiəns]

婚約させる
af＝ad（〜に向けて）／ance（動詞化）➡〜に向けて委ねる

---

affidavit
[æfidéivit]

宣誓供述書
af＝ad（〜に向けて）➡〜に向けて誓いを立てること

---

confide
[kənfáid]

信頼する・秘密を打ち明ける
con＝com（共に）➡お互いに信じ合う

---

confident
[kánfədənt]

確信した・自信のある
ent（形容詞化）➡信じて

---

confidential
[kànfədénʃəl]

機密の・秘密の
ial（形容詞化）➡相互に信頼した間の

self-confidence
[sèlf kánfədəns]

自信
self（自分に対して）➡自分を信じること

perfidy
[pə́:rfədi]

背信・裏切り
per（通して）➡信念を通り過ぎること

defy
[difái]

無視する・反抗する
de（分離）➡信じることから離れる

defiant
[difáiənt]

挑戦的な・ふてぶてしい
ant（形容詞化）➡反抗的な

diffident
[dífədənt]

自信がない・気後れする
dif＝dis（離れた）／ent（形容詞化）➡自信から離れた

faith
[féiθ]

信頼・信用
「信念」が原義

fealty
[fíːəlti]

（領主・君主に対する）忠誠
「信念」が原義

fiance
[fìːɑːnséi]

フィアンセ・婚約中の男性
「約束・婚約」が原義

fiancée
[fìːɑːnséi]

フィアンセ・婚約中の女性
「約束・婚約」が原義

federal
[fédərəl]

連合の・連邦の・同盟の
al（形容詞化）➡信頼し合った

federation
[fèdəréiʃən]

連邦政府・連合
ation（名詞化）

confederation
[kənfèdəréiʃən]

連邦・連合・同盟
con＝com（共に）➡共に同盟を結ぶこと

| 214 | phil 【愛する】 |
| 古ギリシャ語*philos*（愛された）より |

---

hemophilia
[hìːməfíliə]

血友病
hemo（血）／ia（名：病気）➡血を愛す病気

bibliophile
[bíbliəfàil]

愛書家・蔵書家
biblo（紙）➡本を愛す人

philology
[filálədʒi]

文献学
log（言葉）➡言葉を愛すること

philately
[filǽtəli]

切手収集
a（無い）／te（税金）➡切手を愛すること（ateの部分はギリシャ語*ateleia*より。これは税が免除されることを意味する。昔は、郵便物は受取人が送料を払う習慣があり、切手は前払いの証明だった）

philharmonic
[fìlhaːrmánik]

音楽愛好の・音楽協会
harmon＝harmony（調和）／ic（形容詞化・名詞化）➡調和を愛す（もの）

| 215 | ami・amo・em 【愛する・友】 |
| ラテン語*amāre*（愛する）より |
| ラテン語*amīcus*（友・後援者）より |

---

amateur
[ǽmətʃùər]

アマチュア・愛好家
eur（名：人）➡愛する人

amiable
[éimiəbl]

人に好かれる・感じの良い・社交的な
able（形：可能）➡愛すことが可能な

amicable
[ǽmikəbl]

友好的な・平和的な
able（形：可能）➡愛すことが可能な

amity
[ǽməti]

（国家間の）友好・親善
ity（名詞化）

amorous
[ǽmərəs]

好色な・惚れ込んでいる・色っぽい
ous（形容詞化）➡愛した

enamor
[inǽmər]

夢中にさせる
en（中に）➡愛の中に入れる➡愛させる

inamorato
[inæ̀mərá:tou]

（男の）恋人・情夫
in（中に）／ato（イタリア語接尾辞：男性形）➡愛の中にいる男

inamorata
[inæ̀mərá:tə]

（女の）恋人・情婦
in（中に）／ata（イタリア語接尾辞：女性形）➡愛の中にいる女

enemy
[énəmi]

敵
en＝in（否定）➡友（愛するもの）でないもの

enmity
[énməti]

憎悪・対立
ity（名詞化）

inimical
[inímikəl]

不利な・有害な・非友好的な
in（否定）／al（形容詞化）➡友（愛するもの）でない

ero 【愛】
古ギリシャ語*erōs*(愛)より

Eros
[íərɑs]

エロス*・性愛
*エロス：ギリシャ神話の愛の神

erogenous
[irádʒənəs]

性的に敏感な・催淫性の
gen(生む)／ous(形容詞化)

eroticism
[irátəsìzm]

好色・エロチシズム
ism(名詞化)

erotology
[èrətálədʒi]

好色文学
logy(学問)

erotomania
[iròutəméiniə]

淫乱症・色情狂
mania(名：熱狂)

erotica
[irátikə]

性愛文学・エロ本

erotic
[irátik]

エロチックな・色情的な
ic(形容詞化)

peat・pet 【求める】
ラテン語*petere*(向かう・追う・要求する)より

repeat
[ripíːt]

繰り返す
re(再び) ➡ 再び求める

repeatedly
[ripí:tidli]

繰り返して
ly（副詞化）

compete
[kəmpí:t]

競う・競争する
com（一緒に）➡ 2 人が一緒に求める

competition
[kàmpətíʃən]

競争・争い
ition（名詞化）

appetite
[ǽpətàit]

食欲
ap＝ad（〜に向かって）➡ 何かに向かって求めること➡欲望

appetizer
[ǽpətàizər]

前菜・食前酒
zer（名：〜するもの）➡ 欲望を刺激するもの

petition
[pətíʃən]

請願書・陳情書
ition（名詞化）➡ 何かを求めるもの

repetition
[rèpətíʃən]

反復・復唱
re（繰り返し）／ition（名詞化）➡ 何かを繰り返し求めること

perpetual
[pərpétʃuəl]

永久の・絶え間無い
per（通して）／al（形容詞化）➡ 通して求める➡継続的な

impetus
[ímpətəs]

起動力・勢い・はずみ
im＝in（〜に向かって）➡ 向かって求めてくるもの

impetuous
[impétʃuəs]

衝動的な・激しい
ous（形容詞化）➡ 向かって求めてくる

appetence
[ǽpətəns]

強い欲望・欲求
ap＝ad（〜に向かって）／ence（名詞化）➡ 何かに向かって求めること

petulant
[pétʃulənt]

短気の・怒りっぽい
ant（形容詞化）➡ 何かを求めた➡いらいらした

317

quest・quir・quer・quisit 【求める】
ラテン語*quaerere*(捜し求める・尋問する)より

---

quest
[kwést]

探求・探索
「求めること」が原義

---

query
[kwíəri]

疑問・質問・疑惑
「求めること」が原義

---

question
[kwéstʃən]

質問・問い
tion(名詞化)➡答えを求めること

---

questionable
[kwéstʃənəbl]

疑わしい・いかがわしい
able(形:可能)➡質問になりうる

---

questionnaire
[kwèstʃənéər]

アンケート・質問用紙
aire(名詞化)
cf. カタカナ語の「アンケート」はフランス語の*enquête*より。これ
は英語の**inquest**にあたる。

---

request
[rikwést]

要請する・頼む・要請・要望
re(繰り返し)➡繰り返し求める➡強く求める(こと)

---

require
[rikwáiər]

要求する・必要とする
re(繰り返し)➡繰り返し求める➡強く求める

---

requirement
[rikwáiərmənt]

要件・必需品
ment(名詞化)

---

inquire
[inkwáiər]

調査する・尋ねる
in(中に)➡中に求めて入っていく

---

inquiry
[inkwáiəri]

調査・質問
y（名詞化）

inquest
[ínkwest]

査問・（失敗などの）原因の究明
in（中に）➡中に求めて入っていくこと

acquire
[əkwáiər]

獲得する
ac＝ad（〜に向かって）➡何かに向かって行き、求めているものを得る

acquisition
[ækwizíʃən]

獲得・（企業の）買収
tion（名詞化）

disquisition
[dìskwəzíʃən]

詳論・論文
dis（分離）／tion（名詞化）➡あちこちに求めること➡いろいろな
ところまで調べられた論題

conquer
[káŋkər]

征服する・打ち勝つ
con＝com（完全に）➡求めて手に入れる

conquest
[kánkwest]

征服・克服
con＝com（完全に）➡求めて手に入れること

exquisite
[ikskwízit]

非常に美しい・見事な
ex（十分に）／ite（形容詞化）➡十分に探し求められた➡絶妙な

inquisitive
[inkwízətiv]

探求的な・詮索好きの
in（中に）／ive（形容詞化）➡中に求めて入っていった

perquisite
[pə́:rkwəzit]

臨時収入・チップ
per（完全に）／ite（名詞化）➡完全に探し求められたもの➡手に入れたもの

quiz
[kwíz]

簡単な質問をする・クイズ
正式には、語源は不明。ラテン語の疑問詞quis（何）であるという
説と、inquisitiveの中央部から出来たという説がある。

rog 【尋ねる・要求する】

ラテン語*rogāre*（尋ねる・要求する）より

---

rogation
[rougéiʃən]

〈カトリック〉祈願行列
ation（名詞化）➡要求すること

---

rogatory
[rɔ́gətòuri]

査問する
ory（形容詞化）➡尋ねる

---

abrogate
[ǽbrəgèit]

（法令などを）廃止する・やめる
ab（離れて）／ate（動詞化）➡離れるように要求する

---

arrogate
[ǽrəgèit]

（権利などを）横取りする
ar＝ad（〜に）／ate（動詞化）➡〜に要求する

---

arrogant
[ǽrəgənt]

横柄な・尊大な
ant（形容詞化）➡要求した

---

derogate
[dérəgèit]

（権威・評判を）落とす
de（離す）／ate（動詞化）➡離すように要求する➡取り消す

---

interrogate
[intérəgèit]

尋問する・問いただす
inter（〜間で）／ate（動詞化）➡〜間で尋ねる

---

surrogate
[sə́:rəgèit]

代理（として任命されたもの）
sur＝sub（下に）／ate（名詞化）➡下に要求すること➡代理を頼むこと

---

prerogative
[prirágətiv]

特権・特典・特権の
pre（先に）／ive（名詞化・形容詞化）➡先に要求する（こと）

sens・sent 【感じる】

ラテン語 *sentire*（感じる・意味する）より

sense [séns]	感覚・意味・認識
sensual [sénʃuəl]	肉体的感覚の・官能的な **al**（形容詞化）
sensation [senséiʃən]	感覚・大騒ぎ・興奮 **ation**（名詞化）
sensational [senséiʃənl]	世間を騒がせる・すばらしい **al**（形容詞化）
insensate [insénseit]	感覚のない・無情な **in**（否定）／**ate**（形容詞化）➡感じない
sensitive [sénsətiv]	敏感な・神経質な **tive**（形容詞化）
sensible [sénsəbl]	分別のある **ible**（形：可能）
nonsense [nánsens]	無意味・ばかげたこと **non**（無い）➡**sense**（意味）が無いこと
sensor [sénsɔːr]	センサー・感知器 **or**（名詞化）➡感じとるもの
sensory [sénsəri]	感覚上の **ory**（形容詞化）

sensorium
[sensɔ́:riəm]

感覚中枢・感覚器
ium(名：場所)➡感じる場所

extrasensory
[èkstrəsénsəri]

超感覚的な
extra(外の)➡sensory(感覚上の)を越えた

assent
[əsént]

同意する・賛同する・同意
as＝ad(〜に)➡近くに感じる(こと)➡賛成する(こと)

consent
[kənsént]

同意する・同意
con＝com(共に)➡共に感じる(こと)➡同じ気持ちになる(こと)

consensus
[kənsénsəs]

(意見の)一致
us(名詞化)➡同じ気持ちになること

dissent
[disént]

異議を唱える
dis(分離)➡ある考えとは離れたことを感じる

resent
発音注意 [rizént]

腹を立てる・憤る
re(反して)➡反感を覚える

sentence
[séntəns]

文・判決
「感じること・意見」が原義

sentiment
[séntəmənt]

意見・心情・感傷
ment(名詞化)➡感じて生じるもの

sentimental
[sèntəméntl]

感傷的な
al(形容詞化)

presentiment
[prizéntəmənt]

(不吉な)予感
pre(前に)➡物事が起こる前に感じること

scent
[sént]

におい・芳香
「感じる」が原義

grat・gree 【喜ぶ・感謝・恩恵】

ラテン語*grātus*(感謝している・魅力的な)より
ラテン語*grātia*(親切・感謝・恩寵)より

gratify
[grǽtəfài]
満足させる・喜ばせる
ify(動詞化)

gratitude
[grǽtətjùːd]
感謝
itude(名詞化)

grace
[gréis]
優美・美しさ・品位
「楽しませること」が原義

gracious
[gréiʃəs]
親切な・やさしい・優雅な
ous(形容詞化)➡好意を受ける➡感じのよい

graceful
[gréisfəl]
優雅な・上品な
ful(形:満ちた)➡喜びに満ちあふれた

disgrace
[disgréis]
名誉を汚す・不名誉・恥辱
dis(否定)➡**grace**(品位)を奪う(こと)

gratis
[grǽtis]
無料で
「恩恵をもって」が原義

gratuity
[grətjúːəti]
心づけ・祝儀・チップ
「恩恵をもって」が原義

ingratiate
[ingréiʃièit]
機嫌を取る・取り入る
in(中に)／**ate**(動詞化)➡相手を喜びの中に入れる

grateful
[gréitfəl]
感謝した・心地よい
ful(形:満ちた)➡喜びに満ちあふれた

congratulate
[kəngrǽtʃulèit]

祝う・喜ぶ
con＝com（十分に）／ate（動詞化）➡ 十分に喜びを願う

agree
[əgríː]

同意する・賛成する
中期フランス語 *a gre*（楽しい状態で）の短縮形

disagree
[dìsəgríː]

一致しない・争う
dis（否定）➡ 同意しない

222

plore 【泣く・嘆く】

ラテン語 *plōrāre*（泣く・嘆く）より

---

implore
[implɔ́ːr]

懇願する・嘆願する
im＝in（上に）➡ 上に向かって泣きながら頼む

explore
[ikisplɔ́ːr]

探検する・探索する・切り開く
ex（外に）➡ 外に向かって泣く

deplore
[diplɔ́ːr]

遺憾に思う・嘆き悲しむ
de（強意）➡ 強く泣く

223

opt・optim 【望む・選ぶ】

ラテン語 *optāre*（望む・選ぶ）より

---

opt
[ápt]

選択する

optative
[áptətiv]

〈文法〉願望の・願望法*
ive（形容詞化・名詞化）
＊願望法：英語ではlet'sやif onlyなど

adopt
[ədápt]

採用する・養子にする
ad（〜に）➡〜に選ぶ

adoption
[ədápʃən]

採用・養子縁組
ion（名詞化）

co-opt
[kouápt]

（委員などを）選出する
co（一緒に）➡みんなで一緒に選ぶ

optimum
[áptəməm]

最適条件・最適の
ラテン語bonus（良い）の最上級で「最も望ましい」が原義

optimist
[áptəmist]

楽天家・楽天主義者
ist（名：人）➡最も望ましいと考える人

option
[ápʃən]

選択・オプション
ion（名詞化）

optional
[ápʃənl]

随意の・オプションの
al（形容詞化）

[人間の行為・知覚]

dict・dit・dic 【言う】
224
ラテン語*dicere*（言う・示す）より

---

addict
[[動] ədíkt [名] ǽdikt]

〜にふけらせる・中毒者
ad（〜に向けて）➡〜に向けて言う➡同意する➡身を捧げる（人）

---

predict
[pridíkt]

予言する
pre（前に）➡物事が起こるより前に話す

---

contradiction
[kùntrədíkʃən]

否定・反対・矛盾
contra（反する）／ion（名詞化）➡相反することを話すこと

---

benediction
[bènədíkʃən]

祝福
bene（善い）／ion（名詞化）➡善いことを言うこと

---

malediction
[mæ`lədíkʃən]

呪い・中傷
male（悪い）／ion（名詞化）➡悪いことを言うこと

---

valediction
[væ`lədíkʃən]

告別・いとまごい
vale（別れ）／ion（名詞化）➡別れを言うこと

---

edict
[íːdikt]

勅令・命令
e＝ex（外に）➡王が宮廷の外に話すこと

---

dictum
[díktəm]

格言・金言・断言
「言うこと」が原義

---

dictate
[díkteit]

口授する・命令する・口述する
ate（動詞化）

---

diction
[díkʃən]

言葉づかい・発声法

ion（名詞化）

dictionary
[díkʃənèri]

辞書

ary（名：集合体）➡言われるものの集まり➡単語の本

dictator
[díkteitər]

独裁者・口授者

or（名：人）➡言う人➡命令する人

interdict
[íntərdikt]

禁止・（差し止め）命令

inter（間で）➡ある物とある物の間で言うこと➡制限すること

verdict
[və́:rdikt]

評決

ver（真実）➡真実の言葉

condition
[kəndíʃən]

状態・状況・条件・条件づける

con＝com（一緒に）➡一緒に言う（こと）➡一致する（こと）

indite
[indáit]

（演説・伝言などを）書く・綴る

in（中に）➡中に言う➡言葉にする

indict
発音注意 [indáit]

非難する・起訴する

in（〜に向けて）➡〜に向けて言う➡攻撃する

index
[índeks]

（本の）索引・見出し・しるし

in（〜に向けて）➡〜に向けて言うもの➡示すもの

「人差し指」が原義

indicate
[índikèit]

示す・指摘する・ほのめかす

in（〜に向けて）／ate（動詞化）➡〜に向けて言う➡示す

dedicate
[dédikèit]

献身する・奉納する

de（離れた）／ate（動詞化）➡離れたところに向けて言う➡神に身を捧げる

abdicate
[ǽbdəkèit]

（王位を）放棄する
ab（離れた）／ate（動詞化）➡離れることを言う

vindicate
[víndəkèit]

（非難・嫌疑を）晴らす・正しいことを示す
vin＝vim（力）／ate（動詞化）➡力があると言う➡財産所有権を主張する

predicate
[[動] prédəkèit [名] prédikət]

断定する・基礎を置く・述語
pre（前で）／ate（動詞化・名詞化）➡人の前で言う（こと）➡宣言する（こと）

ditto
[dítou]

同上・そっくりなもの
「言われた」が原義（イタリア語の方言より）

preach
[prí:tʃ]

（宗教の教えを）説教する・説く
人の前で言う➡宣言する

---

225 ## log・loc・loq・lect 　　【話す・言葉】

古ギリシャ語*lógos*（演説）より
古ギリシャ語*légein*（話す）より
ラテン語*loqui*（話す）より

---

monologue
[mánəlɔ̀:g]

独り言
mono（1）➡1人でする話

dialogue
[dáiəlɔ̀:g]

対話・会話
dia（間で）➡2人の間てする話

Decalogue
[dékəlɔ̀:g]

モーゼの十戒
deca（10）➡10の話

prologue
[próulɔ̀:g]

プロローグ・序幕・前触れ
pro（前に）➡前に話す言葉

epilogue
[épəlɔ̀:g]

結びの言葉・終章
epi（後で）➡後て話す言葉

catalogue
[kǽtəlɔ̀:g]

カタログ・図書目録
cata（完全に）➡完全に述べるもの

logo
[lóugou]

商標
logotypeの略

logic
[ládʒik]

論理・論理学
「言葉の学問」が原義

apologize
[əpálədʒàiz]

謝る・謝罪する
apo（離れて）➡罪から離れるために言葉を並べる

analogy
[ənǽlədʒi]

類似・相似
ana（対して）➡話と話が対応すること

eulogy
[júːlədʒi]

賛辞・称賛
eu（良い）➡良い言葉

locution
[loukjúːʃən]

（特定の人の）話し方・言い回し
tion（名詞化）

circumlocution
[sə̀ːkəmləkjúːʃən]

婉曲
circum（周りに）➡遠回しに言うこと

interlocutory
[ìntəlɔ́kjutəri]

〈法律〉中間判決の・対話の
inter（間で）／**ory**（形容詞化）➡間で言うことの

allocution
[æ̀ləkjúːʃən]

（公式な）告知・訓戒
al＝ad（〜に向けて）➡〜に向けて話すこと

loquacious
[loukwéiʃəs]

多弁な・話好きな
ous（形容詞化）

eloquent
[éləkwənt]

雄弁な・能弁な
e＝ex（外に）／**ent**（形容詞化）➡外に話した➡はっきりと話した

elocution
[èləkjúːʃən]

演説法・朗読法
e＝ex（外に）／tion（名詞化）➡外に話すこと➡はっきりと話すこと

colloquial
[kəlóukwiəl]

口語の・話し言葉の
col＝com（一緒に）／al（形容詞化）➡人が一緒に話した

colloquialism
[kəlóukwiəlìzm]

口語表現
ism（名：言葉の傾向・特性）

prolocutor
[proulákjutər]

〈英国国教会〉聖職者会議の下院議長
pro（代わりに）／or（名：人）➡代わりに話す人➡代弁者

dialect
[dáiəlèkt]

方言・地方語
dia（間で）➡ある地域の間でのみ話されるもの

226

fess 【話す】
ラテン語*fatēri*（真実であると認める・告白する）より

---

profess
[prəfés]

公言する・言い張る
pro（前で）➡人前で話す

professor
[prəfésər]

教授
or（名：人）➡人前で話す人

profession
[prəféʃən]

専門職・職業・公言
ion（名詞化）➡公言すること

professional
[prəféʃənl]

職業の・プロの
al（形容詞化）

confess
[kənfés]

（罪などを）告白する・認める
con＝com（十分に）➡はっきり話す

fam・fate・fant・fab 【話す・話】

ラテン語*fārī*（話すこと）より
ラテン語*fāma*（報告・噂）より

fame
[féim]

名声・高名
「大衆の意見」が原義

infamy
[ínfəmi]

悪名・不名誉
in（否定）／y（名詞化）

famous
[féiməs]

有名な
ous（形容詞化）

infamous
[ínfəməs]

悪名高い・忌まわしい
in（否定）

fate
[féit]

運命・宿命
「神によって話されたこと」が原義

fatal
[féitl]

致命的な
al（形容詞化）

fatalism
[féitəlìzm]

宿命論
ism（名：思想）➡運命が決まっているという思想

infant
[ínfənt]

幼児・初心者・幼い
in（否定）➡まだ話すことができない（人）

infantry
[ínfəntri]

歩兵
ry（名：集合体）➡戦争の経験のない初心者の集まり（元々、歩兵は下級の部類に属し、おもに戦争の経験のない若者で構成されたため）

defame
[diféim]

中傷する・誹謗する
de（分離）➡人の悪い話を広げる

defamation
[dèfəméiʃən]

名誉毀損・中傷
tion（名詞化）

fable
[féibl]

寓話・作り話
「話」が原義

fabulous
[fǽbjuləs]

信じられない・すばらしい
ous（形容詞化）➡作り話のようにすごい

preface
[préfis]

序文・序論・前置き
pre（前に）➡手前で話すこと

prefatory
[préfətɔ̀ri]

前置きの・序文の
ory（形容詞化）➡手前で話した

affable
[ǽfəbl]

話しやすい・愛想のよい
af＝ad（〜に向かって）／able（形：可能）➡向かって話すことができる

ineffable
[inéfəbl]

言葉で表現できない
in（否定）／ef＝ex（外に）／able（形：可能）➡口の外に出せない
➡言語に絶した

confabulate
[kənfǽbjulèit]

談笑する・（精神病者が）作話する
con＝com（一緒に）／ate（動詞化）➡一緒に話す

confab
[kánfæb]

談笑・おしゃべり
confabulateの略

voc・voke・vouch・vot 【呼ぶ・声】

ラテン語*vocāre*(呼ぶ・唱える)より
ラテン語*vōx*(声)より
ラテン語*vōvēre*(誓約する)より

voice
[vɔ́is]

声・音声

---

vowel
[váuəl]

母音
el(名詞化)

---

vocal
[vóukəl]

声の・よくものを言う・ボーカル
al(形容詞化・名詞化)

---

vocation
[voukéiʃən]

天職・職業
ation(名詞化)➡神の声が命じた仕事

---

avocation
[æ̀vəkéiʃən]

副職・内職
a＝ab(離れて)➡本職から離れること

---

vocabulary
[voukǽbjulèri]

語彙・語集・用語
bul(指小辞:小さい)／ary(名:集合体)➡声に出された小さなものの集合体

---

advocate
[[動] ǽdvəkèit [名] ǽdvəkət]

主張する・提唱する・弁護する・主張者
ad(〜に向かって)／ate(動詞化・名詞化)➡みんなに向かって叫ぶ(人)

---

provoke
[prəvóuk]

挑発する・刺激する・誘発する
pro(前に)➡自分の前に呼び出す

---

revoke
[rivóuk]

無効にする・廃止する
re(元に)➡後ろに呼び戻す➡撤回する

evoke
[ivóuk]

呼び覚ます・喚起する
e＝ex（外に）➡声を出して外に呼びかける

invoke
[invóuk]

（法律などを）発動させる・招来する・（イメージなどを）かき立てる
in（上に）➡上に呼びかける➡天に向かって呼びかける

convoke
[kənvóuk]

（会議などを）召集する
con＝com（一緒に）➡一緒に呼ぶ

equivocal
[ikwívəkəl]

どっちつかずの・曖昧な
equi（等しい）➡両方を等しく呼んだ

vouch
[váutʃ]

保証する
advocateの変形

voucher
[váutʃər]

クーポン・商品引換券
er（名：～するもの）➡保証するもの

avouch
[əváutʃ]

（公然と）主張する・断言する
a＝ad（～に向かって）➡～に向かって声を出す

vow
[váu]

誓う・誓い
声に出す

avow
[əváu]

公言する・認める
a＝ad（～に）➡声に出して誓う

vote
[vóut]

投票する・提案する・投票・得票数
「誓う」が原義

votary
[vóutəri]

信奉者・信心家
ary（名詞化）➡誓った人

votive
[vóutiv]

奉納の・願をかけた
ive（形容詞化）➡誓いに従って捧げられた

claim・clam 【叫ぶ】

ラテン語*clāmāre*（叫ぶ・宣言する）より

claim [kléim]	要求する・主張する・要求 「大声で叫ぶ」が原義
clamor [klǽmər]	やかましく要求する・大きな叫び
clamorous [klǽmərəs]	やかましい・騒々しい ous（形容詞化）
claimant [kléimənt]	主張者・原告 ant（名：人）
acclaim [əkléim]	歓迎する・賞賛する ac＝ad（〜に向かって）➡人に向かって叫ぶ➡喝采する
exclaim [ikskléim]	叫ぶ・絶叫する ex（外に）➡声を外に出し尽くす
exclamation [èkskləméiʃən]	感嘆・絶叫 ation（名詞化）
proclaim [proukléim]	宣言する・公言する pro（前に）➡人の前で堂々と叫ぶ
reclaim [rikléim]	改心させる・開墾する・再生利用する re（元に）➡元の状態に呼び戻す
irreclaimable [irikléiməbl]	矯正できない・開墾できない ir＝in（否定）／able（形：可能）➡元の状態に呼び戻せない

declaim
[dikléim]

演説する
de（強意）➡強く叫ぶ

disclaim
[diskléim]

（責任・関係を）否認する・放棄する
dis（反対）➡反することを叫ぶ

counterclaim
[kàuntərkléim]

反訴する・反対要求・反訴
counter（仕返し）➡叫び返す（こと）

---

noun・nunci 【告げる】
ラテン語*nūntiāre*（知らせる）より

---

announce
[ənáuns]

告知する・発表する
an＝ad（〜に）➡〜に告げる➡知らせる

annunciate
[ənʌ́nsièit]

告知する・公表する
an＝ad（〜に）➡〜に告げる➡知らせる

announcer
[ənáunsər]

アナウンサー・放送員
er（名：人）➡告知する人

pronounce
[prənáuns]

発音する・断言する・宣言する
pro（前に）➡前方に告げる➡はっきりと言う

pronunciation
[prənʌ̀nsiéiʃən]

発音
ation（名詞化）

mispronounce
[mìsprənáuns]

発音を誤る
mis（誤った）

enunciate
[inʌ́nsièit]

（明確に）発音する・公表する
e＝ex（完全に）➡完全に告げる➡はっきりと言う

renounce
[rináuns]

放棄する・断念する
re（元に）➡元に戻すように告げる

denounce
[dináuns]

告発する・公然と非難する
de（下に）➡格を下に下げる

monstr・mon 【警告する・示す】

ラテン語 *mōnstrāre*（示す・明らかにする）より
ラテン語 *monēre*（警告する・思い出させる）より

monster
[mánstər]

怪物・巨大なもの
「警告するもの」が原義（昔、奇怪な生き物は神の警告であると考えられたから）

demonstrate
[démənstrèit]

論証する・デモをする
de（強意）／ate（動詞化）➡力などを十分に示す

remonstrate
[rimánstreit]

抗議する・諭す
re（再び）／ate（動詞化）➡再び示す➡何度も示して諫める

monitor
[mánətər]

監視する・モニター・学級委員
or（動詞化・名詞化）

monition
[məníʃən | mou-]

警告
ion（名詞化）

admonish
[ædmániʃ]

勧告する・訓戒する
ad（〜に）／ish（動詞化）➡〜に警告する

admonition
[ædməníʃən]

勧告
tion（名詞化）

premonition
[priːmənífən]

予感・徴候
pre（前に）／tion（名詞化）➡何かが起こる前に警告するもの

monument
[mánjumənt]

記念物
ment（名詞化）➡示すもの➡思い出させるもの

summon
[sʌmən]

召還する・呼び出す
sum＝sub（下に）➡人の下に示す➡思い出させる

muster
[mʌstər]

（軍隊などを）集合させる
見せること➡徴兵のための検査➡集まる

suas・suade 【説得する】
ラテン語*suādēre*（説得する・忠告する）より

suasion
[swéiʒən]

勧告・説得
ion（名詞化）

dissuade
[diswéid]

（人に）忠告して～を思いとどまらせる
dis（離れて）➡説得して離す➡やめさせる

persuade
[pərswéid]

促して～させる・説得して～させる[思いとどまらせる]
per（完全に）➡完全に説得する

persuasive
[pərswéisiv]

説得力のある
ive（形容詞化）

care・cure・sure・char 【心配・世話する】

ラテン語 *cūra*（注意・関心・世話・治療）より
古英語 *carig*（悲しい）より

care [kéər]	心配・気遣い・世話 「心配する」が原義	
careless [kéərlis]	不注意な・軽率な less（形：〜のない）➡注意のない	
careful [kéərfəl]	注意深い・慎重な ful（形：いっぱいの）➡注意でいっぱいの	
cure [kjúər]	病気を治す・治療する・治癒 「注意する」が原義	
incurable [inkjúərəbl]	治らない・不治の病人・救いがたい人 in（否定）／able（形：可能・名詞化）➡治療できない（人）	
secure [sikjúər]	安全な・確実な se（分離）➡心配から離れた	
procure [prəkjúər]	手に入れる・調達する pro（〜に対して）➡〜に対して気をつける➡痛みを取り去る➡成し遂げる	
sinecure [sáinikjùər]	閑職・名誉職 sine=sans（無い）➡世話のない聖職➡任務のない職	
curious [kjúəriəs]	好奇心の強い・珍しい ous（形容詞化）➡注意深い	
curio [kjúəriòu]	骨董品 注意を払って見るもの	

curate
[kjúərət]

学芸員を務める・副牧師
ate（動詞化・名詞化）➡注意を払う（人）

accurate
[ǽkjurət]

正確な・的確な
ac=ad（〜に）➡〜に注意を払った

scour
[skáuər]

（洗剤などで）ごしごしと擦る
s=ex（外に）➡注意を払って外に外す➡取り除く

sure
[ʃúər]

確信した・自信のある
「心配のない」が原義

insure
[inʃúər]

保証する・保険に入れる
in（中に）➡確実の中に入れる➡確実にする

assure
[əʃúər]

断言する・確信する
as=ad（〜に）➡〜に確実にする

caress
[kərés]

愛撫する・愛撫・抱擁
「親愛なる」が原義

chary
[tʃéəri]

細心な・用心深い
y（形容詞化）

charity
[tʃǽrəti]

慈善・施し
ity（名詞化）

cherish
[tʃériʃ]

（物を）大事にする・忘れずにいる
ish（動詞化）

mand・mend 【任せる・話す・命じる】
ラテン語*mandāre*（委託する・報告する・命ずる）より

mandate [mǽndeit]	命令する・委任する・命令書 ate（動詞化・名詞化）
mandatory [mǽndətɔ̀ri]	義務的な・命令の ory（形容詞化）
countermand [kàuntərmǽnd]	（注文などを）取り消す・（命令を）撤回する counter（反して）➡反対に命じる
demand [dimǽnd]	要求する・需要 de（分離）➡手から離すように命じる（もの）
remand [rimǽnd]	送還する・送り返す re（元に）➡元のところに戻るように命じる
command [kəmǽnd]	命令する・指揮する com（強意）➡完全に命じる・任せる
commander [kəmǽndər]	司令官・指揮者 er（名：人）
commando [kəmǽndou]	特別奇襲隊 南アフリカのボーア人の義勇軍を意味し、ポルトガル語から英語化した。「命じられた一団」が原義。
commandment [kəmǽndmənt]	命令・指令・戒律 ment（名詞化）

341

commend
[kəménd]

推薦する・称賛する・託す
com（強意）➡ある人に完全に任せる

recommend
[rèkəménd]

推薦する
re（繰り返し）➡繰り返し薦める

recommendation
[rèkəmendéiʃən]

推薦・推薦状
ation（名詞化）

---

doc 【教える】

ラテン語 *docēre*（教える・教授する）より

---

doctor
[dáktər]

医師・博士
or（名：人）➡教える人

doctorate
[dáktərət]

博士号
ate（名詞化）

doctrine
[dáktrin]

教義・主義
「教えること」が原義

doctrinaire
[dàktrinér]

非現実的な・空論家
「教義・主義の」が原義

docile
[dásəl]

素直な・従順な
ile（形容詞化）➡教えやすい

indoctrinate
[indáktrənèit]

（思想などを）教える・植えつける
in（中に）／ate（動詞化）➡人を教義の中に入れる

document
[dákjumənt]

文書・書類・記録
ment（名詞化）➡教える手段

342

documentary
[dàkjuméntəri]

記録作品・ドキュメンタリー
ary(名:集合体)➡教える手段を集めたもの

didactics
[daidæktiks]

教授法
ics(名:学問)➡教える方法

236

ling・lang 【言語・舌】
ラテン語*lingua*(言葉・舌)より

---

bilingual
[bailíŋgwəl]

2 言語の
bi(2)／**al**(形容詞化)

monolingual
[mànoulíŋgwəl]

1 言語の
mono(1)／**al**(形容詞化)

multilingual
[mʌltilíŋgwəl]

多言語の
multi(多い)／**al**(形容詞化)

lingo
[líŋgou]

わけのわからない言葉・専門用語

linguistics
[liŋgwístiks]

言語学
ics(名:学問)

linguist
[líŋgwist]

言語学者・語学が得意な人
ist(名:人)

language
[læŋgwidʒ]

言語
age(名詞化)

lingua franca
[líŋgwə frǽŋkə]

国際共通語・混成語

イタリア語で「フランク王国の言葉」の意味。元々は中世以降、地中海沿岸で使われたイタリア語・フランス語・ギリシャ語・アラビア語の混成語を意味する。

237

glot・gloss 【言語・舌】
古ギリシャ語*glôtta*（舌）より

---

polyglot
[páliglàt]

数カ国語を操る人

poly（多い）

gloss
[glás]

語句の註解・書き込み

「難解語」が原義

glossary
[glásəri]

語句説明

ary（名：手段）➡難解語を理解する手段

gloze
[glóuz]

注釈する・うまく言い逃れる

「注釈」が原義

238

verb 【言葉】
ラテン語*verbum*（言葉・単語・動詞）より

---

verb
[və́:rb]

動詞

verbatim
[və:rbéitim]

まったく同じ語で・逐語的に

「言葉」が原義

---

verbose
[vəːrbóus]

言葉数が多い・冗長な
ose(形:いっぱいの)

verbal
[váːrbəl]

言葉の・口頭の
al(形容詞化)

deverbal
[diːváːbəl]

動詞由来の
de(離れて)／al(形容詞化)➡動詞から離れた

adverb
[ǽdvəːrb]

副詞
ad(〜に)➡verb(動詞)に➡動詞を修飾するもの

proverb
[právəːrb]

ことわざ・格言
pro(前方に)➡前方に出された言葉➡公になった言葉

239

phon・phem 【音・言う】
古ギリシャ語*phōné*(声・音)より

---

telephone
[téləfòun]

電話する・電話
tele(遠い)➡遠くに音を伝える(もの)

phone
[fóun]

電話する・電話機・受話器
telephoneの略

phone-in
[fóunìn]

(テレビの)視聴者電話参加番組
in(中に)➡電話で中に参加すること

phoneme
[fóuniːm]

音素

phonic
[fánik]

音声の・発音上の
ic(形容詞化)

earphone
[íərfòun]

イヤホン

ear（耳）➡耳に音を伝えるもの

phonetics
[fənétiks]

音声学

ics（学問）

phonogram
[fóunəgræm]

表音文字

gram（書く）➡音を書き表した文字

cf. ideogram（表意文字）

phonograph
[fóunəgræf]

蓄音機

graph（書く）➡音を書き込む機械

phonology
[fənálədʒi]

音韻論

logy（学問）

megaphone
[mégəfòun]

メガホン・拡声器

mega（大きい）➡声を大きくするもの

microphone
[máikrəfòun]

マイクロフォン

micro（小さい）➡小さい音を大きくするもの

symphony
[símfəni]

交響曲・シンフォニー

sym＝syn（一緒に）／y（名詞化）➡一緒に音を出すこと

euphony
[jú:fəni]

音調の良さ・好音調

eu（良い）／y（名詞化）➡良い音

cacophony
[kəkáfəni]

耳障りな音・不協和音・騒音

caco（悪い）／y（名詞化）➡不快な音

euphemism
[jú:fəmìzm]

婉曲語法・婉曲的な言葉

eu（良い）／ism（名：言葉）➡良く聞こえるように言うこと

blasphemy
[blǽsfəmi]

（神への）冒涜
blas（悪く）／y（名詞化）➡悪く言うこと

prophesy
発音注意 [práfəsài]

予言する
pro（前に）➡物事が起こる前に言う

saxophone
[sǽksəfòun]

サクソフォン
sax（発明者のベルギー人Adolphe Saxの名前より）

xylophone
[záiləfòun]

木琴・シロフォン
xylo（木）

240

chant・cant・cent 【歌う】
ラテン語*cantāre*（歌う・呪文を唱える）より

---

chant
[tʃænt]

詠唱する・歌う
「歌う」が原義

enchant
[intʃænt]

魔法をかける・魅了する
en＝in（中に）➡chant（歌う）の中に入れる

recant
[rikænt]

（信仰・発言などを）公に撤回する・改宗する
re（再び）➡再び歌う

incantation
[inkæntéiʃən]

呪文・魔術
in（中に）／ation（名詞化）➡歌っている中に入れること➡心を奪うこと

canto
[kæntou]

（詩歌の）編
歌われるもの

accent
[ǽksent]

訛り・アクセント
ac＝ad（〜に）➡〜に歌うこと➡強く言うこと

動作関係

形容詞

人間

人間の心

人間の行為・知覚

人体

自然

その他の名詞

347

accentuate

[ækséntʃuèit]

強調する・目立たせる

ate（動詞化）

---

son 【音】

ラテン語*sonus*（音）より

---

sound

[sáund]

音・音響・聞こえる・鳴る・（楽器の）音を出す

---

resound

[rizáund]

鳴り響く・反響する・（名前が）知れ渡る

re（再び）➡ 再び鳴る➡ 音が返ってくる

---

sonar

[sóunɑːr]

ソナー・水中音波探索装置

sound navigation ranging の略

---

sonorous

[sənɔ́ːrəs]

鳴り響く・反響する

ous（形容詞化）

---

sonic

[sánik]

音の・音速の

ic（形容詞化）

---

ultrasonic

[ʌ̀ltrəsánik]

超音速の

ultra（超）

---

sonant

[sóunənt]

音の・有声音

ant（形容詞化・名詞化）

cf. surd（無声音）

---

assonance

[ǽsənəns]

音の類似・類韻

as＝ad（〜に向けて）／ance（名詞化）➡ 音に向けたもの

---

resonate [rézənèit]	反響する・鳴り響く re（再び）／ate（動詞化）➡再び鳴る➡音が返ってくる
consonant [kánsənənt]	子音 con＝com（一緒に）／ant（名詞化）➡一緒に鳴る音➡共鳴する音
consonance [kánsənəns]	協和音・調和 con＝com（一緒に）／ance（名詞化）➡一緒に鳴ること➡音が一致すること
dissonance [dísənəns]	不協和音・不調和 dis（離れた）／ance（名詞化）➡音からかけ離れたもの
sonata [sənáːtə]	ソナタ・奏鳴曲 イタリア語より
sonnet [sánit]	ソネット・14行詩 et（指小辞：小さい）➡小さな音
unison [júːnisn]	同音・調和 uni（1）➡1つの音

242

aud 【聴く】

ラテン語 *audīre*（聞こえる・聴く）より

audio [ɔ́diòu]	音声の・音声
audio-visual [ɔ̀ːdiouvíʒuəl]	視聴覚の・視聴覚教材 visual（視覚の）

動作関係

形容詞

人間

人間の心

人間の行為・知覚

人体

自然

その他の名詞

349

audience
[ɔ́:diəns]

聴衆・視聴者・謁見
ence（名詞化）

audit
[ɔ́:dit]

（大学の講義を）聴講する・会計監査する

auditor
[ɔ́:dətər]

聴講生・監査役
or（名：人）

audition
[ɔ:díʃən]

オーディション
ion（名詞化）

auditorium
[ɔ:ditɔ́:riəm]

講堂・観客席
um（名：場所）➡聴く場所

audiology
[ɔ:diálədʒi]

聴覚学
logy（学問）

audiometry
[ɔ:diámətri]

聴力測定検査
metry（測る）

obey
[oubéi]

従う
ob（〜に向かって）➡人の言うことを聴く➡聴いて従う
ラテン語のoboedireが語源で、元はob+audireだが、auがoeに変化し
たため他の単語とは綴りが異なる。古フランス語より英語に入った。

obedient
[oubí:diənt]

従順な・忠実な
ent（形容詞化）

disobey
[dìsəbéi]

背く
dis（否定）

vis・vid・view・vey・voy 【見る】
ラテン語*visere*（見る・眺める）より

---

advice
[ædváis]

助言・忠告
古フランス語の*ço m'est à vis*（それは私の印象だ・私には〜と思われる）の*a vis*が英語化した。

---

advise
発音注意 [ædváiz]

勧める・助言する・忠告する

---

revise
発音注意 [riváiz]

改訂する
re（再び）➡再び見る➡見直す

---

visit
[vízit]

訪ねる
「見に行く」が原義

---

vision
[víʒən]

予見・視覚・幻想
ion（名詞化）

---

vista
[vístə]

展望・眺望・回想
イタリア語より

---

visage
[vízidʒ]

顔立ち・容貌
age（名詞化）➡見られるもの

---

television
[téləvìʒən]

テレビ
tele（遠い）➡遠い像を見るもの

---

visual
[víʒuəl]

視覚の
al（形容詞化）

visible
[vízəbl]
見える
ible（形：可能）

supervise
[súːpərvàiz]
監督する
super（上）➡上から見る

improvise
[ímprəvàiz]
（詩・曲などを）即興で作る
im＝in（否定）／pro（前に）➡前もって見ておかない

evident
[évədənt]
明らかな
e＝ex（外に）／ent（形容詞化）➡外から見える

evidence
[évədəns]
証拠
e＝ex（外に）／ence（名詞化）➡外から見えるもの

video
[vídiòu]
ビデオ
「見ること」が原義

invidious
[invídiəs]
しゃくにさわる・妬みを買う
in（上に）／ous（形容詞化）➡上に見る➡妬みを抱いた➡嫉妬深い

provide
[prəváid]
供給する・準備する
pro（前に）➡前もって需要量を見ておく

provident
[právədənt]
先見の明のある・慎重な
pro（前に）➡前もって備える➡予見的な

provision
[prəvíʒən]
供給・支給量
ion（名詞化）

provisional
[prəvíʒənl]
仮の・暫定的な
al（形容詞化）➡前もって見ておいた➡一時的に備えられた

proviso
[prəváizou]
但し書き
pro（前に）➡前もって見ておくもの

envision [invíʒən]	（将来を）想像する・心に描く **en**＝**in**（中に）➡**vision**（予見）の中に入れる	動作関係
envisage [invízidʒ]	心に描く・予想する **en**＝**in**（中に）／**age**（動詞化）➡**visage**（顔）の中に入れる	形容詞
prudent [prú:dnt]	慎重な・分別のある **provident**（先見の明のある）の短縮形 **pru**＝**pro**（前に）➡前もって備える➡予見的な	人間
envy [énvi]	うらやむ **en**＝**in**（上に）➡人を上に見る➡妬んで見る	人間の心
view [vjú:]	見る・眺望・視力	
viewpoint [vjú:pɔ̀int]	観点・立場 **point**（点）➡見る点	人間の行為・知覚
review [rivjú:]	再吟味する・復習する・再考・批評記事 **re**（再び）➡再び見る（こと）	
interview [íntərvjù:]	インタビュー・取材訪問・面接 **inter**（相互に）➡相互に見合うこと	人体
purview [pə́:rvju:]	（職権などの）範囲・権限 **pur**＝**pro**（前に）➡前を見る➡視野	
overview [óuvərvjù:]	概観・あらまし **over**（上から）➡上から見ること	自然
survey [[動] sərvéi [名] sə́:rvei]	見渡す・測量する・調査書・概観 **sur**＝**super**（上）➡上から見る（こと）	その他の名詞

surveillance
[sərvéiləns]

監視・見張り
sur＝super（上）➡ 上から見ること

purvey
[pərvéi]

（食料などを）調達する
pur＝pro（前に）➡ 前もって需要量を見る

clairvoyance
[klɛərvóiəns]

千里眼・透視力
clair＝clear（はっきりした）／ance（名詞化）➡ はっきりと見えること

wit
[wít]

機知・ウイット・機転
古英語witt（知性・考え）より

wise
[wáiz]

賢い・利口な
古英語wīs（賢い）より

witness
[wítnis]

目撃する・証言する・証言
古英語ġewitnes（事実を証言する）より。原義は「知識・知恵」。

244

sp・spec・spect 【見る】

ラテン語specere（見る・観察する）より
ラテン語speciēs（見ること・外観・形）より

---

spy
[spái]

スパイ・密偵・密かに見張る
「隠れたものを見つける」が原義

espy
[ispái]

（遠くのものを）見つける・欠点を見出す

espial
[ispáiəl]

観察
al（名詞化）

espionage
[éspiənàʒ]

スパイ活動
age（名詞化）

354

despise
[dispáiz]

軽蔑する
de(下に)➡見下す

respite
[réspit]

執行猶予・一時的中断
re(後ろに)➡後ろを見ること➡振りかえること➡立ち止まること➡小休止

despite
[dispáit]

～にもかかわらず
de(下に)➡見下して➡無視して

spite
[spáit]

悪意・意地悪
despiteのdeが消失した形(無視して➡悪意・意地悪)

conspicuous
[kənspíkjuəs]

目立つ・顕著な
con=com(完全に)／ous(形容詞化)➡はっきり見える

perspicuous
[pərspíkjuəs]

明快な・明確な
per(完全に)／ous(形容詞化)➡はっきり見える

transpicuous
[trænspíkjuəs]

透明な
trans(通して)／ous(形容詞化)➡通して見える

special
[spéʃəl]

特別の・専門の
especial(特別の・格別の)のeが消失した形(especialは、今では
あまり使われない)

specialize
[spéʃəlàiz]

専門とする・(店が商品を)専門的に扱う
ize(動詞化)

especially
[ispéʃəli]

特に・とりわけ
ly(副詞化)

speculate
[spékjulèit]

思索する・推測する・投機する
ate(動詞化)➡よく見る➡熟考する

spectrum
[spéktrəm]

スペクトル・分布範囲
um（名詞化）➡見えるもの

specter
[spéktər]

幽霊・恐ろしいもの
er（名詞化）➡見えるもの

specie
[spíːʃiː]

（紙幣でなく）正金・正貨
ラテン語の*species*（種）が原義

specify
[spésəfài]

明確に述べる・特定する
ify（動詞化）➡はっきり見えるようにする

species
[spíːʃiːz]

種
「見える物・形」が原義
cf. *The Origin of Species*（『種の起源』）

specious
[spíːʃəs]

うわべはよく見える・見かけ倒しの
ous（形容詞化）➡見た目の➡よく見える・美しい

spice
[spáis]

香辛料・スパイス
見える➡種類➡商品・日用品

auspice
[ɔ́ːspis]

保護・援助・（鳥の飛び方による）占い
au（鳥）➡鳥を見守ること

frontispiece
[frʌ́ntəspìːs]

口絵・（建物の）正面
front（前に）➡前に見るもの

specimen
[spésəmən]

見本・標本
men（もの）

spectacle
[spéktəkl]

見世物・壮観・光景
cle（もの）

spectator
[spékteitər]
見物人・観客
or（名：人）

aspect
[ǽspekt]
面・局面・外観
a＝ad（〜を）➡〜を見る➡見られるもの

expect
[ikspékt]
予期する・期待する
ex（外に）➡あるものを求めて外を見る

expectation
[èkspektéiʃən]
予期・期待
ation（名詞化）

suspect
[[動] səspékt [名] sʌ́spekt]
疑う・容疑者
su＝sub（下に）➡下に見る（人）➡疑いを持って見る（人）

suspicious
[səspíʃəs]
疑わしい・怪しい
ous（形容詞化）

respect
[rispékt]
尊敬する・敬意・点
re（後ろに）➡振りかえって見る（こと）➡人としての価値を認める（こと）

respective
[rispéktiv]
それぞれの・各自の
ive（形容詞化）➡見るに値する

retrospect
[rétrəspèkt]
回顧・追憶・回想
retro（遡って）➡時間を遡って見ること

prospect
[práspekt]
見込み・（将来の）見通し
pro（前に）➡前方の眺め

introspect
[ìntrəspékt]
内省する・内観する
intro（内に）➡心の内を見る

inspect
[inspékt]
調査する・検査する・視察する
in（中に）➡物事の中を見る

circumspect
[sə́:rkəmspèkt]

用心深い
circum（周りに）➡ 周りをよく見た

perspective
[pərspéktiv]

眺望・見込み・遠近法
per（通して）➡ 見通し

---

scope 【見る】
古ギリシャ語 *skopós*（印・的）より

---

scope
[skóup]

範囲・予知・視界・広さ
見る➡ 標的・狙い

microscope
[máikrəskòup]

顕微鏡
micro（小さい）➡ 小さいものを見るもの

telescope
[téləskòup]

望遠鏡
tele（遠い）➡ 遠くを見るもの

horoscope
[hɔ́rəskòup]

星占い
horo（時間）➡ 星を使って時間を見ること➡ 星占い

kaleidoscope
[kəláidəskòup]

万華鏡
kaleido（美しい）➡ 美しいものを見るもの

oscilloscope
[əsíləskòup]

オシロスコープ*
oscillo（振動）➡ 振動で見る（もの）

＊オシロスコープ：電圧や電流などの時間的変化を直接、目で観
測する装置

periscope
[pérəskòup]

潜望鏡・展望鏡
peri（周りに）➡ 周りを見るもの

---

opt・op 【見る・光】
古ギリシャ語*optikós*（見える）より

ophthalmologist
[àfθælmɔ́lədʒist]
眼科医
ist（名：人）

optician
[ɑptíʃən]
眼鏡屋
ian（名：人）

optical
[ɑ́ptikəl]
光学の・視力の
al（形容詞化）

optics
[ɑ́ptiks]
光学
ics（学問）

optometry
[ɑptámətri]
視力測定法・検眼
metry（測る）

synopsis
[sinɑ́psis]
あらすじ・大意
syn（同時に）／**sis**（名詞化）➡すべてを同時に見ること

hyperopia
[hàipəróupiə]
遠視
hyper（超えて）➡普通を超えて見ること

hyperope
[háipəròup]
遠視の人

myopia
[maióupiə]
近視・（考え方が）近視眼的なこと
my（閉じた）➡目を閉じること➡視野が狭くなること

myope
[máioup]

近視の人

presbyopia
[prèzbióupiə]

老視・老眼
presby（老人）➡老人の目

---

mira 【見る・驚く】
ラテン語*mīrārī*（驚く）より

---

mirage
[mirá:ʒ]

蜃気楼・妄想
age（名詞化）➡驚いて見るもの

admire
[ædmáiər]

感嘆する
ad（〜に）➡〜に驚く

miracle
[mírəkl]

奇跡・驚くべきこと
cle（名詞化）➡驚くこと

mirror
[mírər]

鏡
or（名詞化）➡見るもの

marvel
[má:rvəl]

驚異・不思議・驚くべき人物
「驚くべき」が原義

marvelous
[má:rvələs]

すばらしい・驚嘆すべき
ous（形容詞化）

248 opsy 【見る】
古ギリシャ語***ópsis***（見る）より

autopsy
[ɔ́:tɑpsi]

死体解剖・検死
auto（自分で）➡自分で詳細に見ること

necropsy
[nékrɑpsi]

死体解剖・検死
necro（死）➡死んだものを見ること
cf.「解剖」の意味では**autopsy**の方が一般的

biopsy
[báiɑpsi]

生検
bio（生命）➡生命を見ること

249 cogn・gnos・know・quaint 【知る】
古ギリシャ語***gnôsis***（知識・知恵）より
ラテン語***gnoscere***（知る）より

cognize
[kɑ́gnaiz]

認知する
ize（動詞化）

recognize
[rékəgnàiz]

認める・気がつく
re（再び）➡前から知っていたものが再び同一のものであると気づく

cognition
[kɑgníʃən]

認知・承認
ition（名詞化）

cognitive
[kɑ́gnətiv]

認識の
itive（形容詞化）

cognizable
[kágnəzəbl]

認識できる・〈法律〉裁判権内にある
able（形：可能）

incognito
[ìnkɑgníːtou]

正体を隠して・お忍びで
in（否定）➡認知されずに（イタリア語より）

gnome
[nóum]

金言・格言
知ること➡考え・意見

gnosis
[nóusis]

霊的知識
知ること➡知識

gnostic
[nástik]

知識に関する
ic（形容詞化）

agnostic
[ægnástik]

不可知論者＊
a（否定）➡知ることができない

＊不可知論者：神の存在の有無というものを人は知りえることは
できないという立場の者

prognosis
[prɑgnóusis]

予知・予後（病気の経過の見通し）
pro（前に）➡前に知ること

diagnose
[dáiəgnòus]

（病気の）診断をする
dia（離れて）➡ 2 つのものを離して違いを知る

diagnosis
[dàiəgnóusis]

（病気の）診断
dia（離れて）➡ 2 つのものを離して違いを知ること

ignore
[ignɔ́ːr]

無視する
i＝in（否定）➡知らないものとする

ignorant
[ígnərənt]

無知な・無学の
ant（形容詞化）

narrate
[nǽreit]

物語る・(順序立てて)述べる
ate(動詞化)➡知らせる

can
[kən]

〜できる
古英語*cunnan*(知る)より

cunning
[kʌ́niŋ]

狡猾な・巧妙な
古英語*cunnan*(知る)より。元来の意味は「知恵・能力を持つ」で
悪い意味はなかった。

know
[nóu]

知る
knowの語源は古英語の*cnāwan*(知る)で、canの語源は古英語
cunnan(知る)。これらの語はラテン語の*gnoscere*、ギリシャ語の
*gnôsis*と同系。

knowhow
[nóuhàu]

ノウハウ・専門的知識
how(どのように)➡どのようにやるか知っていること

unknown
[ʌnnóun]

不明の・未知の・数え切れない
un(否定)➡まだ知られていない

knowledge
[nάlidʒ]

知識・学識・識別
led(行動・過程)➡知ることの過程

acknowledge
[æknάlidʒ]

認める・同意する
ac＝ad(〜に)➡知識にする➡承知する

noble
[nóubl]

高貴な・高尚な
「知るに値する」が原義

nobleman
[nóublmən]

貴族
man(人)➡高貴な人

quaint
[kwéint]

古風な趣のある・風変わりで美しい
「知られた」が原義

acquaint
[əkwéint]

知り合いにさせる・熟知させる
ac＝ad（〜に）➡〜に知らせる

uncouth
[ʌnkúːθ]

ぎこちない・粗野な
古英語uncûthより。un（否定）＋cûth（知られた）となるが、cûthは
canの過去分詞。

ken
[kén]

知力の範囲
古英語cennan（生む・発生する）より。knowなどと語源が同じ。

250

sci 【知る】

ラテン語scire（知っている・精通している）より

---

science
[sáiəns]

科学
ence（名詞化）➡知ること

scientific
[sàiəntífik]

科学の・科学的な
fic（形容詞化）

sciolist
[sáiəlist]

えせ学者
ist（名：人）➡少し知っている人

sci-fi
[sáifái]

SF・空想科学小説
science fictionの略

conscience
[kánʃəns]

良心
con＝com（共に）／ence（名詞化）➡みんなが共に知っているも
の➡善いこと

consciousness
[kánʃəsnis]

意識
con＝com（共に）／ness（名詞化）➡共に知っていること➡承知
していること

subconscious
[sʌbkánʃəs]

潜在意識の・潜在意識
sub（下に）／ous（形容詞化・名詞化）➡意識の下の（もの）

unconscious
[ʌnkánʃəs]

無意識の・前後不覚の
un（無い）／ous（形容詞化）➡意識に無い

omniscience
[ɑmníʃəns]

全知
omini（全て）／ence（名詞化）➡全てを知っていること

prescience
[préʃəns | présiəns]

予知・先見
pre（前に）／ence（名詞化）➡物事が起こる前に知ること

nescience
[néʃəns | nési-]

無知・不可知論*
ne（否定）／ence（名詞化）➡知らないこと

＊不可知論：agnosticismともいい、哲学である種の主題の認識
が人間には不可能であると主張する認識説。神学では、人間には
神を認識することはできないと主張する宗教的認識説。

251

not 【知る】
ラテン語*noscere*（知る・確認する）より

note
[nóut]

覚書き・メモ・注釈・しるし
知られているもの➡しるし

notebook
[nóutbùk]

ノート・帳面
book（本）➡知らせるための本

notation
[noutéiʃən]

（記号体系による）表記法
ation（名詞化）➡しるしを付けていくこと

notary
[nóutəri]

公証人
ary（名詞化）➡しるしを付ける人
cf.「公証人」の意味ではNP=notary publicと表記されることが多い。

notion
[nóuʃən]

概念・意見・見解
ion（名詞化）➡知られているもの➡考え

notify
[nóutəfài]

通知する・届け出る
ify（動詞化）➡知らせる

notice
[nóutis]

気づく・わかる・掲示板・通知
「知られること」が原義

noticeable
[nóutisəbl]

目立つ・顕著な
able（形：可能）➡気づくことができる

notorious
[noutɔ́:riəs]

悪名高い
ous（形容詞化）➡知られた

denote
[dinóut]

しるしである・意味する
de（強意）➡完全にnote（しるし）とする

connote
[kənóut]

暗示する・含む
con＝com（一緒に）➡本義と一緒に裏の意味を知らせようとする

annotate
[ǽnətèit]

（本などに）注釈を付ける
an＝ad（～に）➡～に知らせる

nota bene
[nóutə bí:ni]

注意せよ
ラテン語で「よく注意せよ」の意味
cf. N.B.と略される。

put・pute 【考える・切る】
ラテン語 *putāre*（きれいにする・思案する・木を剪定する）より

compute
[kəmpjúːt]

計算する
com（一緒に）➡すべてを一緒に考える➡全体的に考える

computer
[kəmpjúːtər]

コンピューター
er（名詞化）

putative
[pjúːtətiv]

推定上の・噂の
ative（形容詞化）

dispute
[dispjúːt]

議論する
dis（分離）➡各人ばらばらに考える

repute
[ripjúːt]

評する・評判になる・評判
re（再び）➡再び考える（こと）➡何度も話題に上る（こと）

disrepute
[dìsripjúːt]

悪評・不評
dis（否定）➡悪い repute（評判）

reputation
[rèpjutéiʃən]

評判・噂
ation（名詞化）

impute
[impjúːt]

（罪などを）人に負わせる・帰属させる
im＝in（中に）➡罪が人の中にあると考える

depute
[dipjúːt]

代理に命じる・委任する
de（離れて）➡他の者から切り離す

deputy
[dépjuti]

代理・代表
y（名詞化）

amputate
[ǽmpjutèit]

（手術で）指などを切断する

am＝ambi（周りを）➡周りを切る➡切り詰める

count
[káunt]

数える・計算する・考える

compute（計算する）より

---

mem・min・men　【記憶・心・頭脳】

ラテン語memor（忘れずにいる・記念の）より
ラテン語mens（知性・頭・精神・心）より

---

memory
[méməri]

記憶・思い出

ory（名詞化）

memorial
[məmɔ́ːriəl]

記念館・記念碑・記念の

al（名詞化・形容詞化）

memorize
[méməràiz]

暗記する

ize（動詞化）

immemorial
[ìməmɔ́ːriəl]

太古の

im＝in（否定）／al（形容詞化）➡記憶に無いほど昔の

remember
[rimémbər]

思い出す・覚えておく

re（再び）➡再び記憶する

remembrance
[rimémbrəns]

記憶・回想・記念

ance（名詞化）

commemorate
[kəmémərèit]

記念する

com（一緒に）➡みんなで一緒に心にとめる

---

memorandum
[mèmərǽndəm]

メモ・覚書
「記憶されるべきもの」が原義
cf. 口語では日本語と同じく**memo**[mémou]

memoir
[mémwɑ:r]

回顧録・自叙伝・伝記・論文
「記憶・思い出」より

mind
[máind]

嫌だと思う・気にする・気をつける・心・正気・頭脳・考え・記憶・注意

mindless
[máindlis]

思慮のない・(仕事などが)頭を使わなくてよい
less(形:〜のない)➡**mind**(考え)のない

remind
[rimáind]

思い出させる
re(再び)➡もう一度思い起こす

memento
[məméntou]

記念品・形見

mention
[ménʃən]

言及する・ふれる・言及・公式に認められること
ion(動詞化・名詞化)

mental
[méntl]

心の・精神の・精神病の
al(形容詞化)

comment
[kάment]

注釈をつける・論評・批評・注釈
com(強意)➡心にかける(こと)➡考案する(こと)・解釈する(こと)

commentary
[kάməntèri]

実況放送・時事解説・注釈
ary(名詞化)

commentate
[kάməntèit]

時事解説する
ate(動詞化)

demented
[diméntid]

痴呆の・頭のおかしい
de（分離）／ed（形容詞化）➡心から離れた

vehement
[víːəmənt]

熱情的な・激しい
vehe（運ぶ）➡心を運ばれた➡心を奪われた

dementia
[diménʃiə]

痴呆
de（分離）➡心から離れること
cf. senile dementia（老人性認知症）

amnesia
[æmníːʒə]

記憶喪失・健忘症
a（無い）／ia（名：病気）➡記憶がなくなる病気

amnesty
[æmnəsti]

（政治犯の）大赦・恩赦・（過去の罪を）大目にみること
a（無い）／ty（名詞化）➡記憶からなくすこと

mnemonic
[nimánik]

記憶力増進の・記憶術の
ic（形容詞化）

reminiscent
[rèmənísnt]

追憶の・連想させる
re（再び）／ent（形容詞化）➡再び心にくる

254

soph 【知恵・叡智】

古ギリシャ語**sophía**（知識・知恵）より

---

sophisticate
[səfístəkèit]

洗練させる・世慣れさせる
ate（動詞化）

philosophy
[filásəfi]

哲学・人生観
phil（愛する）／y（名詞化）➡知恵を愛すること

sophist

[sάfist]

ソフィスト・詭弁家

ist（名：人）

sophomore

[sάfmɔ̀r]

2 年生

more（愚かな）➡ 1 年生より賢く、3 年生よりは愚かな人

［人体］

255

corp 【体・死体】
ラテン語*corpus*（体・死体・統一体）より

---

corps
発音注意 [kɔ́ːr]
軍団・団体
たくさんの体

---

corpse
[kɔ́ːrps]
死体

---

corset
[kɔ́ːrsit]
コルセット
et（指小辞：小さい）➡小さな体をつくるもの

---

corpus
[kɔ́ːrpəs]
集大成・コーパス・元金
体➡研究のために集めて一体にしたもの

---

corpuscle
[kɔ́ːrpəsl]
血球・小体
cle（指小辞：小さい）➡体の中の小さなもの

---

corporation
[kɔ̀ːrpəréiʃən]
法人・団体・組合
体➡一体となされたもの➡団体

---

corpulent
[kɔ́ːrpjulənt]
肥満した
ulent（形：満ちた）➡体が満ちた

---

corpulence
[kɔ́ːrpjuləns]
肥満・肥大
ulence（名詞化）

---

incorporate
[inkɔ́ːrpərèit]
包含する・法人にする
in（中に）➡体の中に別の体を入れる➡一体にする

incorporeal
[ìnkɔːrpɔ́ːriəl]

形体のない・霊的な
in（否定）／al（形容詞化）➡体のない

cap・chief 【頭・首】
ラテン語 *caput*（頭・生命・重要なもの）より

---

cap
[kǽp]

キャップ・帽子

---

captain
[kǽptən]

首長・指揮者・船長
頭➡長

---

capital
[kǽpətl]

資本・首都・大文字
頭➡主要なもの➡富

---

capitalism
[kǽpətəlìzm]

資本主義
ism（主義）

Capitol
[kǽpətl]

米国連邦議会議事堂
元々はジュピター神殿を意味した。神殿が丘の頂上（頭）に建てられたことから。

---

capsize
[kǽpsaiz]

（船などが）転覆する
size（もぐる）➡頭からもぐる

---

cape
[kéip]

岬
頭➡先端

---

cabbage
[kǽbidʒ]

キャベツ
「頭の形をした野菜」が原義（古ノルマンフランス語より）

per capita
[pər kǽpitə]

1 人当たり
per（〜につき）➡頭につき

decapitate
[dikǽpitèit]

解雇する・首を切る
de（分離）／**ate**（動詞化）➡首を体から切り離す

capitulate
[kəpítʃulèit]

（特に条件付きで）降伏する
ate（動詞化）➡首をつかまれる

recapitulate
[rìːkəpítʃulèit]

要約する・要点を繰り返す
re（再び）➡主要部分を再びつかむ

precipitate
[prisípətèit]

（突然）引き起こす・（突然）陥らせる
pre（前に）／**ate**（動詞化）➡頭を前にして落ちる➡まっさかさまに落ちる

chief
[tʃíːf]

長・長官
「頭」が原義

chef
[ʃéf]

コック長・シェフ
「頭」が原義（フランス語より）

kerchief
[kə́ːrtʃif]

ネッカチーフ*・えり巻き
ker（覆う）➡頭を覆うもの
＊ネッカチーフ：女性が首の回りに巻く正方形の布

handkerchief
[hǽŋkərtʃif]

ハンカチ
hand（手）➡手で持つ**kerchief**（ネッカチーフ）
元々ハンカチは首に巻くものだった。日本では手を拭くときに使われるが、英米では顔の汗を拭いたり、鼻をかんだりするときに使う。

mischief
[místʃif]

害・災害・いたずら
mis（誤って）➡誤って達成すること

mischievous
[místʃəvəs]

いたずら好きな・有害な
ous（形容詞化）

achieve
[ətʃíːv]

達成する・功績を上げる
a(〜に)➡頭に➡頂点に達する➡達成する

achievement
[ətʃíːvmənt]

達成・業績
ment（名詞化）

cattle
[kǽtl]

牛
頭➡主要なもの➡富（昔、牛は財産だったことから）

chattel
[tʃǽtl]

家財・動産
頭➡主要なもの➡富

chapter
[tʃǽptər]

（本・論文などの）章
er（指小辞：小さい）➡小さい頭

---

ped・pod 【足・脚】
ラテン語pēs（足・脚）より

---

tripod
[tráipɑd]

三脚
tri(3)➡3 つの脚

tetrapod
[tétrəpàd]

テトラポッド*
tetra(4)➡4 つの脚

＊テトラポッド：4 つ足のコンクリートで出来た消波ブロック

arthropod
[árθrəpàd]

節足動物
arthro（関節）➡関節を持った生き物

quadruped
[kwádrupèd]

四足獣・四肢動物
quadru(4)➡4 つの足を持った生き物

centipede
[séntəpìːd]

むかで
百足
centi(100) ➡ 100 の足を持った生き物

pedicure
[pédikjùər]

ペディキュア
cure(治療・世話) ➡足の爪の世話をすること

pedal
[pédl]

ペダルを踏む・ペダル
al(動詞化・名詞化)

pedestrian
[pədéstriən]

歩行者
ian(名:人)

peddle
[pédl]

行商する・(噂などを)小出しにする

pedigree
[pédəgrìː]

家系・系図・純血種の
ペディグリーチャムというドッグフードがあり、カタカナ語として
も知られている言葉だが、古フランス語*pie de grue*(ツルの足)が
語源（系図の線の形がツルの足に似ていることから）。アングロ=
フランス語を経由して英語化した。

expedite
[ékspidàit]

進行を助ける・促進する
ex(外に) ➡足かせを外す

pedicab
[pédikæb]

輪タク
cab＝taxicab(タクシー) ➡ペダルのタクシー

impede
[impíːd]

妨げる・阻止する
im＝in(中に) ➡足かせの中に入れる

pedestal
[pédəstl]

台・台座
al(名詞化) ➡足を置くところ➡土台

podium
[póudiəm]

指揮台・演台上台
um(名:場所) ➡足で立つ場所

antipodes
[æntípədìːz]

対蹠地*
<ruby>対蹠地<rt>たいせきち</rt></ruby>
anti（反対の）➡相反した足場

＊対蹠地：地球の正反対にある地点

octopus
[ɑ́ktəpəs]

タコ
octo（8）➡ 8 つの足を持った生き物

impeach
[impíːtʃ]

（国家に対する犯罪として）告発する・弾劾する
im＝in（中に）➡足かせの中に入れる➡面倒なことに巻き込む

peon
[píːən]

小作農・（中南米の）日雇い労働者
「歩兵」が原義

pioneer
[pàiəníər]

開拓者・草分け・パイオニア
eer（名：人）➡先を歩く人

pawn
[pɔ́ːn]

〈チェス〉ポーン・歩兵
歩くもの

polyp
[pɑ́lip]

ポリープ
poly（多くの）➡多くの足を持つもの（粘膜から突出した病変が足のように見えるため）

pajama
[pədʒɑ́ːmə]

パジャマ
jama＝jamah（衣類：中世ペルシア語）➡足の衣類（元々はゆるいズボンの意味）

manu・mani 【手】
ラテン語*manus*（手）より

---

manage
[mǽnidʒ]
経営する・管理する
「手で馬を訓練する」が原義

---

manager
[mǽnidʒər]
経営者・支配人
er（名：人）

---

management
[mǽnidʒmənt]
経営・管理・経営陣
ment（名詞化）

---

manicure
[mǽnəkjùər]
マニキュア
cure（治療・世話）➡手の世話をすること

---

manipulate
[mənípjulèit]
操作する・操る
ate（動詞化）➡手で操る

---

emancipate
[imǽnsəpèit]
解放する
e＝ex（外に）／cip（つかむ）／ate（動詞化）➡つかんだものを手
から外に出す➡自由にする

---

manual
[mǽnjuəl]
手動の・マニュアル
al（形容詞化・名詞化）➡手で動かす（もの）

---

manuscript
[mǽnjuskrìpt]
原稿・写本
script（書く）➡手書きのもの

---

manufacture
[mǽnjufǽktʃər]
製造する・生産する・製造業
fact（つくる）／ure（動詞化・名詞化）➡手で作る（こと）

---

maneuver
[mənúːvər]

（策略で）動かす・たくらむ・作戦行動・妙計
euver＝operate（仕事をする）➡手で仕事をする（こと）➡操る（こと）

manure
[mənjúər]

肥料
maneuverの省略形。原義の「手で仕事をする（こと）」より「肥料」の意味が生まれた。

manner
[mǽnər]

行儀・作法・仕方・慣習
「手に関係あること」が原義

mannerism
[mǽnərìzm]

マンネリズム・わざとらしさ
ism（状態）➡manner（作法）にはまった状態

manacle
[mǽnəkl]

手錠・拘束・束縛する
cle（指小辞：小さい）➡手につける小さなもの

masturbate
[mǽstərbèit]

自慰をする
sturb（汚す）／ate（動詞化）➡手を汚す

259

sangui 【血】
ラテン語*sanguis*（血）より

---

sanguine
[sǽŋgwin]

自信たっぷりの・楽天的な
ine（形容詞化）

sanguinary
[sǽŋgwənèri]

流血の・血の
ary（形容詞化）

consanguineous
[kànsæŋgwíniəs]

血族の・同族の
con＝com（同じ）／ous（形容詞化）➡同じ血の

sangria
[sǽŋgríːə]

サングリア
「血の色」からの連想で命名された（スペイン語より）。

or 【口・述べる・祈る】

ラテン語 *ōrāre*（嘆願する・祈る）より

adore
[ədɔ́ːr]

崇拝する・熱愛する
ad（～に向かって）➡ ～に向かって祈る

adorable
[ədɔ́ːrəbl]

（人・動物などが）とてもかわいい
able（形：可能）➡ adore（熱愛する）できる

oral
[ɔ́ːrəl]

口の・口頭の
al（形容詞化）

oracle
[ɔ́ːrəkl]

神のお告げ・神託・託宣
cle（指小辞：小さい）➡ 小さな命令

orator
[ɔ́ːrətər]

雄弁家・弁士
or（名：人）

oracular
[ɔːrǽkjulər]

神託のような・謎めいた
ar（形容詞化）

perorate
[pérərèit]

詳述する
per（通して）／ate（動詞化）➡ 通して述べる ➡ 詳細まで述べる

inexorable
[inéksərəbl]

不変の・容赦しない
in（否定）／ex（外に）／able（形：可能）➡ 外に述べることのできない ➡ 申し開きのできない

orifice
[ɔ́:rəfis]

（筒・管などの）口・穴
fice（つくる）➡つくられた口

orison
[ɔ́:rəzən]

祈り・祈祷
on（名詞化）

261

dent・dont　　【歯】
ラテン語*dēns*（歯・牙）より

---

dentist
[déntist]

歯科医
ist（名：人）

dentistry
[déntistri]

歯学・歯科
ry（名詞化）

denture
[déntʃər]

部分義歯
ure（名詞化）

dental
[déntl]

歯の・歯科医の・歯音の
al（形容詞化）

indent
[indént]

字下がりにする・インデント・（ジグザグの）刻み目
in（中に）➡中に歯を入れる（こと）➡ギザギザにする（こと）

trident
[tráidnt]

三つ股の矛
tri（3）➡ 3 つの歯

dandelion
[dǽndəlàiən]

タンポポ
中フランス語*dent de lion*（ライオンの歯）より。ギザギザの歯からの連想

pedodontics
[pì:dədántiks]

小児歯科
pedo（子ども）／ics（名：学問）➡子供の歯の学問

pteranodon
[tərǽnədàn]

プテラノドン
pter＝ptero（翼）／a（無い）➡翼のある歯のないもの

al dente
[æl déntei]

アルデンテ
イタリア語で「To the tooth（歯に～）」の意味。パスタを茹でるときに、麺の中心に髪の毛の細さ程度の芯を残して茹で上げること。「To the tooth（歯に～）」の意味から「歯にくっつく」と誤解している英語話者もいる。

chol 【胆汁】
古ギリシャ語*kholé*（胆汁）より

melancholy
[mélənkὰli]

憂鬱・深い物思い
melan（黒い）➡黒い胆汁
ギリシャ医学では血液・粘液・黄色い胆汁・黒い胆汁の4つの体液の調和が心身の健康を保つと考えられてきた（四体液説）。このうち黒い胆汁が多い人は憂鬱な気質になるという考えがあった。

cholera
[kálərə]

コレラ
「胆汁の病気」が原義。元々は嘔吐と便によって四体液のバランスがくずれることを意味した。

cholesterol
[kəléstəròul]

コレステロール
ster（固体）／ol（名：化学名）➡胆石から発見されたもの

choleric
[kálərik]

かんしゃく持ちの・怒りっぽい
ic（形容詞化）➡胆汁質の➡怒りっぽい
黄色い胆汁が多い人は短気であると考えられていた。

derm・derma 【皮膚】

古ギリシャ語**dérma**（皮膚）より

dermis
[də́:rmis]
　真皮・皮膚

epidermis
[èpidə́:rmis]
　表皮
　epi（上の）➡肌の上の部分

dermal
[də́:rməl]
　皮膚の
　al（形容詞化）

dermatitis
[də̀:rmətáitəs]
　皮膚炎
　titis（名：症状）

pachyderm
[pǽkidə̀:rm]
　厚皮動物
　pachy（厚い）➡厚い皮の動物

dermatology
[də̀:rmətálədʒi]
　皮膚科学
　logy（学問）

pen 【尾】

ラテン語**pēnis**（尾・男根）より

penis
[pí:nis]
　ペニス・陰茎
　「尾」が原義

pencil
[pénsəl]

鉛筆

cil（指小辞：小さい）➡小さな尾➡画家の筆

カラーペンの「ペン」は英語でpenだが、pencilとは語源学的に関係がない。penはラテン語のpenna（羽）に由来する（昔の羽ペンは鳥の羽で作られていたことから）。

penicillin
[pènəsílin]

ペニシリン

ペニシリンを精製するときの青カビの胞子嚢がpencil（絵筆）に似ていたことから。当時、pencilは上記のように「画家の筆」という意味だった。

［自然］

265

cosmo 【世界・宇宙】
古ギリシャ語*kósmos*（世界・宇宙）より

cosmos [kázməs]	宇宙
cosmos [kázməs]	〈植物〉コスモス 花のコスモスも古ギリシャ語*kósmos*に由来
cosmic [kázmik]	宇宙の・普遍的な・壮大な ic（形容詞化）
cosmopolitan [kàzməpálətn]	全世界に渡る polit（市民）／an（形容詞化）➡世界の市民の

266

lu・lum・lun 【光・輝く・月】
ラテン語*lūmen*（光・輝き）より
ラテン語*lūcēre*（輝いている・明るい）より

lucent [lúːsnt]	輝く・半透明の ent（形容詞化）
luculent [lúːkjulənt]	明快な ent（形容詞化）➡光輝いた
lucid [lúːsid]	明瞭な id（形容詞化）➡光輝いた

elucidate
[ilú:sədèit]

明瞭にする・明らかにする
e=ex（外に）／ate（動詞化）➡外に対して明るくする
➡わかりやすくする

pellucid
[pəlú:sid]

（ガラスなどが）透明な・（声などが）澄んだ
pel=per（通して）／id（形容詞化）➡通して光った

translucent
[trænslú:snt]

半透明の・明快な
trans（通して）／ent（形容詞化）➡物を通して輝いた

luminary
[lú:mənèri]

発光体・権威者
ary（名詞化）

luminance
[lú:mənəns]

発光性・輝度
ance（名詞化）

luminescence
[lù:mənésns]

発光・冷光
escence（状態）

luminous
[lú:mənəs]

光を発する・輝く・明るい
ous（形容詞化）

illuminate
[ilú:mənèit]

照らす・解明する
il=in（上に）／ate（動詞化）➡上から光を当てる

illustrate
[íləstrèit]

（図・実例などで）説明する
il=in（上に）／ate（動詞化）➡上から光を当てる➡わかりやすくする

illustrator
[íləstrèitər]

挿絵画家・イラストレーター
or（名：人）

Luna
[lú:nə]

ルナ*
＊ルナ：ローマ神話で月の女神

lunar
[lúːnər]

月の
ar（形容詞化）

---

lunatic
[lúːnətik]

心神喪失者・狂気の
ic（名詞化・形容詞化）➡月に影響された（人）

---

luster
[lʌ́stər]

光沢・つや・（磁器の）金属光沢

---

lustrous
[lʌ́strəs]

光沢のある
ous（形容詞化）

Lucifer
[lúːsəfər]

ルシファー*・明けの明星
fer（運ぶ）➡光を運ぶもの➡光を帯びたもの
*ルシファー：大天使であり神につぐ最高の能力と地位を与えられていたが、神に成り変わろうと傲慢になり堕落したため、堕天したといわれる。悪魔である**Satan**（サタン）と同じとみなされている。

---

lux
[lʌ́ks]

ルクス*
*ルクス：照度の単位

---

lumen
[lúːmin]

ルーメン*
*ルーメン：光源が発する光の出力量（光束）を計測するための単位

---

light
[láit]

光・明るい・点火する
古英語*lēoht*（明るい）より

ray・radi 【光線・放射】

ラテン語*radius*（棒・半径・車輪の輻・光線）より

---

ray
[réi]

光線・光・輝き
cf. X-rays（X線＝レントゲン）

---

rayon
[réiɑn]

レーヨン・人絹
on＝**cotton**（綿）➡光沢がある綿

---

radio
[réidiòu]

ラジオ
radiotelegraphyの略。原義は「光線」

---

radiology
[rèidiálədʒi]

放射線学・放射線医学
logy（学問）

---

radar
[réidɑːr]

レーダー・電波探知法
radio detecting and rangingの略

---

radiate
[réidièit]

（光・熱を）発する・（人が喜びなどで）輝く
ate（動詞化）

---

radiator
[réidièitər]

放熱器・ラジエーター
or（名詞化）➡熱を発するもの

---

radiant
[réidiənt]

輝く・明るい
ant（形容詞化）➡光を発した

---

irradiate
[iréidièit]

放射線を照射する・啓発する
ir＝in（上に）／ate（動詞化）➡上から光を当てる

---

radioactivity
[rèidiouæktívəti]

放射能
activity（活動状態）

radium
[réidiəm]

ラジウム
ium（名：化学元素）➡光を発するもの

radius
[réidiəs]

半径・（影響の及ぶ）範囲
「車輪の輻」が原義

268

aster・astro・sid・stell　【星】
古ギリシャ語*ástron*（星・惑星）より
ラテン語*sídus*（星・星座）より

---

aster
[ǽstər]

アスター・エゾギク
花の形が星形のため

disaster
[dizǽstər]

天災・惨事・大災害
dis（離れて）➡吉兆の星に見離されたこと

astronaut
[ǽstrənɔ̀ːt]

宇宙飛行士
naut（水夫）➡宇宙の水夫

astronomy
[əstránəmi]

天文学
nom（法則）／y（名詞化）➡星の法則の研究

astrology
[əstrálədʒi]

占星術
logy（術）➡星をよむ術

asteroid
[ǽstərɔ̀id]

小惑星
oid（名詞化）

asterisk
[ǽstərìsk]

星印・＊
isk（指小辞：小さい）➡小さい星

consider
[kənsídər]

考慮する・みなす
con＝com（強意）➡よく星群を見る

considerable
[kənsídərəbl]

相当な・重要な
able（形：可能）➡考慮されうる

sidereal
[saidíəriəl]

恒星の・星の
al（形容詞化）➡星の

desiderate
[disídərèit]

願う・欲する
de（離れた）／ate（動詞化）➡離れた星を見る➡願い事をする

stellar
[stélər]

星の
ar（形容詞化）

constellation
[kànstəléiʃən]

星座・美しいものの集まり
con＝com（一緒に）／ation（名詞化）➡星が１つになったもの

desire
[dizáiər]

望む・欲望
de（離れた）➡離れた星を見る（こと）➡願い事をする（こと）

star
[stάːr]

星・恒星・（映画などの）主役・有名人

269

hydro 【水】
古ギリシャ語*húdōr*（水）より

---

hydrogen
[háidrədʒən]

水素
gen（生む）

hydrangea
[haidréindʒə]

アジサイ
angea（器）➡水差しのような形の花

hydrant
[háidrənt]

消火栓
ant（名詞化）

hydrate
[háidreit]

水化させる・水化物・水和物
ate（動詞化・名詞化）

hydrophobia
[hàidrəfóubiə]

狂犬病・恐水症
phobia（恐怖症）➡水の恐怖症（狂犬病の罹患者は水を恐れるようになるため）

hydroponics
[hàidrəpániks]

水耕栽培（法）
pon（労働）／ics（術）➡水を使って労働する術

hydra
[háidrə]

始末に負えない難問・海へび座
元々はギリシャ神話に登場する9頭の蛇のヒュドラを意味した。ヒュドラはヘラクレスに退治されたが、1つの頭を切ると、そこから2つの頭が生えてきたとされ、そこから「始末に負えない難問」という意味が生まれた。元々の原義は「ウミヘビ」。

270
aqua 【水】
ラテン語aqua（水）より

aqueduct
[ǽkwədʌkt]

水路・送水路
duct（導管）➡水の導管

aquarium
[əkwéəriəm]

水族館
arium（名：場所）

Aquarius
[əkwéəriəs]

みずがめ座・みずがめ座生まれの人
「水を運ぶもの」が原義

vent・wind 【風】
ラテン語*ventus*（風）より

vent
[vént]

通気孔・排出口

ventilate
[véntəlèit]

換気する・自由に議論させる
ate（動詞化）➡微風をおこす

wind
[wínd]

風・息・管楽器

windy
[wíndi]

風のある・実質のない
y（形容詞）

window
[wíndou]

窓・窓ガラス
ow（目）➡風が入る穴（スカンジナビア語より）

window-shopping
[wíndouʃɑ̀piŋ]

ウインドーショッピング
shopping（買い物）➡店の窓から商品を見ること

windbreak
[wíndbrèik]

風除け・防風林
break（壊す）➡風を切断するもの

windmill
[wíndmìl]

風車・風車（小屋）
mill（製粉所・水車場）

windpipe
[wíndpàip]

気管
pipe（管）

windproof
[wíndprù:f]

防風の
proof（～を防ぐ）

windfall
[wíndfɔ:l]

(収穫前に風で落ちた)果実・意外な授かり物
fall(落ちる)

windstorm
[wíndstɔ:rm]

暴風
strom(嵐)

windshield
[wíndʃì:ld]

(自動車の)フロントガラス
shield(保護する・盾)
cf.「フロントガラス」は和製英語

weather
[wéðər]

天気
古英語*weder*(気候・空の状態)より。**wind**と同根。

wither
[wíðər]

(植物が)しぼむ・腐食する・色あせる
「気候にさらされる」が原義

272

pyro 【火・熱】
古ギリシャ語*pûr*(火)より

---

pyromania
[pàirəméiniə]

放火癖・放火狂
mania(熱狂)

pyrogen
[páirədʒən]

発熱性物質・発熱源
gen(生む)➡熱を生むもの

pyrolysis
[pairálisis]

熱分解
lysis(緩める)➡熱を緩めること

pyrometer
[pairámətər]

高温計・高温度計
meter(測る)

pyrophobia
[pàiroufóubiə]
恐火症・火恐怖症
phobia（恐怖症）

pyre
[páiər]
火葬用の薪・火葬燃料

antipyretic
[æntaipairétik]
解熱剤
anti（反する）／**ic**（名詞化）➡熱に反するもの

pyrosis
[pairóusis]
胸焼け
osis（名：異常状態）➡胸が火に焼けるような異常状態

pyrotechnic
[pàirətéknik]
花火・火工品
technic（技術）

273

und 【波】

ラテン語***undāre***（波打つ・ほとばしる）より
ラテン語***unda***（波）より

---

undulate
[ʌndʒəlèit]
波のように動く・波立つ
ul（指小辞：小さい）／**ate**（動詞化）➡小波に揺れる

inundate
[ínəndèit]
水浸しにする・氾濫する
in（上に）／**ate**（動詞化）➡波が地上に来る

redound
[ridáund]
はね返る・もたらす
re（後ろに）➡後ろに流れる➡元に戻る

abound
[əbáund]
満ちている・いっぱいの
ab（～から）➡波のように押し寄せた

abundant
[əbʌ́ndənt]
豊富な・あり余った
ant（形容詞化）

redundant
[ridʌ́ndənt]

余分な・冗長な

re（繰り返し）／ant（形容詞化）➡繰り返し流れた➡あふれた

surround
[səráund]

囲む・取り巻く・包囲する

surrou＝super（上に）➡上に水が流れる➡あふれる

元は上記のように「あふれる」という意味で、17世紀の初め頃からround（ぐるりと回って）と混同され、現代の意味が生まれた。

---

riv 【川・土手】

ラテン語*rīvus*（川・小川）より
ラテン語*rīpa*（岸・土手）より

---

river
[rívər]

川

rivulet
[rívjulit]

小川

let（指小辞：小さい）➡細い川

riverside
[rívərsàid]

川岸・河畔・川岸の・河畔の

side（側面）➡川の側面（の）

rival
[ráivəl]

競争相手・敵手

「同じ川を利用するもの」が原義。水の使用権をめぐってしばしば相手と争ったから。英語には、日本語の「ライバル」に見られる「よき友人」のような意味はない。

rivalry
[ráivəlri]

競争・対抗

「同じ川を利用すること」が原義

arrive
[əráiv]

到着する

ar＝ad（～に）➡川の土手に辿り着く

derive
[diráiv]

引き出す・派生する
de（分離）➡本流から離れる

derivative
[dirívətiv]

誘導された・派生的な
ative（形容詞化）

Riviera
[riviéərə]

リビエラ*
イタリア語で「海岸」の意味
*リビエラ：地中海沿岸の避寒地

riparian
[ripéəriən]

河岸の・水辺に住む
ian（形容詞化）

terr・ter 【地・土】

ラテン語*terra*（陸地・大地）より

terra
[térə]

大地

terra-cotta
[tèrə kátə]

テラコッタ*・赤褐色
イタリア語で「焼けた土」の意味。
*テラコッタ：赤土の素焼の陶器

terra firma
[térə fə́:rmə]

陸地
firma＝**firm**（固い）➡固い安定した大地

terra incognita
[térə ìnkagní:tə]

未知の国・未開拓の分野
incognita（未知の）

terrain
[təréin]

地形・地勢

terrace
[térəs]

テラス・土壇
土を積んだところ

---

terrarium
[teréəriəm]

(陸生の小動物用の)飼育器・(植物栽培用の)ガラス器
arium(名:場所)

---

terrier
[tériər]

テリア
フランス語の*chien terrier*(土の色の犬)が原義

---

territory
[térətɔ̀ri]

領土・領域・分野
ory(名詞化)➡土地

---

terraqueous
[teréikwiəs]

水陸からなる・水陸両用の
aqua(水)／ous(形容詞化)➡地と水の

---

extraterritoriality
[èkstrʌterìtɔ:riǽliti]

治外法権
extra(外の)➡自分の**territory**(領土)の外とみなすこと

---

subterranean
[sʌ̀btəréiniən]

地下の・隠れた
sub(下の)➡大地の下の

Mediterranean
[mèdətəréiniən]

地中海の
medi(真ん中)➡陸の中間にある海の

---

inter
[intə́:r]

(遺体などを)埋葬する
in(中に)➡大地の中に入れる

---

disinter
[dìsintə́:r]

(遺体などを)掘り出す・明るみに出す
dis(反対)➡大地の中から出す

geo 【地球・土地】
古ギリシャ語*gê*(土地)より

---

geology
[dʒiálədʒi]

地質学
logy(学問)

---

geography
[dʒiágrəfi]

地理学
graph(書く)

---

geometry
[dʒiámətri]

幾何学
metry(測る)

Gaea
[dʒíːə]

ガイア*・(一個の生命体としての)地球
*ガイア:ギリシャ神話で大地の女神

---

cav・cov 【穴・くぼみ】
ラテン語*cavus*(穴・くぼみ)より
ラテン語*crypta*(下水道・洞窟)より

---

cave
[kéiv]

洞穴

---

caveman
[kéivmæn]

穴居人・粗暴な男
man(人)

---

cavity
[kǽvəti]

空洞
ity(名詞化)

---

cavern
[kǽvərn]

大洞窟・結核で出来た肺の空洞

cavernous
[kǽvərnəs]

洞穴の多い・(顔・頬などが)くぼんだ
ous（形容詞化）

concave
[kɑnkéiv]

凹面の
con＝com（完全に）➡完全にくぼんだ
cf. convex（凸面の）

excavate
[ékskəvèit]

穴を掘る・発掘する
ex（外に）／ate（動詞化）➡土をくぼみから外に出す

cove
[kóuv]

へこみ

cage
[kéidʒ]

鳥かご・かご・捕虜収容所
くぼみ➡周りを囲まれたもの

grotto
[grátou]

洞穴
「地下のほら穴」が原義（イタリア語より）

grotesque
[groutésk]

奇怪な・グロテスクな
esque（形：～ふうの）➡地下の奇怪な壁絵ふうの

decoy
[[名] díːkɔi [動] dikɔ́i]

おとり・誘き寄せる
オランダ語 *de kooi*（アヒルのかご）より。飼い慣らしたアヒルは野生のアヒルを獲るおとりにしばしば使われたことから（オランダ語の *kooi* は cage と語源が同じ）。ちなみに日本語の「おとり」も「招き鳥」の音が変化したものだという説がある。

278 is 【島】
ラテン語*insula*（島）より

isle
発音注意 [áil]

小島・島

islet
[áilit]

小島・小島状のもの
let（指小辞：小さい）➡ 小さい島

isolate
[áisəlèit]

孤立させる・隔離する・離す
ate（動詞化）➡ 島に置く

insular
[ínsələr]

島の・島に住む
ar（形容詞化）

peninsula
[pənínsjulə]

半島
pen（ほとんど）➡ ほとんど島であるもの

279 litho 【石】
古ギリシャ語*líthos*（石）より

lithify
[líθəfài]

石化する
ify（動詞化）

lithoid
[líθɔid]

石質の・石状の
oid（形：〜のような）➡ 石のような

lithium
[líθiəm]

リチウム
ium（名：化学元素）
リチウムが鉱石から発見されたことから、「石」の意味のギリシャ
語から命名された。

lithiasis
[liθáiəsis]

結石症
asis（名：〜に起因する病気）➡ 石に起因する病気

lithograph
[líθəgræf]

石板印刷する・石板・リトグラフ
graph（書く）➡ 石の上に書く（こと）

monolith
[mánəlìθ]

一枚岩・一枚岩から出来た柱、像
mono（1）➡ 1 つの石

Paleolithic
[pèiliəlíθik]

旧石器（時代）の
paleo（古い）➡ 古い石の

Neolithic
[nì:əlíθik]

新石器（時代）の
neo（新しい）➡ 新しい石の

lithology
[liθálədʒi]

岩石学・（医学）結石学
logy（学問）

280

calc　　　　　　【石・石灰石】
ラテン語*calculus*（小石）より
ラテン語*calx*（石灰石）より

---

calcium
[kælsiəm]

カルシウム
ium（名：化学元素）➡ 石灰と酸化石灰の混合物を電気分解して
発見された金属元素

calculate
[kǽlkjulèit]

計算する・算出する
ate（動詞化）➡石で数える

calculator
[kǽlkjulèitər]

計算器
or（名：～するもの）➡calculate（計算する）もの

calculus
[kǽlkjuləs]

微積法・結石
lus（指小辞：小さい）➡計算に用いられる小石

chalk
[tʃɔ́ːk]

チョーク・白墨・白亜
「石灰」が原義

281

petro 【岩・石】
ラテン語*petra*（岩・石）より

---

petroleum
[pətróuliəm]

石油・鉱油
oleum（油）

petroliferous
[pètrəlífərəs]

石油を産出する
fer（運ぶ）／ous（形容詞化）

petrolic
[pitrálik]

石油の
ic（形容詞化）

petrify
[pétrəfài]

石化する・～を堅くする
ify（動詞化）

helio 【太陽】
古ギリシャ語 *hélios*（太陽）より

Helios
[híːliɑ̀s]

ヘリオス*
*ヘリオス：ギリシャ神話の太陽神。太陽はヘリオスの馬車であると古代ギリシャでは考えられていた。

heliograph
[híːliougræ̀f]

日光反射信号機
graph（書く）➡太陽光の反射を用いて書かれたもの

heliometer
[hìːliámətər]

太陽儀
meter（測る）➡太陽の視直径を測るのに用いた昔の望遠鏡

helium
[híːliəm]

ヘリウム
ium（名：化学元素）
太陽が発する輝線から、ヘリウムの存在が推測されたことに由来する。

heliotrope
[híːliətròup]

ヘリオトロープ*・向日性植物
trope（〜に向く）➡太陽に向くもの
*ヘリオトロープ：キダチルリソウ属の植物の総称

perihelion
[pèrəhíːliən]

近日点
peri（近い）➡太陽に近づくところ

aphelion
[əfíːliən]

遠日点
ap（離れた）➡太陽から離れたところ

283

mari 【海】
ラテン語*mare*（海・海水）より

---

marine
[mərí:n]

海の・海産の・航海の・海兵隊員
ine（形容詞化・名詞化）

---

submarine
[sʌ́bmərì:n]

海面下の・海中の・潜水艦
sub（下に）／ine（形容詞化・名詞化）➡海の下の（もの）

---

maritime
[mǽrətàim]

海事の・海に接する

---

mariculture
[mǽrikʌ̀ltʃə]

海洋養殖
culture（栽培）

---

marina
[mərí:nə]

（ヨットなどの）港・マリーナ
イタリア語より

---

marinade
[mǽrənèid]

マリネード・マリネ
肉や魚を塩水につけて保存することから

---

marinate
[mǽrənèit]

マリネードに漬ける
ate（動詞化）

---

marinara
[mǽrinάːrə]

マリナラ*
＊マリナラ：ニンニクや香辛料で作ったソース。イタリア語の「船
乗りのやり方で」に由来。

---

mermaid
[mə́:rmèid]

（女の）人魚
maid（娘）

---

marsh
[máːrʃ]

低湿地・沼地
古英語*mersċ*（沼地）より

moor
[múər]

（水はけの悪い）荒野・荒地
古英語*mōr*（荒地）より

mare
発音注意 [máːrei]

（月の）海*
月の暗い部分は水を湛えたものであると、昔の天文学者は考えていた。ラテン語で「海」を表す*mare*と名づけたのはヨハネス・ケプラーだと言われている。

284

pluvi 【雨】
ラテン語*pluvia*（雨）より

---

pluvial
[plúːviəl]

大雨の・多雨期の
al（形容詞化）

pluvious
[plúːviəs]

雨の・多雨の
ous（形容詞化）

pluviometer
[plùːviámətər]

雨量計
meter（測る）

285

tone・ton 【雷が鳴る】
ラテン語*tonare*（雷が鳴る・轟く）より

---

intone
[intóun]

（お祈りなどを）平坦な声で唱える
in（中に）➡中に轟く

intonation
[intounéiʃən]

イントネーション・抑揚
ation（名詞化）

detonate
[détənèit]

（爆弾などが）爆発する
de（下に）➡雷か鳴り響く

astound
[əstáund]

びっくり仰天させる・愕然とさせる
as＝ex（外に）➡雷て打つ

astonish
[əstániʃ]

驚かす
ish（動詞化）

astonishing
[əstániʃiŋ]

驚異的な
ing（形容詞化）

tornado
[tɔːrnéidou]

トルネード・竜巻・（感情などの）爆発
スペイン語tronada（雷雨）より

286

nepho 【雲】
古ギリシャ語néphos（雲）より

---

nephogram
[néfəgræm]

雲の写真
gram（書く）

nephology
[nɛfálədʒi]

雲学
logy（学問）

nephoscope
[néfəskòup]

測雲器
scope（見る）

287 | noc・nox 【夜】
ラテン語 *nox*（夜・暗闇）より

nocturne
[nάktə:rn]

夜想曲・ノクターン

nocturnal
[nɑktə́:rnl]

夜の・夜間の・夜行性の
al（形容詞化）

nox
[nɔ́ks]

ノクス＊
＊ノクス：ギリシャ神話に登場する夜の女神

noctovison
[nάktəvìʒən]

暗視装置
vision（視覚）

noctilucent
[nὰktəlú:snt]

夜光る
lucent（光る）／**ent**（形容詞化）

noctambulism
[nɑktǽmbjulìzm]

夢遊病
ambul＝ambulate（歩き回る）／**ism**（名：行為）

noctiluca
[nὰktəlú:kə]

夜光虫
luca（輝く）➡ 夜輝くもの

288 | photo 【光】
古ギリシャ語 *phôs*（光）より

photograph
[fóutəgræf]

写真を撮る・写真
graph（書く）➡ 光で書く（もの）

photon
[fóutɑn]

光子
on（名：科学名）

photogenic
[fòutədʒénik]

写真写りの良い・映画向きの
genic（生み出す）➡写真を生み出した

photosynthesis
[fòutousínθisis]

光合成
synthesis（合成）

---

avi・au 【鳥】
ラテン語avis（鳥・前兆）より

---

avian
[éiviən]

鳥の
an（形容詞化）

aviary
[éivièri]

鳥のおり・鳥小屋
ary（名：入れ物）➡鳥の入れ物

aviate
[éivièit]

航空機で飛ぶ・飛行する
ate（動詞化）

auspice
[ɔ́:spis]

庇護・保護・援助・吉兆
spic（見る）➡鳥を見ること（庇護）➡（鳥の飛び方による）鳥占い

auspicious
[ɔ:spíʃəs]

幸先の良い・好都合の
ous（形容詞化）

augur
[ɔ́:gər]

易者・預言者
正式には語源不明。一説にはラテン語のavis（鳥）＋garrire（話す）より「鳥占いをする」。

augural
[ɔ́ːgjurəl]

前兆の
al（形容詞化）

inaugurate
[inɔ́ːgjurèit]

就任させる・始まりとなる
in（中に）／ate（動詞化）➡鳥占いの結果に応じて始める

---

umbra 【影】
ラテン語**umbra**（影・日陰）より

---

umbrage
[ʌ́mbridʒ]

不快・立腹
age（名詞化）➡日陰

umbrella
[ʌmbrélə]

傘・弾幕・保護するもの
「日陰」が原義

somber
[sɑ́mbər]

憂鬱な・陰気な・くすんだ
som＝sub（下に）➡陰の下にいる

sombrero
[sɑmbréərou]

ソンブレロ*
*ソンブレロ：スペイン・米国西南部・メキシコなどで用いられる
山高の広ぶち帽子。スペイン語の「陰」が語源。

---

fume 【煙・燻す】
ラテン語**fūmus**（煙）より

---

fume
[fjúːm]

煙・ガス・煙を出す・腹を立てる

動作関係

形容詞

人間

人間の心

人間の行為・知覚

人体

自然

その他の名詞

fumet

[fjúːmit]

フュメー*

「いぶす・燻製にする」が原義

＊フュメー：魚や肉などを水とワインと香草で煮た出し汁

fumigate

[fjúːməgèit]

煙で消毒する

ate（動詞化）

perfume

[[名] pə́ːrfjuːm [動] pərfjúːm]

香料・香水・芳香で満たす・香水をつける

per（通って）➡〜を通して煙が出る（こと）➡芳香で満たす（こと）

［その他の名詞］

292

pan 【パン】
ラテン語*pānis*（パン）より

company
[kʌ́mpəni]

仲間・会社
com（一緒に）➡一緒にパンを食べるもの

accompany
[əkʌ́mpəni]

伴う・同行する
ac＝ad（～に）➡company（仲間）に入れる

pantry
[pǽntri]

食料貯蔵室・食器室
ry（名：場所）➡パンを置く場所

panada
[pənɑ́:də]

パンがゆ
スペイン語より

293

sal・hal 【塩】
ラテン語*sāl*（塩）より
ラテン語*salsus*（塩漬けにした）より
古ギリシャ語*háls*（塩・海）より

salt
[sɔ́:lt]

塩

salty
[sɔ́:lti]

塩辛い
y（形容詞化）

salary
[sǽləri]

給料

古代ローマでは兵士に「給料」として塩を買うための銀貨が与えられたと言われている。他説では、古代ローマの兵士の給料は塩で支給されたというものもあるが、こちらの慣習自体は文献上の根拠に乏しく、憶測と思われる。

salad
[sǽləd]

サラダ

「塩漬けにされたもの」が原義

sauce
[sɔ́:s]

ソース

「塩漬けにされたもの」が原義

saucer
[sɔ́:sər]

ソーサー・受け皿

「ソース入れ」が原義

saucy
[sɔ́:si]

生意気な・ずうずうしい

「ソースの味がきいた」が原義

sausage
[sɔ́:sidʒ]

ソーセージ・腸詰

「塩味のものから作られた」が原義

halogen
[hǽlədʒən]

ハロゲン

gen(生む)➡造塩元素

halophile
[hǽləfàil]

(好)塩性生物

phile(愛する)➡塩を愛するもの

294

carn 【肉】

ラテン語*carō*(肉)より

---

carnation
[kɑ:rnéiʃən]

カーネーション

ation(名詞化)➡肉の色の花

carnival
[ká:rnivəl]

謝肉祭・カーニバル
val(上げる) ➡肉をとり上げる（謝肉祭はキリスト教の四句節の直前の数日間のお祭りで、四句節では肉を絶ち、その前に肉を食べる）

carnage
[ká:rnidʒ]

大虐殺
age(名詞化) ➡死肉

carnal
[ká:rnl]

肉体の・官能的な
al(形容詞化)

carnality
[kɑrnǽləti]

肉欲
ity(名詞化)

carrion
[kǽriən]

腐肉・腐敗物

incarnate
[inká:rneit]

肉体に具現された・肉体を与える・具現させる
in(中に)／**ate**(形容詞化・動詞化) ➡肉体の中に魂が入る

reincarnation
[rì:inkɑ:rnéiʃən]

生まれ変わり
re(再び)／**in**(中に) ➡再び肉体の中に魂が入ること

incarnadine
[inká:rnədàin]

〈文語〉深紅色(の)・肉色(の)
in(中に) ➡肉体を与えられた➡肉色(の)

charnel
[tʃá:rnl]

死体安置所・納骨堂・ぞっとする
肉を置くところ

動作関係 形容詞 人間 人間の心 人間の行為・知覚 人体 自然 その他の名詞

fruit・frug・fruct 【果物】

ラテン語*frūx*（果物・成果）より

---

fruit
[frú:t]

果物
「喜ぶこと」が原義

---

fruiter
[frú:tər]

果樹栽培者・青果商人・果樹
er（名詞化）

---

fruition
[fru:íʃən]

成就・実現・達成
ion（名詞化）➡果物を手に入れること

---

fruitful
[frú:tfəl]

（作家などが）多作な・効果的な
ful（形：いっぱいの）➡いっぱいに実のなった

---

frugal
[frú:gəl]

倹しい・質素な
al（形容詞化）➡果物の➡役立つ・適切な

---

frugivorous
[fru:dʒívərəs]

果物を常食とする
vor（食べる）／ous（形容詞化）

---

fructify
[frʌ́ktəfài]

（植物が）結実する・（努力が）実を結ぶ
fy（動詞化）➡実になる

---

fructose
[frʌ́ktous]

果糖・フラクトース
ose（糖）

---

se・sem 【種・苗】

ラテン語 *sēmen*（苗・精液）より
ラテン語 *sēmināre*（種子をまく）より

seed
[síːd]

種子・実・原因

season
[síːzn]

季節・四季・好機・味付けをする
「種のまかれる時期」が原義

seasoning
[síːzəniŋ]

調味料・材木の乾燥
ing（名詞化）➡食べ頃の時期にすること

semen
[síːmən]

精液
「苗」が原義

seminar
[sémənàːr]

セミナー・ゼミナール
「苗床」が原義

disseminate
[disémənèit]

（情報などを）広める
dis（離れた）／ate（動詞化）➡離れたところに種をまく➡まき散らす

inseminate
[insémənèit]

授精する
in（中に）／ate（動詞化）➡中に種を入れる

sow
[sóu]

種をまく・（作物を）植える

germ 【芽】
ラテン語*germen*（芽・つぼみ）より

germ
[dʒə́ːrm]

微生物・細菌・発芽

germfree
[dʒə́ːrmfrì]

無菌の
free（～なしの）➡ 菌なしの

germinal
[dʒə́ːrmənl]

胚の・幼芽の
al（形容詞化）

germinate
[dʒə́ːrmənèit]

（種子が）発芽する・（アイデアなどが）生まれる
ate（動詞化）

germicide
[dʒə́ːrməsàid]

殺菌剤
cide（殺す）

rad 【根】
ラテン語*rādix*（根）より

radical
[rǽdikəl]

過激な・急進派の
al（形容詞化）➡ 根を持った

radish
[rǽdiʃ]

ダイコン

radicle
[rǽdikl]

幼根・（神経・血管の）小根
cle（指小辞：小さい）➡ 小さな根

radix
[réidiks]

〈数学〉基数・〈言語〉語根・〈植物〉根

deracinate
[diræsənèit]

根絶する
de（離れて）／ate（動詞化）➡根を土から離す➡根を抜く

eradicate
[irædəkèit]

根絶する・根こそぎにする
e＝ex（外に）／ate（動詞化）➡根を外に出す➡根を抜く

root
[rúːt]

根・根源・（数学の）ルート
古ノルド語*rōt*（根）より

wort
[wə́ːrt]

草・植物
古英語*wyrt*（薬草・野菜）より

---

loc　【場所】

ラテン語*locus*（場所）より

299

---

local
[lóukəl]

場所の・ある地方の・土地の人
al（形容詞化・名詞化）

location
[loukéiʃən]

位置・場所
ation（名詞化）

locus
[lóukəs]

位置・場所

locate
[lóukeit]

位置を突き止める・置く・位置する
ate（動詞化）

allocate
[ǽləkèit]

割り当てる・配置する
al＝ad（〜に）／ate（動詞化）➡それぞれの場所に置く

dislocate
[dísloukèit]

位置を変える・(順序を)狂わせる
dis(分離)／ate(動詞化)➡その場所から離れる

dislocation
[dìsloukéiʃən]

脱臼・転移
ation(名詞化)

relocate
[rì:loukéit]

置き直す・移転する
re(再び)／ate(動詞化)➡再び置く

translocate
[trǽnsloukèit]

置き換える
trans(AからBへ)／ate(動詞化)➡AからBへ場所を変える

locomotive
[lòukəmóutiv]

機関車
mot(動く)／ive(名詞化)➡場所を移動させるもの
cf. SL＝steam locomotive(蒸気機関車)

collocation
[kàləkéiʃən]

並置・コロケーション*
col＝com(一緒に)➡一緒の場所に置くこと
*コロケーション:単語同士がお互いに好ましい形で結びついて
フレーズをつくるものをいう。例えば日本語では「朝食を食べる」
ではなく「朝食をとる」と言い、英語でもhave a breakfastと言う
方がeatを使うより好まれる。

lieu
[lú: | ljú:]

場所
in lieu of 〜(〜の代わりに)という成句で用いられる。

lieutenant
[lu:ténənt]

上官代理・副官・中尉
tenant(占有者)➡占有者の代わりの場所にいる人
➡上官の代理

locum tenens
[lóukəm tí:nenz]

代診医・代理牧師
tenens(占有者)➡占有者の代わりの場所にいる人

por・port 【門・入り口・港】

ラテン語*porta*（門・入り口）より
ラテン語*portus*（港）より

port [pɔ́:rt]	港・港町

port [pɔ́:rt]	ポートワイン この**port**はポルトガルの積出港*Oporto*に由来し、さらに*Oporto*はラテン語*portus*が語源。

porter [pɔ́:rtər]	門番・守衛 **er**（名：人）

portal [pɔ́:rtl]	表玄関・正門 **al**（名詞化）

porch [pɔ́:rtʃ]	張り出し玄関・ポーチ

portcullis [pɔːrtkʌ́lis]	（中世の城の）門・落とし格子 **cullis**（滑る）➡上下にスライドする門（フランス語より）

porthole [pɔ́:rthòul]	（飛行機の）丸窓・通気孔 **hole**（穴）

portico [pɔ́:rtikòu]	前廊*・ポルチコ ＊前廊：柱で支えられた屋根つきの玄関

opportune [àpərtjú:n]	好都合の・適切な **op**（〜に向かって）➡港に向かう風に吹かれた

419

inopportune
[inàpərtjúːn]

時期を逸した・不適当な
in（否定）

opportunity
[àpərtjúːnəti]

好機・機会
ity（名詞化）

301

hor・cohort 【庭・宮廷】

ラテン語*hortus*（庭）より
ラテン語*cohors*（中庭・歩兵隊）より

---

horticulture
[hɔ́rtəkʌltʃər]

園芸（学）
culture（栽培）➡庭で栽培すること

cohort
[kóuhɔːrt]

軍団・歩兵隊
co（一緒に）➡庭に集まって一緒に訓練する者たち

court
[kɔ́ːrt]

宮廷・中庭・法廷

courtesy
[kə́ːrtəsi]

礼儀・丁寧・（ホテルなどの送迎バスなど）無料のサービス
esy（名詞化）➡宮廷風のマナーを持っていること

curtsy
[kə́ːrtsi]

（女性がひざを折って身を低くする）おじぎ
courtesyの変形

courteous
[kə́ːrtiəs]

礼儀にかなった
ous（形容詞化）➡宮廷風の

discourteous
[diskə́ːrtiəs]

無礼な・粗野な
dis（否定）／ous（形容詞化）

curtain
[kə́ːrtn]

カーテン
「小さな庭」が原義。それから「仕切り」の意味が生まれた。

courtier
[kɔ́rtiər]

廷臣
ier（名：人）➡宮廷の人

courtyard
[kɔ́rtjàrd]

中庭
yard（庭）➡四周を仕切られた庭

302

rur・rus 【田舎】
ラテン語*rūs*（田舎・田園）より

---

rural
[rúərəl]

田舎の
al（形容詞化）

rustic
[rʌ́stik]

田舎の・素朴な・粗野な・粗野な人
ic（形容詞化・名詞化）

rusticate
[rʌ́stikèit]

田舎に行かせる・（壁を）粗面積みに仕上げる
ate（動詞化）

room
[rú:m]

部屋・（時間・空間の）ゆとり
古英語の*rūm*（部屋・空間）が語源だが、ラテン語の*rūs*（田舎・田園）と語源学的に親戚。

303

lib・liver 【自由】
ラテン語*liber*（自由な）より

---

liberal
[líbərəl]

自由主義の・気前の良い・（教育が）教養的な・自由主義者
al（形容詞化・名詞化）

liberty
[líbərti]

自由・解放・勝手気まま
ty（名詞化）

---

liberate
[líbərèit]

自由にする・解放する
ate（動詞化）

---

deliver
[dilívər]

配達する・出産する
de（分離）➡ある状態から解き放つ

---

delivery
[dilívəri]

配達・分娩・演説
y（名詞化）

---

deliverance
[dilívərəns]

救出・救助
ance（名詞化）➡ある状態から自由にすること

304

form 【形】

ラテン語**forma**（形・外観・型）より
ラテン語**formāre**（形づくる・整える）より

---

form
[fɔ́:rm]

形・形式・書き込み用紙・形づくる

---

formal
[fɔ́:rməl]

正式の・公式の
al（形容詞化）➡形づくられた

---

informal
[infɔ́:rməl]

非公式の・形式ばらない
in（否定）／al（形容詞化）

---

format
[fɔ́:rmæt]

型・判・方式・フォーマットする

---

formula
[fɔ́:rmjulə]

公式・決まり文句・製法

422

formulate
[fɔ́:rmjulèit]
公式化する・系統立てて表す
ate（動詞化）

formation
[fɔ:rméiʃən]
形成・成り立ち
ation（名詞化）➡形づくること

reform
[rifɔ́:rm]
改正する・改善する・改正・是正
re（再び）➡形をつくり直す（こと）

reformation
[rèfərméiʃən]
刷新・改良
ation（名詞化）

uniform
[jú:nəfɔ̀rm]
ユニフォーム・制服・同型の
uni（1）➡1つの決められた形（の）

conform
[kənfɔ́:rm]
従う・一致する・順応する
con＝com（一緒に）➡形を一緒にする

conformable
[kənfɔ́:rməbl]
従順な・相似の
able（形：可能）

deform
[difɔ́:rm]
形を悪くする・醜くする・変形する
de（分離）➡元の形から離れる

deformity
[difɔ́:rməti]
（身体の）奇形
ity（名：状態）

transform
[trænsfɔ́:rm]
一変させる・変形する・変換する
trans（AからBに）➡AからBに形を変える

inform
[infɔ́:rm]
知らせる
in（中に）➡心の中に形づくる

information
[ìnfərméiʃən]
情報・ニュース
ation（名詞化）

動作関係

形容詞

人間

人間の心

人間の行為・知覚

人体

自然

その他の名詞

platform
[plǽtfɔːrm]
演台・フラットホーム・〈政治〉綱領
plat（平らな）➡ 平らな形 ➡ 図表・地図

305
morph 【形】
古ギリシャ語*morphé*（形）より

---

amorphous
[əmɔ́ːrfəs]
無定形の・特色のはっきりしない
a（無）／ous（形容詞化）➡ 形のない

ectomorph
[éktəmɔ̀ːrf]
外胚葉型の人・やせ型の人
ecto（外部）＝ **ectoderm**（外胚葉）

endomorph
[éndəmɔ̀ːrf]
内胚葉型の人・肥満型の人
endo（内部）＝ **endoderm**（内胚葉）

metamorphosis
[mètəmɔ́ːrfəsis]
（環境などの）苦しい変化・〈動物・植物〉変態
meta（変化）／osis（名：状態）➡ 形が変化した状態

morpheme
[mɔ́ːrfìːm]
〈言語〉形態素＊
＊形態素：意味を持った最小の言語単位

306
medi・meso 【中間】
ラテン語*medium*（中間・真ん中・世間）より

---

medieval
[mìːdíːvəl]
中世の
ev（時代）／al（形容詞化）➡ 中間の時代の

mediate
[míːdièit]
介在する・調停する・仲裁する
ate（動詞化）➡ 中間ではたらく

immediate
[imíːdiət]

即時の・目前の・直の
im＝in（否定）➡中間を介さない

intermediate
[ìntərmíːdiət]

中級の・中間の
inter（間に）➡間でmediate（介在する）

media
[míːdiə]

マスコミ・マスメディア

median
[míːdiən]

中央の・中央値
ian（形容詞化・名詞化）

medium
[míːdiəm]

中間の・中間
ium（形容詞化・名詞化）

Mesolithic
[mèzəlíθik]

中石器（時代）の
lith（石）／ic（形容詞化）➡中間の石器時代の

Mesopotamia
[mèsəpətéimiə]

メソポタミア
potamia（川）➡Tigris（チグリス）とEuphrates（ユーフラテス）、2
つの川に挟まれた土地

307

tax 【配置】
古ギリシャ語*táxis*（配置・順番）より

---

taxis
[tǽksis]

系統的配列・〈医学〉整復術
is（名詞化）➡配置すること

taxonomy
[tæksánəmi]

分類法
nomy（法則）➡配置する法則

動作関係

形容詞

人間

人間の心

人間の行為・知覚

人体

自然

その他の名詞

taxidermy
[tǽksədə̀rmi]

はくせい
剝製術
derm（肌）／y（名詞化）➡肌を配置すること

center・centri 【中心】
古ギリシャ語*kéntron*（鋭点・突き棒）より

center
[séntər]

中心・中核
「円の中心点」が原義

centrist
[séntrist]

中道派議員
ist（名詞化）

central
[séntrəl]

中心の・中央の
al（形容詞化）

centralization
[sèntrəlizéiʃən]

中央集権（化）
ation（名詞化）

centrifugal
[sentrífjugəl]

遠心性の
fug（逃げる）／al（形容詞化）➡中心から逃げた

centripetal
[sentrípətl]

求心性の
pet（求める）／al（形容詞化）➡中心を求めた

eccentric
[ikséntrik]

奇行・変わった
ec＝ex（外に）➡中心から外れた行為（の）

concentric
[kənséntrik]

同心の・集中的な
con＝com（共に）➡中心を共にした

self-centered
[sèlfséntərd]

自己中心の・利己的な
self（自己）／ed（形容詞化）

decentralize
[di:séntrəlàiz]

分散する・地方分権にする
de（分離）／ize（動詞化）➡中心から離す

cycle 【円】

古ギリシャ語 *kírkos*（円・輪）より
ラテン語 *circus*（円弧・競技会）より

cycle
[sáikl]

周期・一回転

circle
[sə́:rkl]

円・円形・輪・範囲
cle（指小辞：小さい）➡小さな輪

encircle
[insə́:rkl]

丸く囲む・取り巻く
en（中に）➡円の中に入れる

semicircle
[sémisə̀:rkl]

半円
semi（半）

circulate
[sə́:rkjəlèit]

巡る・（血液などが）循環する
ate（動詞化）➡円を描くように動く

circular
[sə́:rkjulər]

円形の・循環的な
ar（形容詞化）

encyclopedia
[insàikləpí:diə]

百科事典
en（中に）／pedia（教育）➡円形の教育の中に入れること➡全方位的な知識

encyclopedic
[insàikləpí:dik]

博学な・該博な
ic（形容詞化）➡全方位的な知識の

cyclone
[sáikloun]

サイクロン・大竜巻
「回転するもの」が原義

動作関係

形容詞

人間

人間の心

人間の行為・知覚

人体

自然

その他の名詞

427

cycling
[sáikliŋ]

サイクリング
自転車を乗り回すこと

encyclical
[insíklikəl]

（教皇が全司教にあてた）回勅（の）
en（中に）／al（名詞化・形容詞化）➡すべてに周る（もの）

cylinder
[sílindər]

円柱・気筒・シリンダー
円形のもの

circus
[sə́ːrkəs]

サーカス・曲芸
「輪」が原義。転じて「円形の興行場」

Cyclops
[sáiklɑps]

キュクロプス*・ミジンコ
ops（目）➡円形の目を持つもの
＊キュクロプス：ギリシャ神話に登場する一つ目の巨人

unicycle
[júːnisàikl]

一輪車
uni（1）➡1つの円を持つもの

bicycle
[báisikl]

自転車
bi（2）➡2つの円を持つもの

tricycle
[tráisəkl]

三輪車
tri（3）➡3つの円を持つもの

wheel
[hwíːl]

車輪・（自動車の）ハンドル
古英語hwēol（車輪）より。ギリシャ語kýklosとは語源学的に親戚。

search
[sə́ːrtʃ]

調べる・捜す・調査する
「回って探す」が原義

research
[risə́ːrtʃ]

研究する・研究
re（繰り返し）➡繰り返し捜す（こと）

sphere 【球】
古ギリシャ語*sphaîra*（球体）より

sphere
[sfíər]
球・天体・範囲

atmosphere
[ǽtməsfiər]
大気・雰囲気
atmos（水蒸気）➡地球の周りの空気のあるところ

hemisphere
[hémisfiər]
半球
hemi（半分）

biosphere
[báiəsfiər]
生物圏
bio（生物）

ecosphere
[ékousfiər]
生態圏
eco（生態）

exosphere
[éksousfiər]
外気圏
exo（外の）

hydrosphere
[háidrəsfiər]
水圏・水海
hydro（水）

centrosphere
[séntrəsfiər]
（地球の）中心圏
centro（中心）

periphery
[pərífəri]
周辺・外圏
peri（周囲の）➡周囲を取り囲む範囲

poss・poten 【力】

ラテン語*potis*(能力のある)より
ラテン語*posse*(できる・可能性がある)より

---

potent
[póutnt]

有力な・勢力がある
ent(形容詞化)

---

potential
[pəténʃəl]

可能性のある・潜在的な
ial(形容詞化)➡力を秘めた

---

impotent
[ímpətənt]

無力な・性的能力のない
im=in(否定)➡力のない

---

omnipotent
[ɑmnípətənt]

全能の
omini(すべて)➡あらゆる力を持った

---

possible
[pásəbl]

可能な・起こりうる
ible(形容詞化)

---

impossible
[impásəbl]

不可能な・起こりえない
im=in(否定)

---

possess
[pəzés]

(土地・物などを)所有する
sess(座る)➡力を持ち座る➡主人として君臨する➡土地を持つ

---

dispossess
[dìspəzés]

(土地・物などを)没収する
dis(否定)

---

power
[páuər]

力・能力・強さ
ラテン語*posse*より。wは発音しやすいように、あとで挿入された。

---

powerful
[páuərfəl]

強力な・勢力のある
ful(形:満ちた)➡力に満ちた

empower
[impáuər]

（人に）権利・権限を与える
em＝en（中に）➡力の中に入れる➡力を持つようにする

312

dyna 【力】
古ギリシャ語 *dúnamis*（力・能力）より

---

dynamic
[dainǽmik]

動的な・精力的な
ic（形容詞化）

dynamics
[dainǽmiks]

力学・原動力
ics（学問）

dynamo
[dáinəmòu]

ダイナモ・（直流用の）発電機・エネルギッシュな人
dynamoelectric machine の略

dynasty
[dáinəsti]

王朝・権力者群
「力を持った人々」が原義

dynamite
[dáinəmàit]

ダイナマイト・衝撃的なこと
ite（爆薬）

---

dynamism
[dáinəmìzm]

力強さ・大きな変化・力本説*
ism（説）➡力本説

＊力本説：自然現象を力の作用で説明する理論

val 【価値・力】

ラテン語 *valēre*（有力である・健康である）より

---

value
[vǽljuː]

価値・評価・評価する

---

devaluate
[diːvǽljuèit]

価値を減じる・（通貨の）平価を切り下げる
de（下に）／ate（動詞化）➡価値を下げる

---

undervalue
[ʌ̀ndərvǽljuː]

過小評価する
under（下に）➡価値を下げる

---

invaluable
[invǽljuəbl]

貴重な・価値のある
in（否定）／able（形：可能）➡価値を量ることができない

---

equivalent
[ikwívələnt]

同等の・等価の
equi（等しい）／ent（形容詞化）➡等しい価値がある

---

valid
[vǽlid]

正当な・根拠の確かな・法的に根拠のある
id（形容詞化）

---

invalid
[invǽlid]

無効の・根拠の薄い
in（否定）

---

invalid
[ínvəlid]

病弱者・傷病者
in（否定）／id（名詞化）

---

validate
[vǽlədèit]

有効にする・正当性を立証する
ate（動詞化）

---

valiant
[vǽljənt]

勇敢な
「力のある」が原義

---

avail
[əvéil]

役立つ・利用する・利益・効用
a(強意)➡価値がある(こと)

available
[əvéiləbl]

利用できる・使用できる
able(形:可能)

prevail
[privéil]

有力である・勝つ・広く一般に存在する
pre(前に)➡先に価値がある➡他に勝つ

countervail
[kàuntərvéil]

対抗する・相殺する
counter(反対)➡反対する力のある

ambivalent
[æmbívələnt]

両価的な・愛憎併存の
ambi(両側の)／ent(形容詞化)➡2つの価値がある

evaluate
[ivǽljuèit]

評価する
e＝ex(外に)／ate(動詞化)➡価値を外に表す

valor
[vǽlər]

武勇・勇気
「力のある」が原義

314

sol 【完全】
ラテン語 *sollus*(完全な)より

---

solicit
[səlísit]

嘆願する・請う
cit(振る)➡完全に振る➡かき乱す

solicitor
[səlísətər]

事務弁護士
or(名詞化)

動作関係

形容詞

人間

人間の心

人間の行為・知覚

人体

自然

solemn
[sáləm]

厳粛な・重々しい・儀式ばった
n（年）➡完全な年の➡まる一年の➡一年ごとの➡一年ごとの宗教的儀式の➡おごそかな

solid
[sálid]

固体の・立体の・しっかりした
「完全な」が原義

solidify
[səlídəfài]

凝固させる・固める・団結させる
ify（動詞化）

consolidate
[kənsálədèit]

固める・強固にする・（会社・土地などを）統合整理する・合併する
con＝com（共に）／ate（動詞化）➡共にくっつけて完全にする

315

num 【数・数える】
ラテン語*numerus*（数）より

---

number
[nʌ́mbər]

数・数字

numberless
[nʌ́mbərlis]

無数の・番号のない
less（形：～のない）

renumber
[rinʌ́mbər]

再び数える・番号を変更する
re（再び）

numeral
[njúːmərəl]

数字の・数詞
al（形容詞化・名詞化）

numerous
[njúːmərəs]

たくさんの
ous（形：満ちた）➡数が満ちあふれた

numerical
[njuːmérikəl]

数の
ical（形容詞化）

enumerate
[injúːmərèit]

列挙する
e＝ex（外に）／ate（動詞化）➡数えるために外に出す

supernumerary
[sjùːpərnjúːmərəri]

定員外の・臨時雇い
super（超過）／ary（形容詞化・名詞化）➡余分な（数）

innumerable
[injúːmərəbl]

無数の
in（否定）／able（形：可能）➡数えることができないほどの

outnumber
[àutnʌ́mbər]

～より数で勝る
out（～より優れて）➡～より数の上で優れている

316

rang・rank 【線・列】

古フランス語**reng**（線・列）より

---

range
[réindʒ]

幅・範囲・射程・（ある地域を）くまなく歩き回る
「列」が原義

ranger
[réindʒər]

森林警備官・遊撃兵・レンジャー
er（名：人）➡**range**（くまなく歩き回る）する人

arrange
[əréindʒ]

配列する・整える・アレンジする
ar＝ad（～に）➡列に並べる

derange
[diréindʒ]

混乱させる・調子を狂わせる
de＝dis（離す）➡列から離す

rank
[rǽŋk]

階級・地位・並び
「列」が原義

ranking
[rǽŋkiŋ]

上級の・卓越した・ランキング
ing（形：属する）➡列に属した（もの）

meter・metry 【計量器・長さ・測る】
古ギリシャ語*métron*（尺度）より

meter
[míːtər]

メートル・メーター

diameter
[daiǽmətər]

直径
dia（通して）➡円を横切って測ったもの

perimeter
[pərímətər]

周囲（の長さ）
peri（周囲）➡周囲を測ること

pedometer
[pədámətər]

万歩計・歩数計
pedo（足）➡足の動いた回数を測るもの

geometry
[dʒiámətri]

幾何学
geo（土地）➡土地を測ること

symmetry
[símətri]

相称・均整
sym＝syn（同じ）➡同じ長さ

barometer
[bərámitər]

気圧計・バロメーター
baro（圧力・重量）➡圧力を測るもの

optometer
[aptámətər]

視力測定器
opt（視力）➡視力を測るもの

318 demi 【半】
ラテン語*dīmidius*（半分の）より

demigod
[démigὰd]

半神
god（神）

demitasse
[démitæs]

デミタス・デミタスコーヒー
tasse（フランス語：カップ）➡半分のカップ

demiglace
[démiglèis]

デミグラスソース
glase（照りをつける）➡半分煮詰めたもの

319 uni 【1】
ラテン語*ūnus*（1つの）より

unicorn
[júːnəkɔ̀ːrn]

ユニコーン・一角獣
corn（角）➡1つの角を持ったもの

union
[júːniən]

連合・組合・労働組合

unit
[júːnit]

単位・構成単位

unite
[juːnáit]

1つにする・統合する
ite（動詞化）

unify
[júːnəfài]

統一する・一本化する
ify（動詞化）

unique
[juːníːk]

唯一の・匹敵するもののない

320

bi 【2】

ラテン語*bis*（2度・2重に）より

---

bicycle
[báisikl]

自転車
cycle（輪）➡二輪車

binocular
[bənάkjulər]

両眼の
ocular（眼の）
cf. binoculars（双眼鏡）

biennial
[baiéniəl]

隔年の・2年間続く
enn（年）／al（形容詞化）➡2年の

biscuit
[bískit]

ビスケット・きつね色
cuit（調理する）➡2度焼かれたもの

321

tri 【3】

ラテン語*trēs*（3つの）より

---

trio
[tríːou]

トリオ・三人組・三重奏

triangle
[tráiæŋgl]

三角形
angle（角）

438

trichotomy
[traikátəmi]

三分法
tom（切る）／y（名詞化）➡ 3 つに切り分けること

triceratops
[traisérətùps]

トリケラトプス・三角竜
cera（角）／ops（顔）➡ 3 つの角を顔に持ったもの

troika
[trɔ́ikə]

トロイカ*・三頭制
*トロイカ：ロシアの三頭立馬車

322

dec 【10】
古ギリシャ語***déka***（10）より
ラテン語***decem***（10）より

---

decade
[dékeid]

10 年間
ade（名詞化）

Decameron
[dikǽmərən]

『十日物語』
meron（日）
イタリア語より

decimal
[désəməl]

少数の・十進法の・少数
al（形容詞化・名詞化）➡ 10 分の 1（の）

decimate
[désəmèit]

（戦争などで）多くの人を殺す
ate（動詞化）
元々は古代ローマの反乱者の中からくじで選んだ 10 人に 1 人
を処刑するという意味。

decibel
[désəbèl]

デシベル
bel（ベル：音の強さ・電力などの大きさの単位）➡ 1 ベルの 10
分の 1 がデシベル

december
[disémbər]

12 月
古代ローマでは 3 月を年始としており、3 月から数えて 10 番目の
月という意味。

dime
[dáim]

ダイム
米国・カナダの 10 セント硬貨。「10 分の 1」が原義。

ten
[tén]

10・10 の
古英語*téne*より

---

323 | **cent** 【100】
ラテン語*centum*(100)より

---

cent
[sént]

セント
100 分の 1 ドル

century
[séntʃəri]

世紀
y(名詞化) ➡ 100 年間

centenarian
[sentənéəriən]

100 歳(以上)の人
en(年)/an(名詞化) ➡ 100 年の人

centigrade
[séntəgrèid]

摂氏の・百分度の
grade(度) ➡ 100 分度の

centimeter
[séntəmìːtər]

センチメートル
meter(メートル) ➡ 100 分の 1 メートル

percent
[pərsént]

パーセント・パーセントの
per(〜につき) ➡ 100 につき

percentage
[pərséntidʒ]
パーセンテージ・割合
age(名詞化)

324
mill 【1000】
ラテン語*mille*(1000)より

mile
[máil]
マイル
ラテン語*mille passūs*(1000歩)の略

mileage
[máilidʒ]
総マイル数・燃費
age(名詞化)

millennium
[miléniəm]
千年間・千年紀
enn(年)／**ium**(名詞化) ➡ 1000年の間

millimeter
[míli:mitər]
ミリメーター
meter(メートル) ➡ 1000分の1メートル

million
[míljən]
百万・多数の
1000の1000倍(の)

millionaire
[miljənéər]
百万長者・大金持ち
aire(名:〜を持っている人)

325
nom・onym・onoma・noun 【名前】
古ギリシャ語*ónoma*(名前)より
ラテン語*nōmen*(名前)より

nominal
[námənl]
名ばかりの・名目の
al(形容詞化)

nomenclator
[nóumənklèitər]
学名命名者
cla（呼ぶ）／or（名：人）➡名前を呼ぶ人

nominate
[námənèit]
指名する・任命する
ate（動詞化）

denominate
[dinámənèit]
命名する・称する
de（強意）➡名前をつける

ignominy
[ígnəmini]
不名誉・屈辱
ig＝in（否定）／iny（名詞化）➡良くない名前

synonym
[sínənìm]
同意語・類義語
syn（同じ）

antonym
[ǽntənìm]
反意語・対語
ant（反対）

acronym
[ǽkrənìm]
頭字語*
acro（先端）➡それぞれの単語の先端で出来た名前
＊頭字語：ASEAN＝Association of Southeast Asian Nations
（東南アジア諸国連合）など

anonym
[ǽnənìm]
仮名・変名・匿名使用者
an（無い）➡名前のないこと

onymous
[ánəməs]
名を明らかにした
ous（形容詞化）➡名前の

onomancy
[ánəmæ̀nsi]
姓名判断
ancy（名詞化）➡名前の判断

onomatopoeia
[ànoumæ̀toupíə]
擬声語・擬音語
poe（つくる）／ia（名詞化）➡つくられた名前

onomastic
[ɔ̀nəmǽstik]

固有名詞の・名前の
ic（形容詞化）

autonym
[ɔ́:tənìm]

本名
auto（自分の）

allonym
[ǽlənìm]

偽名・仮名・偽名で出版した作品
allo（異なる）

metonym
[métənìm]

換喩*
met＝meta（変化）➡本来の名前の意味から変化したもの
＊換喩：あるものを表すのに、それに深い関係があるもので置き換える方法のことをいう。例えば、日本語では「霞ヶ関」が「官僚」の意味で使われる。英語の場合、**Washington**が「政府」の意味で使われる例がある。

paronym
[pǽrənìm]

同語源語・同根語
par＝para（近い）

pseudonym
[sú:dənìm]

偽名・ペンネーム
pseud（嘘の）

homonym
[hámənìm]

同音異義語*
homo（同じ）➡名前だけが同じもの
＊同音異義語：**bear**（クマ）と**bear**（耐える）など

heteronym
[hétərənìm]

同綴異音異義語*
hetero（異なる）➡異なる音・意味を持つもの
＊同綴異音異義語：例えば**bow**は[báu]の発音で「おじぎする」、[bóu]の発音で「弓」の意味

noun
[náun]

名詞
「名前」が原義

pronoun
[próunàun]

代名詞
pro（代わりの）➡代わりの名前

renown
[rináun]

高名・有名
re（強意）➡名づけること➡有名にすること

renowned
[rináund]

有名な・名高い
ed（形容詞化）

name
[néim]

名前・名づける

326

fund・found 【基礎】

ラテン語*fundāre*（土台を据える）より
ラテン語*fundus*（底・基礎）より

---

fund
[fʌnd]

基金・資金
底➡基礎

fundamental
[fʌndəméntəl]

基礎の・根本的な・原理
al（形容詞化・名詞化）

found
[fáund]

設立する・～の基礎を築く
「基礎を置く」が原義

founder
[fáundər]

創立者
er（名：人）

foundation
[faundéiʃən]

基礎・土台・財団・ファウンデーション
ation（名詞化）

profound
[prəfáund]

深遠な・学殖の深い
pro（前に）➡底の前の➡深い

bottom
[bátəm]

下部・底・尻
古英語 *botm*（底）より

327

mod 【尺度】
ラテン語 *modus*（尺度・量・型）より

---

mode
[móud]

様式・流行
e（指小辞：小さい）➡小さな尺度

à la mode
[à: lə móud]

流行の・〈アメリカ〉アイスクリームののった
フランス語で「流行の」の意味

model
[mádl]

模型をつくる・手本・模範・モデル
el（指小辞：小さい）➡小さな尺度

modal
[móudl]

様式の・形式上の
al（形容詞化）

remodel
[ri:móudl]

改造する・改作する
re（再び）➡再び模型を作る

modify
[mádəfài]

修正する・変更する
fy（動詞化）➡尺度に合わせる

modifier
[mádəfàiər]

修飾語
er（名詞化）➡修飾するもの

modern
[mádərn]

現代の・近代の
「尺度となる時の」が原義

moderate
[mádərət]

適度の・穏やかな
ate（形容詞化）➡尺度に合った

modest
[mádist]

控えめな・謙遜な
「尺度に合った」が原義

modish
[móudiʃ]

(否定的に)流行の
ish（形：〜っぽい）

immodest
[imádist]

無遠慮な・下品な
im＝in（否定）

commode
[kəmóud]

移動式洗面台・飾りだんす
com（共に）➡人々が共通の尺度を持ったもの➡便利なもの

commodity
[kəmádəti]

必需品・日用品
com（共に）➡人々が共通の尺度を持ったもの

accommodate
[əkámədèit]

(建物が人を)収容する・調整する
ac＝ad（〜に）／com（一緒に）／ate（動詞化）➡一緒に形の中に入れる（「音程の合致」が原義）

accommodation
[əkàmədéiʃən]

収容施設・順応
ation（名詞化）

modulus
[mádʒuləs]

〈数学〉絶対値・〈物理〉係数・率
「尺度」が原義

module
[mádʒu:l]

モジュール・測定基準
「尺度」が原義

mold
[móuld]

型・性質
「尺度」が原義

328 norm 【基準】
ラテン語*norma*（定規・規範）より

norm
[nɔ́:rm]

基準・典型・模範・平均

normal
[nɔ́:rməl]

標準の・普通の
al（形容詞化）

normalize
[nɔ́:rməlàiz]

標準的にする・基準に合わせる
ize（動詞化）

abnormal
[æbnɔ́:rməl]

異常な・正常でない
ab（離れて）➡正常から離れた

subnormal
[səbnɔ́:rməl]

正常以下の・低知能の
sub（下の）➡正常下の

enormous
[inɔ́:rməs]

莫大な・法外に大きな
e＝ex（外に）／**ous**（形容詞化）➡基準の外にある

329 term 【境界・終わり】
ラテン語*terminus*（境界・終わり）より
ラテン語*termināre*（境界を定める・終わらせる）より

term
[tə́:rm]

学期・任期・期間・専門用語
「限度」が原義

terminal
[tə́:rmənl]

終わりの・末期の
al（形容詞化）

terminus
[tə́:rmənəs]
終点・終着点・末端
「境界」が原義

coterminous
[koutə́:rmənəs]
隣接した
co(一緒に)／ous(形容詞化)➡同じ境界を持った

terminology
[tə̀:rmənáləd3i]
専門用語
log(言葉)➡他とはある境界で区切られた言葉

terminate
[tə́:rmənèit]
終える・終わらせる・解除する
ate(動詞化)

interminable
[intə́:rmənəbl]
際限のない・無期限の
in(否定)／able(形:可能)➡境界を決めることのできない

exterminate
[ikstə́:rmənèit]
根絶する・皆殺しにする
ex(外に)➡境界の外に出す

determine
[ditə́:rmin]
決定する・(意味を)限定する
de(強意)➡はっきりと境界を引く

predetermine
[prì:ditə́:rmin]
あらかじめ決める
pre(前に)➡前もってdetermine(決定する)

330

arm 【武器・武装させる】
ラテン語*arma*(道具・武器)より
ラテン語*armāre*(装備する・武装する)より

---

arm
[á:rm]
武装させる・武器・兵器
cf.「武器・兵器」の意味ではsをつけてarmsとする

army
[á:rmi]
軍隊・陸軍
y(名詞化)

armor
[ɑ́:rmər]

鎧
or（名詞化）

armpit
[ɑ́:rmpìt]

わきの下・不快な場所
pit（くぼみ）

armchair
[ɑ́:rmtʃéər]

ひじ掛け椅子・理論だけで実際の経験のない
chair（椅子）

armistice
[ɑ́:rməstis]

休戦・停戦
st（立つ・止める）／**ice**（名詞化）➡武器を持つのを止めること

armory
[ɑ́:rməri]

兵器庫・兵器工場
ory（名：場所）

armlet
[ɑ́:rmlit]

ブレスレット・腕輪
let（指小辞：小さい）➡腕につける小さなもの

armada
[ɑ:rmɑ́:də]

艦隊・アルマダ*
「軍隊」が原義（スペイン語より）
＊アルマダ：後に「無敵艦隊」と呼ばれたスペインの艦隊。1588
年、英仏海峡にて英国に敗れる。

armament
[ɑ́:rməmənt]

軍備・兵器
ment（名詞化）

disarmament
[disɑ́:rməmənt]

武装解除・軍縮
dis（分離）➡**armament**（軍備）から離れること

rearm
[riɑ́:rm]

再軍備する
re（再び）➡再び武器をとる

armadillo
[àrmədílou]

アルマジロ
illo（指小辞：小さい）➡武装された小さなもの（スペイン語より）

alarm

[əlá:rm]

警報

元はイタリア語*all'arme*（武器をとれ）より。原義は戦場の警告に限られていたが、その後、意味が拡張し、「目覚まし時計」（**alarm clock**）にすら用いられるようなった。

331

bel·vel·el 【戦争】

ラテン語*bellum*（戦争）より
ラテン語*duellum*（戦争）より

---

bellicose

[bélikòus]

好戦的な・けんか好きな
ose（形：多い）➡戦争の多い

belligerent

[bəlídʒərənt]

好戦的な・戦争中の
ger（行う）／**ent**（形容詞化）

ante-bellum

[æntibéləm]

戦前の
ante（前の）➡戦争の前の

post-bellum

[pòustbéləm]

戦後の
post（後の）➡戦争の後の

rebel

[rébəl]

反逆する・反乱を起こす
re（反して）➡戦争を起こして逆らう

rebellion

[ribéljən]

反逆・反乱・謀反
ion（名詞化）

revel

[révəl]

（～を）非常に喜ぶ・どんちゃん騒ぎをする
re（反して）➡戦争を起こす➡騒ぎを起こす

revelry

[révəlri]

お祭り騒ぎ
ry（名詞化）

duel
[djúːəl]

決闘・争い
du＝duo(2)➡ 2 者の戦い

tox 【毒・弓】
古ギリシャ語 *tóxon*(弓)より

toxin
[táksin]

毒素

toxic
[táksik]

毒に起因する・中毒性の
ic(形容詞化)➡弓の(昔、弓に毒を塗ったことから「毒」の意味が生まれた)

antitoxin
[æntaitáksin]

抗毒素
anti(反して)➡毒に反するもの

toxemia
[taksíːmiə]

毒血症
emia(名：血の状態)➡血が毒された状態

toxicology
[tàksikálədʒi]

毒物学
logy(学問)

toxophilite
[taksɔ́filàit]

弓術家
phil(愛する)／ite(名：人)➡弓を愛する人

detox
[ditáks]

解毒する・解毒
de(離す)➡毒から離す(こと)

intoxicated
[intáksikèitid]

酒に酔った・熱狂した
in(中に)➡中毒の

動作関係

形容詞

人間

人間の心

人間の行為・知覚

人体

自然

その他の名詞

451

arc・arch 【アーチ・弓】

333

ラテン語*arcus*（弓・アーチ）より

arch
[άːrtʃ]

アーチ・アーチ形の門・弓形（のもの）

arcade
[ɑːrkéid]

アーケード
ade（名詞化）

archer
[άːrtʃər]

弓兵・射手
er（名：人）➡弓を射る人

bureau 【机のカバー】

334

ラテン語*burra*（羊毛の生地）より

bureau
[bjúərou]

事務局・支局・局
「机のカバー」が原義

bureaucrat
[bjúrəkræt]

役人・官僚
crat（力）➡**bureau**（局）で力を持つ人

biblio・bibl 【本】

335

古ギリシャ語*búblos*（パピルス）より

bibliography
[bibliágrəfi]

参考文献一覧・書誌学
graph（書く）／y（名詞化）

452

bibliomania
[bibliouméiniə]

蔵書癖・書籍収集狂
mania（熱狂）

Bible
[báibl]

聖書
「書き集めたもの」が原義

336

car・cart 【紙】
ラテン語*charta*（パピルス紙・書類）より

card
[ká:rd]

厚紙・紙幣・名刺・切り札
「パピルスの1葉」が原義

discard
[diská:rd]

捨てる・放棄する
dis（離れて）➡カードを手から離す

cartel
[kɑ:rtél]

カルテル・企業連合
「小さな紙」が原義。元々は、1887年のドイツの保守党と自由党
の提携を意味するのに使われた。

chart
[tʃá:rt]

図表・海図・カルテ
「紙」が原義

cartoon
[kɑ:rtú:n]

風刺漫画
「厚紙に書かれた絵」が原義

cartridge
[ká:rtridʒ]

弾薬筒・カートリッジ
「紙でできた薬包」が原義

carton
[ká:rtn]

カートン・ボール箱
on（名詞化）

cartography
[kɑːrtágrəfi]

地図製作
graph（書く）／y（名詞化）

charter
[tʃɑ́ːrtər]

契約で借りる・憲章
er（指小辞：小さい）➡小さい紙（を用いる）➡特権状（借りる）

337

tach・tack 【杭】
古英語*staca*（ピン・杭）より

---

attach
[ətǽtʃ]

貼り付ける・付け加える
at＝ad（〜に）➡杭に固定する

detach
[ditǽtʃ]

引き離す・取り外す
de（分離）➡杭から離す

attack
[ətǽk]

攻撃する・非難する
at＝ad（〜に向かって）➡〜に向かって杭を打つ

counterattack
[káuntərətǽk]

反撃・逆襲
counter（反対に）➡反対に**attack**（攻撃する）こと➡やり返すこと

stake
[stéik]

杭・棒・火刑
「刺すもの」が原義

338

bar 【棒】
俗ラテン語*barra*（棒・障害物）より

---

bar
[bɑ́ːr]

横棒・障害物・バー・閉鎖する・妨げる
「細長い棒」から

454

debar
[dibá:r]

締め出す・除外する・禁止する
de（離れて）➡棒から離す➡追放する

disbar
[disbá:r]

弁護士資格をはく奪する
dis（分離）➡棒から離す➡追放する

barrel
[bǽrəl]

樽・バレル（石油容量の単位）
「棒」が原義

barricade
[bǽrəkèid]

バリケード・防柵・障害物
ade（名：材料）➡棒でつくった防塞物

barrier
[bǽriər]

柵・障害物
er（名：〜するもの）➡妨げるもの

barring
[bá:riŋ]

〜を除いて・〜がなければ
barの動詞の意味（妨げる）から

barrister
[bǽrəstər]

法廷弁護士
法廷で被告席を仕切ったbarrier（柵）に由来

embarrass
[imbǽrəs]

恥ずかしい思いをさせる
em＝in（中に）➡人の道に障害物を置く

embargo
[imbá:rgou]

出入港停止・禁輸
em＝in（中に）➡人の道に障害物を置くこと（スペイン語より）

339

vas　　　　【びん・器・管】

ラテン語vās（容器・〈生物〉管）より

vase
[véis]

花瓶・つぼ・かめ

vasiform
[véizifɔ:m]

管状の
form〔形〕

vasectomy
[væséktəmi]

精管切除術・パイプカット
tom〔切る〕➡精管を切ること

vessel
[vésəl]

船・飛行船・〈解剖〉管・血管
el〔指小辞:小さい〕

---

chest・cist 【箱】
古ギリシャ語***kístē***〔箱〕より

---

chest
[tʃést]

胸・胸中
「箱」が原義

chesty
[tʃésti]

胸部のよく発達した
y〔形容詞化〕

cist
[síst]

聖具箱・石棺

cistern
[sístərn]

タンク・水槽・貯水池
ern〔名詞化〕

---

sign 【印】
ラテン語***signāre***〔印をつける〕より

---

sign
[sáin]

署名する・兆し・痕跡・合図・標識・星座

signal
[sígnəl]

信号・シグナル・きっかけ
al（名詞化）

signature
[sígnətʃər]

署名・サイン
ture（名詞化）
日本語の「サイン」は和製英語で、有名人のサインなどには
autographという語を使う。

signet
[sígnit]

印・印判
et（指小辞：小さい）➡小さい印

insignia
[insígniə]

（官職・階級を示す）記章・バッジ
in（中に）➡印をつけたもの➡印で区別されたもの

signify
[sígnəfài]

〜を示す・〜の現れである
ify（動詞化）➡印をつける

significant
[signífikənt]

重要な・かなりの・意味ありげな
ant（形容詞化）

assign
[əsáin]

割り当てる・任命する
as＝**ad**（〜に）➡〜に印をつける

design
[dizáin]

設計する・予定する・企てる・見取り図・デザイン・計画
de（離す）➡印で示して離す（もの）➡指摘する（もの）

designate
[dézignèit]

指名する・任命する・称する
ate（動詞化）➡印で示して離す➡指摘する

resign
[rizáin]

辞職する・放棄する
re（反対に）➡帳簿の反対に記入して取り消す

ensign
[énsain]

（船・飛行機などの国籍を表す）旗・軍旗・記章
en＝**in**（中に）➡印をつけること➡記章

457

countersign
[káuntəsàin]

副署する・副署
counter（相補）➡相補にサインする（こと）

seal
[síːl]

密閉する・封印する・紋章・封緘・確証の印
l=lum（指小辞：小さい）➡文書につける小さな印（で塞ぐ）

---

nau・nav 【船】
古ギリシャ語*naûs*（船）より

---

nausea
[nɔ́ːziə]

吐き気・悪心・嫌悪
「船酔い」から

ad nauseam
[æd nɔ́ːziæm]

嫌になるほど
ad（〜に）➡吐き気を催すまで

nauseate
[nɔ́ːzièit]

むかつかせる・吐き気を催させる
ate（動詞化）

nautical
[nɔ́ːtikəl]

海上の・航海の
al（形容詞化）➡船の

noise
[nɔ́iz]

雑音・騒音・物音
正式な語源は不明だが、一説にはラテン語の*nausia*（吐き気・嫌悪）から

astronaut
[æstrənɔ́ːt]

宇宙飛行士
astro（星）➡星の船乗り

aeronautics
[èərənɔ́tiks]

航空学
aero（空中の）／ics（名：術）➡空中の船乗りの術

navigate
[nǽvəgèit]

（船を）操舵する
g=ag（動かす）／ate（動詞化）➡船を動かす

circumnavigate
[sə̀:kəmnǽvìgeit]

周航する

circum(周りに)➡周りをnavigate(操舵する)

navy
[néivi]

海軍・ネイビーブルー

「船」が原義

naval
[néivəl]

船の・海軍の

al(形容詞化)

mole・mol 【大きな塊・集合体】

ラテン語*mōlēs*(塊・大量)より

mole
[móul]

防波堤・突堤

「大きな塊」が原義

cf. moleには他に3つの意味がある(同綴異義語:同じ綴りで違う意味の単語)。1つめのmoleは「ほくろ」。これは古英語*māl*からで、語源は別。2つめは「モグラ」という意味で、これは語源が不詳。「モグラ」の意味が転じて「スパイ」の意味で使われることもある(地中に潜ることから比喩的に)。3つめは化学の単位で「モル」というもので、これはドイツ語の*molekulargewicht*(molecular weight:分子の重さ)の略。従って上記のmoleとは語源が同じ(「モル」の意味ではmolと綴ることもある)。

molecule
[mάləkjù:l]

分子・微粒子

cule(指小辞:小さい)➡小さな塊

molest
[məlést]

危害を加える・淫らなことをする

「重荷を与えること」が原義

demolish
[dimάliʃ]

(建物を新築・移転などのために)取り壊す・粉砕する

de(下に)/ish(動詞化)➡大きな塊を下に崩す

動作関係

形容詞

人間

人間の心

人間の行為・知覚

人体

自然

その他の名詞

leg・lit・loy 【法律・訴訟】

ラテン語*lex*(法・法律)より
ラテン語*litigāre*(訴訟を起こす)より

legal
[líːgəl]

法律の・合法の
al(形容詞化)

illegal
[ilíːgəl]

違法の
il＝in(否定)➡合法でない

legitimate
[lidʒítəmət]

合法の・適法の
ate(形容詞化)

illegitimate
[ilidʒítəmət]

(子どもが)非嫡出の・不法の
il＝in(否定)／ate(形容詞化)➡合法でない

privilege
[prívəlidʒ]

特権
priv(単一の)➡個人のための法律

allege
[əlédʒ]

主張する
al＝ex(外に)➡訴訟の外に証拠を持ち出す➡口実を持ち出す

legislate
[lédʒislèit]

法律を制定する
ate(動詞化)

legislature
[lédʒislèitʃər]

立法府
ure(名詞化)

litigate
[lítəgèit]

訴訟に持ち込む
ate(動詞化)

loyal
[lɔ́iəl]

忠実な・誠実な
「法的・合法な」が原義

loyalty
[lɔ́iəlti]

忠実・忠義
ty（名詞化）

345

ju・just・jur 　【法・裁く】
ラテン語*jūs*（法・法律・法廷）より
ラテン語*jūdicāre*（裁く・宣言する）より

judge
[dʒʌ́dʒ]

裁判する・判断する・裁判官

misjudge
[misdʒʌ́dʒ]

誤った判断をする
mis（誤って）

adjudge
[ədʒʌ́dʒ]

判決する・(賞罰などを)授与する
ad（〜に）➡〜に宣告する

judgement
[dʒʌ́dʒmənt]

判断・判決・天罰
ment（名詞化）

judgmental
[dʒʌ́dʒméntl]

批判的な・簡単に決めつける
al（形容詞化）➡判断の

judicial
[dʒu:díʃəl]

裁判の・司法の
al（形容詞化）

prejudice
[prédʒudis]

先入観・偏見
pre（前に）➡人のことをよく知る前に裁くこと

adjust
[ədʒʌ́st]

調整する・調節する
ad（〜に）➡公正にする

adjudicate
[ədʒú:dikèit]

裁く・判決する
ad（〜に）➡公正にする

動作関係

形容詞

人間

人間の心

人間の行為・知覚

人体

自然

その他の名詞

461

judicial
[dʒuːdíʃəl]
司法の・公正な
al（形容詞化）

judicious
[dʒuːdíʃəs]
思慮深い
ous（形容詞化）➡裁きの➡判断力がある

judicature
[dʒúːdikèitʃər]
司法行政
ture（名詞化）

injudicious
[indʒuːdíʃəs]
知恵の足りない・思慮のない
in（否定）

juridical
[dʒuərídikəl]
司法の・裁判の
dic（話す）／al（形容詞化）➡法が宣言した

jurisdiction
[dʒùərisdíkʃən]
司法権・裁判権・管轄区
dict（話す）／ion（名詞化）➡法が宣言する範囲

jurisprudence
[dʒùərisprúːdns]
法学・法体系
prudence（賢明さ）➡法律の知識

jurist
[dʒúərist]
法学者・法律専門家
ist（名：人）

just
[dʒʌst]
正義の・公正な・ちょうど・単なる
「正しい」が原義

justice
[dʒʌstis]
正義・道義・裁き
ice（名詞化）

injustice
[indʒʌstis]
不正・不法・不当
in（否定）

justify
[dʒʌstəfài]
正当化する・弁明する
ify（動詞化）

jury [dʒúəri]	陪審 「誓い」が原義	

juror [dʒúərər]	陪審員 or（名：人）➡誓う人

abjure [æbdʒúər]	放棄する・破棄する ab（離れて）➡物を手放す誓いを立てる

conjure [kándʒər]	すばやく出す・彷彿させる con＝com（一緒に）➡一緒に誓うために悪魔や霊を呼び出す

injure [índʒər]	傷つける・痛める in（否定）➡正しくない状態にする

injury [índʒəri]	傷害・けが y（名詞化）

perjure [pə́ːrdʒər]	偽証する per（離れて）➡離れて誓う➡嘘の誓いを立てる

346

nomy 【法・管理】
古ギリシャ語***nómos***（法・習慣）より

astronomy [əstránəmi]	天文学 astro（星・天体）➡天体の法則

economy [ikánəmi]	経済活動・経済学 eco（家）➡家の管理

autonomy [ɔːtánəmi]	自治権・自治国家 auto（自分で）➡自分で管理すること

gastronomy
[gæstránəmi]

美食法・料理法
gastro（胃）➡胃に入れるものの法則

---

test 【証言・証拠】

ラテン語***testārī***（証言する）より
ラテン語***testis***（証人・証拠）より

---

testify
[téstəfài]

証明する・証言する
ify（動詞化）

---

testimony
[téstəmòuni]

証言・言明
mony（名詞化）

---

testament
[téstəmənt]

証し・遺言
ment（名詞化）➡証明するもの

---

testicle
[téstikl]

睾丸
cle（指小辞：小さい）➡男性であることを証明する小さいもの

---

testate
[tésteit]

法的に有効な遺言を残した
ate（形容詞化）➡証拠のある

---

intestate
[intésteit]

法的に有効な遺言を残さない
in（否定）

---

contest
[kántest]

争う・争い・コンテスト
con＝com（共に）➡2人が共に力を証明しあう（こと）

---

contestant
[kəntéstənt]

競争者
ant（名詞化）

---

attest
[ətést]

証明する・証言する
at＝ad（〜に）➡人に向かって証言する

464

detest
[ditést]

ひどく嫌う
de（下に）➡下に証言する➡悪く言う

protest
[prətést]

抗議する・表明する
pro（前に）➡前を向いて証言する➡堂々と述べる

Protestant
[prátəstənt]

プロテスタント
ant（名詞化）➡ 1529 年、シュパイエル帝国議会の決定に抗議文
を提出したルター派

culpa 【罪】
ラテン語*culpa*（罪・過失）より

culprit
[kʌ́lprit]

刑事被告人・罪人
prit（用意する）➡告訴側に罪を立証する用意をされた人

culpable
[kʌ́lpəbl]

非難に値する・有罪の
able（形:可能）➡罪を受けうる➡責められる

exculpate
[ékskʌlpèit]

無罪にする・（罪・責任から）免れさせる
ex（外に）／ate（動詞化）➡罪の外に出す

inculpate
[inkʌ́lpeit]

非難する・罪を負わせる
in（中に）／ate（動詞化）➡罪の中に入れる

動作関係

形容詞

人間

人間の心

人間の行為・知覚

人体

自然

その他の名詞

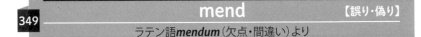

349 mend 【誤り・偽り】

ラテン語*mendum*(欠点・間違い)より

amend [əménd]	(法案などを)修正する・改正する a＝e＝ex(外に)➡誤りを外に出す
mend [ménd]	修繕する・火に燃料を加える・修繕 amendのaが消失した形
emend [iménd]	(原稿などの)校訂をする e＝ex(外に)➡誤りを外に出す
mendacious [mendéiʃəs]	偽りの ious(形容詞化)

350 cause・cuse 【理由・責任・訴訟】

ラテン語*causa*(理由・責任・訴訟)より

cause [kɔ́:z]	原因・要因
causal [kɔ́:zəl]	原因の・因果関係の al(形容詞化)
because [bikɔ́:z]	なぜなら〜・〜だから be(よって)➡その理由によって
accuse [əkjú:z]	(人を)責める・非難する ac＝ad(〜に)➡訴訟にする➡告発する

excuse
[ikskjú:z]

許す・容赦する・口実・弁解
ex(外に)➡責任から逃れる(こと)

inexcusable
[ìnikskjú:zəbl]

言い訳の立たない・弁解のできない
in(否定)／able(形:可能)➡excuse(言い訳)のできない

351

ver 【真実】
ラテン語*vērus*(真実の・本物の)より

---

very
[véri]

とても・非常に・まさに
「真実の」が原義

verify
[vérəfài]

間違いがないか確認する・立証する
ify(動詞化)

veracious
[vəréiʃəs]

いつも真実を語る・正直な
ous(形容詞化)

verisimilitude
[vèrəsimílətjù:d]

本当らしさ
simil(似ている)／tude(名詞化)➡本物に似ていること

aver
[əvə́:]

(確信をもって)主張する・断言する
a＝ad(〜に)➡真実にする

352

pen・pun 【罰・悔やませる】
ラテン語*poena*(罰金・罰)より
ラテン語*pūnīre*(罰する・復讐する)より

---

penal
[pí:nl]

刑罰の
al(形容詞化)

penalty
[pénəlti]

刑罰・罰金
ty（名詞化）

repent
[ripént]

後悔する
re（再び）➡再び悔やませる

penitent
[pénətənt]

悔い改めた
ent（形容詞化）

penitentiary
[pènəténʃəri]

更生施設・刑務所
ary（名：場所）➡悔い改めるための場所

punish
[pʌ́niʃ]

罰する
ish（動詞化）

punishment
[pʌ́niʃmənt]

処罰・刑罰
ment（名詞化）

punitive
[pjú:nətiv]

（課税が）過酷な・処罰のための
ive（形容詞化）

impunity
[impjú:nəti]

刑罰を逃れること・無事
im＝in（否定）／ity（名詞化）➡罰せられないこと

pain
[péin]

苦痛・苦しみ・痛み
「刑罰」が原義

painful
[péinfəl]

痛い・嫌な
ful（形：いっぱいの）

painless
[péinlis]

痛みのない・簡単にできる
less（形：〜のない）

painstaking
[péinztèikiŋ]

（仕事などが）骨の折れる
s（複数）／**take**（取る）／ing（形容詞化）➡苦痛を多く伴った

468

painkiller
[péinkìlər]

鎮痛剤
kill（殺す）／**er**（名：〜するもの）➡痛みを殺すもの

pine
[páin]

思い焦がれる・切望する・やつれる
「苦痛」が原義

353

pluto　　　　　【富】
古ギリシャ語 *ploûtos*（富）より

---

plutocracy
[plu:tákrəsi]

金権政治・富豪階級
cracy（政治・支配）

plutolatry
[plu:tálətri]

拝金主義
latry（崇拝）

Pluto
[plú:tou]

プルートー（冥界の神）・冥王星
原義は「富める者」の意味

354

pecul　　　　　【お金・財産】
ラテン語 *pecūnia*（お金）より

---

peculate
[pékjulèit]

（公金を）使い込む・着服する
ate（動詞化）➡財産にする

peculiar
[pikjú:ljər]

奇妙な・風変わりな・独特な
ar（形容詞化）➡個人財産の➡自分自身の➡独自の

impecunious
[ìmpikjú:niəs]

無一文の・貧乏な
im＝in（否定）／**ious**（形容詞化）➡お金のない

fee
[fíː]

料金・費用
古英語 *feoh*（家畜）が語源。ラテン語 *pecūnia*（お金）も *pecū*（家畜）に由来。

heir・her・hered 【相続（人）】
ラテン語 *hērēs*（相続人）より

heir
発音注意 [éər]

相続人

heirloom
[éərluːm]

（先祖伝来の）家宝
loom（原義は「道具」／現在の意味は「はた織り」）

heredity
[hərédəti]

遺伝・遺伝的体質・世襲
「相続されるもの」が原義

hereditament
[hèrədítəmənt]

相続財産
ment（名詞化）

heritage
[héritidʒ]

遺産
age（名詞化）➡ 相続するもの

inherit
[inhérit]

（財産などを）受け継ぐ
in（中に）➡ 相続人の中に入る ➡ 相続人として持つ

disinherit
[dìsinhérit]

相続権を奪う
dis（離す）➡ 相続人から外す

the 【神】

古ギリシャ語 ***theós***（神）より

---

theism
[θíːizm]

有神論
ism（主義）

---

atheism
[éiθìizm]

無神論・無信仰
a（無い）／ism（主義）

---

polytheism
[páliθiːizm]

多神教
poly（多い）／ism（主義）

---

monotheism
[mánəθiːìzm]

一神教
mono（1）／ism（主義）

---

theology
[θiálədʒi]

神学
logy（学問）

---

theocracy
[θiákrəsi]

神権政治
cracy（政治・支配）

---

enthusiasm
[inθúːziæzm]

熱中・熱狂
en（中に）➡ 心の中に神がとりついた状態

---

apotheosis
[əpàθióusis]

神格化・（神聖視された）典型・極致
apo（離れた）➡ 離れたところに神として祀ること

Pantheon
[pǽnθiàn]

パンテオン＊・（神話の）神々
pan（全ての）➡ 全ての神に捧げられた神殿

＊パンテオン：紀元前 27 年に創建されたローマの万神殿

sanct・sacr・saint 【神聖・聖人】
ラテン語*sanctus*（神聖な）より

---

sanctum
[sǽŋktəm]

聖所・〈口語〉私室・書斎
um（名：場所）➡神聖な場所

---

sanctify
[sǽŋktəfài]

神聖にする
ify（動詞化）

---

sanction
[sǽŋkʃən]

制裁・認可・批准
ion（名詞化）➡神聖とすること

---

sanctimonious
[sæ̀ŋktəmóuniəs]

聖人ぶった
ous（形容詞化）➡聖なる

---

sacrifice
[sǽkrəfàis]

犠牲
fice（つくる・為す）➡神聖を為すもの

---

sacrilege
[sǽkrəlidʒ]

神物冒涜・不敬
lege（奪う）➡神聖な物を盗むこと

---

sacrosanct
[sǽkrousæ̀ŋkt]

この上なく神聖な
sacro（聖なる）➡聖なる儀式で神聖なものとされた

---

sanctuary
[sǽŋktʃuèri]

聖域・禁猟区
ary（名：場所）

---

sacrament
[sǽkrəmənt]

洗礼・秘跡*
ment（名詞化）

＊秘跡：キリスト教で、神の恵みを信徒に与える重要な儀式

472

sacred
[séikrid]

神聖な・不可侵な
ed（形容詞化）

---

sacristy
[sǽkristi]

聖具室・聖物納堂
ty（名詞化）

---

saint
[séint]

聖人

---

consecrate
[kánsikrèit]

神聖にする・捧げる
con＝com（完全に）／**ate**（動詞化）➡完全に神聖化する

---

desecrate
[désikrèit]

神聖を汚す・冒涜する
de（反対に）／**ate**（動詞化）➡神聖を奪う

---

obsecrate
[ábsəkrèit]

懇願する・嘆願する
ob（～に向かって）／**ate**（動詞化）➡神聖なものに向かっていく➡神に求める

---

execrate
[éksəkrèit]

嫌悪する・忌み嫌う
ex（反対に）／**ate**（動詞化）➡神聖なものの逆として扱う➡呪う
本来は*ex＋secrare*だが、発音の関係で**s**が**x**に吸収された。

---

holy
[hóuli]

神聖な・尊い
古英語*hāleg*（聖なる）より

---

hallow
[hǽlou]

～を神聖にする・清める
古英語*hālga*（聖なるもの）より

---

whole
[hóul]

全体の・全ての
古英語*hāl*（健康な・安全な）より

abb 【修道院】
アラム語 *abbā*（父）より

abbey
[ǽbi]
大修道院
ey（名詞化）

abbot
[ǽbət]
（男の）修道院長
「父」が原義

abbacy
[ǽbəsi]
修道院長の階級
cy（名：地位・階級）

abbess
[ǽbis]
（女の）修道院長
ess（名：女性）

tempo 【時】
ラテン語 *tempus*（時）より

tempo
[témpou]
テンポ・調子・リズム
イタリア語より

temporal
[témpərəl]
一時の・時間の
al（形容詞化）

temporary
[témpərèri]
一時の・間に合わせの
ary（形容詞化）

temporize
[témpəràiz]
一時しのぎをする・時間稼ぎをする
ize（動詞化）

contemporary
[kəntémpərèri]

同時代の・現代の
con＝com（共に）➡時間を共にした

extemporize
[ikstémpəràiz]

即興で歌う・即席で話をする
ex（外に）／ize（動詞化）➡時間に応じて芸を外に出す

temper
[témpər]

和らぐ・鍛える・気分
「適当な時間に混ぜる」が原義

tempera
[témpərə]

テンペラ画
卵黄と水を顔料と「混ぜる」ことから

tempest
[témpəst]

暴風雨・大嵐・騒動
時➡季節➡嵐

tempestuous
[tempéstʃuəs]

激情に駆られた・大嵐の
ous（形容詞化）

temperament
[témpərəmənt]

気質・気性
ment（名詞化）➡四体液を適当な割合に混ぜること
古代の生理学では四体液、すなわちblood（血液）、phlegm（粘液）、black bile（黒胆汁）、yellow bile（黄胆汁）の割合が人の気質を決めると考えられていたため。

distemper
[distémpər]

異常・発熱・ジステンパー*
dis（否定）➡適当な時間に混ぜないこと➡調子を狂わせること
*ジステンパー：幼犬に多く発する急性感染症

distemper
[distémpər]

ディステンバー（画）・水性絵具
dis（強意）➡しっかり混ぜること

temperate
[témpərət]

節度のある・温和な
ate（形容詞化）➡適当な時間に混ぜ合わされた➡抑制された

intemperate
[intémpərət]

酒におぼれる・不摂生の
in（否定）➡節度のない

temperature
[témpərətʃər]

温度・体温
ure（名詞化）➡時間によって調節されるもの

tense
[téns]

〈文法〉時制
「時間」が原義

temple
[témpl]

こめかみ
「時間」と関係し「脈を打つところ」が原義

360

chron 【時】
古ギリシャ語*khrónos*（時）より

---

synchronize
[síŋkrənàiz]

同時に起きる・同期する
syn（同じ）／ize（動詞化）➡同じ時間に起きる

anachronism
[ənǽkrənìzm]

時代錯誤・アナクロニズム
ana（遡って）／ism（名詞化）➡誤った時間言及をすること

parachronism
[pærǽkrənìzm]

時日後記
para（超えて）／ism（名詞化）➡年代・月日を事実より後につけること

prochronism
[próukrənìzm]

時日前記
pro（前に）／ism（名詞化）➡年代・月日を事実より前につけること

chronic
[kránik]

慢性の・長期にわたる
ic（形容詞化）
cf. acute（急性の）

diachronic
[dàiəkránik]

〈言語〉通時的な
dia（通じて）／ic（形容詞化）➡時間を通して

chronicle
[kránikl]

年代記・記録・記録を取る
le（指小辞：小さい）

chronology
[krənálədʒi]

年表・年代学
logy（学問）

361

journ・di・dis 【日】

ラテン語*diēs*（日・1日）より
ラテン語*diurnus*（日中の・1日の）より

---

journal
[dʒɚ́:rnl]

日誌・新聞
al（名詞化）➡日々発行される刊行物

journalism
[dʒɚ́:rnəlìzm]

ジャーナリズム・放送業・新聞雑誌
ism（名詞化）

journey
[dʒɚ́:rni]

旅行
「1日の行程」が原義

journeywork
[dʒɚ́:niwɚ̀:k]

日雇い仕事
work（仕事）➡ 1日の仕事

adjourn
[ədʒɚ́:rn]

延期する・休会とする
ad（〜に）➡他の日に動かす

sojourn
[sóudʒə:rn]

逗留する・滞在する
so＝sub（〜の間）➡日を過ごす

diurnal
[daiɚ́:rnl]

1日の・昼間の
al（形容詞化）

daily
[déili]

毎日の・日常の・日刊新聞
ly（形容詞化・名詞化）

diary
[dáiəri]

日記
ary（名：集合体）➡日の集合体

dial
[dáiəl]

（時計の）文字盤・ダイアル
al（名詞化）➡1日を示す盤

daisy
[déizi]

ひな菊・デージー
古英語*dæges ēge*より。これが**day's eye**（昼の眼）となり、太陽に似ており、中心の花盤が昼は見え、夜は閉じて見えないことに由来。

dawn
発音注意 [dɔ́ːn]

夜明け
「日となる」が原義

dismal
発音注意 [dízməl]

陰鬱な・荒涼とした
mal（悪い）➡不吉な日の

day
[déi]

日・日中
古英語*dæg*（日）より。原義はサンスクリット語*dah*（燃える）に関係があり、「熱い明るい時」の意味。

daybreak
[déibrèik]

夜明け
break（始まり）➡1日の始まり

daylight
[déilàit]

昼の光・日光・夜明け・公然
light（光）➡日中の光

diet
[dáiət]

会議・議会・国会
「1日かかる仕事（会議）」が原義

diet
[dáiət]

飲食物・食事療法
「1日に割り当てられた食物」。元々は「生活方法」という意味で、広義に使われていた。

circadian
[sə:rkéidiən]

概日性の
circa（およそ）／an（形容詞化）➡およそ 24 時間ごとの

meridian
[mərídiən]

正午の・子午線
meri（真ん中）／an（形容詞化・名詞化）➡日の真ん中（の）

antemeridian
[æntimərídiən]

午前の
ante（前の）

postmeridian
[pòustmərídiən]

午後の
post（後の）

362

ann・enn 【年】
ラテン語 *annus*（年）より

---

anno Domini
[ǽnou dámənài]

紀元
ラテン語で「主の年」
cf. BC＝Before Christ（紀元前）

annals
[ǽnlz]

年代記
al（名詞化）／s（名詞化：複数）

annual
[ǽnjuəl]

年々の
al（形容詞化）

annuity
[ənjú:əti]

年金
ity（名詞化）

superannuate
[sùːpərǽnjuèit]

定年退職させて年金を与える
super（超えた）／ate（動詞化）➡基準を超えた年のものを退職させる

biannual
[baiǽnjuəl]

年2回の
bi（2）／al（形容詞化）

anniversary
[æ̀nivə́ːrsəri]

記念日
vers（巡る）➡毎年巡ってくるもの

centennial
[senténiəl]

100年（目）の
cent（100）／al（形容詞化）➡ 100 年の

perennial
[pəréniəl]

多年の・永久の
per（通して）／al（形容詞化）➡何年も通しての

363

od 【道】
古ギリシャ語 **hodós**（道・閾値）より

---

episode
[épəsòud]

挿話的な話・エピソード
epi（中に）➡道の中に入ってくるもの

method
[méθəd]

方法・方式・順序
meth=meta（後に）➡後に続いて進む道➡きちんと整備された方法

methodology
[méθədάlədʒi]

方法論
logy（名詞化）

period
[píəriəd]

（時間的な）一区切り・周期・ピリオド・月経
peri（周り）➡道の一周り➡一周

periodical
[pìəriάdikəl]

定期刊行物・雑誌・定期刊行の
ical（名詞化・形容詞化）

anode
[ǽnoud]

アノード
an（上に）➡ 上への道 ➡ 登り道

cathode
[kǽθoud]

カソード
cath=cata（下へ）➡ 下りの道

diode
[dáioud]

ダイオード・二極管
di（2）➡ 2つの道

electrode
[iléktroud]

電極
electro（電気）➡ 電気の道

364

alb 【白】
ラテン語*albus*（白い）より

---

albescent
[ælbésənt]

白くなりかかっている
ent（形容詞化）

albinism
[ǽlbənìzm]

白皮症
ism（名：状態）

albino
[ælbáinou]

白子・アルビノ*
＊アルビノ：遺伝的に色素が欠乏しているため皮膚や毛髪が白い人、または動植物

Albion
[ǽlbiən]

アルビオン
イングランドの古名。ブリテン島のドーバー海峡沿岸の絶壁が白く見えることに由来。

Albania
[ælbéiniə]

アルバニア
アルバニアの地質が石灰岩質で白いことから「白い土地」と呼んだことに由来。

album
[ælbəm]

(写真の)アルバム・(音楽の)曲集
「白く塗られた空白の板」が原義

albumen
[ælbjú:mən]

胚乳・卵白
men（名詞化）

alburnum
[ælbə́:rnəm]

白太・白材

albatross
[ælbətrɔ̀:s]

アホウドリ
スペイン語・ポルトガル語の*alcatraz*が英語化したと考えられるが、ラテン語の*albus*（白い）の影響も受けていると思われる。

365
chromat 【色】
古ギリシャ語*khrôma*（色）より

---

chromatic
[kroumǽtik]

色彩の・着色の
ic（形容詞化）

chromatograph
[kroumǽtəgræf]

色刷り機・クロマトグラフ
graph（書く）

chrome
[króum]

クロム・クロム染料
クロムが酸化状態で紫、赤、黄、緑など多彩な色を示すことに由来。

chromium
[króumiəm]

クロム
ium（化学：〜イウム）

chromosome
[króuməsòum]

染色体
some（体）➡顕微鏡上で色が染められたもの

achromatic
[ǽkrəmǽtik]

無色の・非染色性の
a（無い）／ic（形容詞化）

monochromatic
[mὰnəkroumǽtik]

単色の・単彩の
mono（1）／ic（形容詞化）

dichromatic
[dàikro(u)mǽtik]

2色の
di（2）／ic（形容詞化）

polychromatic
[pɔ̀likroumǽtik]

多色の
poly（多い）／ic（形容詞化）

ode　【歌】
古ギリシャ語*oidé*（歌）より
古ギリシャ語*aoidós*（歌手・吟遊詩人）より

ode
[óud]

オード・頌歌
「歌」が原義

comedy
[kάmədi]

喜劇
com（宴会）➡歌手たちの宴会

comedian
[kəmíːdiən]

コメディアン・滑稽な人
an（名：人）

melody
[mélədi]

メロディ・旋律
melo（音楽の調べ）➡音楽の調べと歌

動作関係　形容詞　人間　人間の心　人間の行為・知覚　人体　自然　その他の名詞

tragedy
[trǽdʒədi]

悲劇

trag（雄のヤギ）➡サチュロス*の歌

*サチュロス：ギリシャ神話に登場する半人半獣の精霊でヤギの
角を持つ。語源の由来は、ギリシャ悲劇の役者がヤギの皮を着て
いた説と、すぐれた演技のほうびがヤギだったという説がある。

367

tone 【音・音調】
古ギリシャ語*tónos*（音調）より

---

tone
[tóun]

音色・語気・トーン・（書き物の）調子・（体に）活力を与え
る・色調を変える

monotone
[mánətòun]

単調な話し方・単調な・単色の

mono（1）

monotonous
[mənátənəs]

退屈な・単調な

ous（形容詞化）

368

liter・letter 【文字・文学】
ラテン語*littera*（文字・文書・作品）より

---

letter
[létər]

手紙・文字

letterhead
[létərhèd]

レターヘッド

head（頭）➡手紙の頭（上部）に会社名などを印刷したもの

letterform

[létərfɔ̀:rm]

字体・書体

form（形）➡ 文字の形

literature

[lítərətʃər]

文学

ure（名詞化）

literally

[lítərəli]

文字どおりに・逐語的に

ly（副詞化）

obliterate

[əblítərèit]

抹消する・消す

ob（〜に対して）／**ate**（動詞化）➡ 文字の上に対して書く ➡ 文字を消す

transliterate

[trænslítərèit]

字訳する・書き直す

trans（AからBへ）／**ate**（動詞化）➡ ある文字体系から違う文字体系に変える

illiterate

[ilítərət]

読み書きのできない

il＝in（否定）／**ate**（形容詞化）

369

ath 【競争】

古ギリシャ語 *âthlon*（賞）より
古ギリシャ語 *âthlos*（競争）より

---

athlete

[ǽθli:t]

運動選手・アスリート

「賞を狙って競う」が原義

athletic

[æθlétik]

運動選手の・運動競技の

ic（形容詞化）

triathlon

[traiǽθlən]

トライアスロン

tri（3）➡ 3つの競争

kine 【運動】

古ギリシャ語 *kínēma* (運動) より

kinematics
[kìnəmǽtiks]

運動学
ics (学問)

kinesiology
[kinì:siɑ́lədʒi]

運動(生理)学
logy (学問)

kinetic
[kinétik]

運動の・運動場の
ic (形容詞化)

cinema
[sínəmə]

映画館・映画
フランス語の *cinématographe* の略。「動くものの記録」が原義。

語源学入門
付録

ここからは付録として接頭辞・接尾辞・専門的造語要素を表としてまとめています。掲載している接頭辞・接尾辞・連結形は合計180強で、英語上級者を目指すなら必須のものです。専門的造語要素はその名の通り、理科系の専門用語を作るときの部品となるものですので、辞書的に参考にしてください。その他、みなさんに馴染みのあるカレンダーの月と曜日の語源も紹介しています。

Prefix and Combining Form　接頭辞・連結形

番号	接頭辞・連結形	意味	例語
1	**uni-**	1	**uni**cycle（一輪車）
2	**mon-** **mono-**	1	**mono**logue（独り言）
3	**bi-**	2	**bi**cycle（自転車）
4	**di-**	2	**di**oxide（二酸化物）
5	**du-**	2	**du**plicate（複製する）
6	**dou-**	2	**dou**ble（2倍の）
7	**twi-**	2	**twi**n（双子）
8	**tri-**	3	**tri**cycle（三輪車）
9	**quart-**	4	**quart**et（四重奏）
10	**quadri-**	4	**quadri**ceps（四頭筋）
11	**tetra-**	4	**tetra**d（四価元素）
12	**penta-**	5	**penta**gram（☆：星型五角形）
13	**quint-**	5	**quint**uplet（五つ子）
14	**hex-**	6	**hex**agon（六角形）
15	**sex-**	6	**sex**tuplet（六つ子）
16	**hept-** **hepta-**	7	**hepta**gon（七角形）
17	**sept-** **septi-**	7	**sept**et（七重奏）
18	**octo-** **octa-**	8	**octo**pus（タコ：8本足だから）
19	**non-** **nona-**	9	**nona**gon（九角形）
20	**dec-** **deca-** **deci-** **deka-**	10	**deca**de（10年間）
21	**cent-**	100	**cent**ury（一世紀）
22	**milli-**	1000	**milli**meter（ミリメーター）

番号	接頭辞・連結形	意味	例語
23	**anti-**	反対	**anti**pathy（反感）
24	**ob-**	反対	**ob**jection（異議・反対）
	oc-	～の方に	**oc**clude（閉ざす）
	of-	上に	**of**fer（提供する）
	op-		**op**pression（圧政）
25	**contra-**	反対 対立	**contra**diction（矛盾・反対）
26	**counter-**	反対 逆に 副の	**counter**offensive（反撃）
27	**ec-**	超過	**ec**centric（常軌を逸した・異常な）
	ef-	完全に	**ef**fort（努力）
	ex-	外に	**ex**port（輸出する）
	e-		**e**mit（放出する）
28	**extra-**	外の	**extra**ordinary（並外れた）
29	**out-**	外に	**out**law（無法者）
30	**in-**	中に	**in**clude（含む）
	im-		**im**press（印象づける）
31	**en-**	中に	**en**dure（耐え忍ぶ）
32	**enter-**	中に	**enter**prise（事業）
	intro-	内に	**intro**duce（導入する・紹介する）
	intra-		**intra**state（州内の）

番号	接頭辞・連結形	意味	例語
33	ab-	～の方に	ab**breviate**（省略する）
	ac-	～に	ac**cept**（受け入れる）
	ad-		ad**mire**（感嘆する）
	af-		af**fect**（作用する）
	ag-		ag**gregate**（集合した）
	al-		al**locate**（割り当てる）
	an-		an**nounce**（公表する）
	ap-		ap**plication**（応用・申込み）
	ar-		ar**rest**（逮捕する）
	as-		as**sert**（断言する）
	at-		at**tract**（魅惑する）
	a-		a**scend**（登る）
34	pre-	前に・先に	pre**dict**（予言する）
35	ante-	前に・先に	ante**cedent**（先行者）
36	pro-	前に	pro**pel**（推進する）
	pur-	前方に	pur**pose**（目的）
37	fore-	前に	fore**see**（予知する）
38	post-	後ろに	post**pone**（延期する）
39	re-	再び	re**start**（再開する）
		後ろに	re**ply**（返事する）
		逆に	
40	retro-	後ろ向きに	retro**grade**（後退する）
		後ろ側に	
41	neg-	否定	neg**lect**（怠ける）
	n-		n**ever**（決して～ない）
42	un-	否定	un**able**（～できない）
		除去	un**cork**（コルクを抜く）
43	in-	否定	in**human**（非人間的な）
	im-		im**possible**（不可能な）
44	dys-	異常・悪化	dys**function**（機能不全）
45	an-	無し	an**archy**（無政府状態）
	a-		a**pathy**（無感動）

番号	接頭辞・連結形	意味	例語
46	**sub-**	下に	sub**marine**（潜水艦）
	suc-	副の	suc**ceed**（後を継ぐ・成功する）
	suf-		suf**fer**（悩む・苦しむ）
	sug-		sug**gest**（示唆する・提案する）
	sup-		sup**press**（鎮圧する）
	sur-		sur**rogate**（代理人）
	su-		su**spect**（疑う）
47	**under-**	下に	under**estimate**（過少評価する）
48	**de-**	離れた	de**cide**（決定する）
		降下	de**grade**（体面を傷つける）
		十分に	de**vour**（むさぼり食う）
49	**cata-**	下に	cata**ract**（大滝・白内障）
		反して	
50	**tra-**	～を渡った	trans**form**（変形する）
	trans-	超越	
		変換	
51	**per-**	通して	per**fect**（完全な）
		完全に	
52	**dia-**	通して	dia**gnosis**（診断）
		分離	
		完全に	
53	**met-**	後続	meta**morphosis**（変形）
	meta-	変化	
54	**apo-**	離れて	apo**logize**（謝る）
		応答・防護	
55	**micro-**	小さい	micro**be**（微生物・細菌）
56	**macro-**	大きい	macro**biotic**（長寿の）
57	**mega-**	大きい	mega**lopolis**（超巨大都市）
	megalo-	誇大な	
58	**inter-**	～の間で	inter**national**（国際的な）
	intel-	相互に	intel**ligence**（知力）
59	**medi-**	中間の	medi**ate**（仲裁する）

番号	接頭辞・連結形	意味	例語
60	**meso-**	中間の	**meso**sphere（中間圏）
61	**semi-**	半分	**semi**circle（半円）
62	**hemi-**	半分	**hemi**sphere（半球）
63	**multi-**	多い	**multi**tude（多数・大勢）
64	**poly-**	多い	**poly**theism（多神教）
65	**omni-**	全て	**omni**vore（雑食動物）
66	**syn-**	共に	**sym**pathy（同情）
	sys-	合成の	**sys**tem（組織）
67	**col-**	一緒に	**col**laborate（共同で行う）
	com-	全く	**com**bine（結合する）
	con-		**con**ceal（隠す）
	cor-		**cor**rect（正す）
	co-		**co**here（一致する）
68	**auto-**	自分で	**auto**matic（自動の）
69	**ab-**	離れて	**ab**normal（異常な）
	abs-		**abs**tain（差し控える）
	a-		
70	**di-**	離れて	**di**gest（消化する・要約する）
	dif-	分離	**dif**fer（異なる）
	dis-	否定	**dis**miss（解散させる）
		強意	
71	**se-**	離れて	**se**parate（分離する）
		～無しで	
72	**para-**	そばに	**para**site（寄生虫）
73	**tele-**	遠くの	**tele**vision（テレビ）
	tel-		
	telo-		
74	**a-**	上に	**a**shore（浜へ）
		中に	
75	**an-**	上に	**ana**logy（類似・類推）
	ana-	反対して	
		後に	

番号	接頭辞・連結形	意味	例語
76	**over-**	上に	**over**come（打ち勝つ）
		過度	**over**eat（食べ過ぎる）
		超えて	**over**seas（海外の）
77	**sur-**	上に	**sur**pass（勝る・しのぐ）
	super-	超えて	**super**vise（監督する）
	so-		**so**vereign（主権者）
78	**hyper-**	超えて	**hyper**tension（高血圧）
		過度	
		誇張	
79	**ultra-**	超・過度	**ultra**cold（極低温の）
80	**hypo-**	下・低い	**hypo**crisy（偽善）
81	**ep-**	上に	**ep**och（新時代）
	epi-	加えて	**epi**sode（挿話）
82	**arch-**	首位の	**arch**etype（原型）
	archi-	主の	
83	**proto-**	最初の・原始	**proto**type（原型）
84	**eu-**	良い	**eu**phoria（幸福感）
85	**bene-**	良い・善い	**bene**fit（利益・恩恵）
	bon-		**bon**us（特別手当・ボーナス）
86	**hiero-**	神聖さ	**hiero**logy（宗教文学）
87	**mal-**	悪い	**mal**ice（悪意）
88	**mis-**	悪い	**mis**understanding（誤解）
		間違った	
89	**ambi-**	両側・周囲	**ambi**ence（円形演技場）
	amphi-		**amphi**bious（両生類の・水陸両用の）
90	**circ-**	周囲の	**circ**le（円）
	circum-		**circum**spect（用心深い）
91	**a-**	（行為の）終わり	**a**rise（起きる）
92	**para-**	防護	**para**chute（パラシュート）
93	**ex-**	前の・元	**ex**-girlfriend（前の彼女）
94	**pro-**	賛成	**pro**-Japan（日本びいき）
		ひいき	

番号	接頭辞・連結形	意味	例語
95	**pan-**	全・汎	pan-**America**（全米）
96	**step-**	継…	step**mother**（継母）
97	**he-**	雄	he-**goat**（雄ヤギ）
98	**she-**	雌	she-**goat**（雌ヤギ）

Suffix and Combining Form　接尾辞・連結形

番号	接尾辞・連結形	品詞	例語	補足
1	**-an**	名	**musici**an（音楽家）	人
2	**-ar**	名	**li**ar（うそつき）	人
3	**-er**	名	**sing**er（歌手）	その動作をする人（物）
4	**-ess**	名	**actr**ess（女優）	その動作をする人（女性）
5	**-ist**	名	**social**ist（社会主義者）	人
6	**-or**	名	**benefact**or（恩人）	人
7	**-ee**	名	**employ**ee（従業員）	その動作をされる人
8	**-eer**	名	**pion**eer（開拓者）	人
9	**-ant**	名	**assist**ant（助手）	人
10	**-ent**	名	**stud**ent（生徒）	人
11	**-oid**	名	**andr**oid（人造人間）	似ている
12	**-ster**	名	**gang**ster（ギャング）	人（軽蔑の意味を含む）
13	**-monger**	名	**fish**monger（魚屋）	商売（軽蔑の意味を含む）
14	**-ment**	名	**entrap**ment（罠にはめること）	
15	**-ade**	名	**lemon**ade（レモネード）	飲み物
			masquerade（仮面舞踏会）	お祭り
16	**-ary**	名	**diction**ary（辞書）	物・場所
17	**-dom**	名	**king**dom（王国）	領土・領域
18	**-al**	名	**tri**al（裁判・試み）	
19	**-cy**	名	**bankrupt**cy（破産）	
20	**-ion**	名	**object**ion（異議）	
21	**-tion**	名	**absolu**tion（許し）	
22	**-ation**	名	**reclam**ation（改心・矯正・開墾）	
23	**-ence**	名	**independ**ence（独立・自立）	

番号	接尾辞・連結形	品詞	例語	補足
24	**-ance**	名	**fin**ance（財政）	
25	**-th**	名	**grow**th（成長）	
26	**-ty**	名	**pover**ty（貧困）	
27	**-y**	名	**treat**y（条約）	
28	**-tude**	名	**atti**tude（態度）	
29	**-ure**	名	**depart**ure（出発）	
30	**-ness**	名	**happi**ness（幸福）	
31	**-oon**	名	**ball**oon（風船）	大きな
32	**-cle**	名	**parti**cle（粒子）	小さい
33	**-kin**	名	**nap**kin（ナプキン）	小さい
34	**-ula**	名	**nod**ule（小さな塊）	小さい
	-ule			
35	**-ling**	名	**dar**ling（最愛の人）	小さく幼い
36	**-ie**	名	**aunt**ie（おばちゃん）	親愛
37	**-y**	名	**grann**y（おばあちゃん）	親愛
38	**-hood**	名	**child**hood（子ども時代）	
39	**-ery**	名	**slav**ery（奴隷制度）	状態
40	**-ship**	名	**friend**ship（友情）	状態
41	**-ism**	名	**capital**ism（資本主義）	主義・哲学・状態
42	**-logy**	名	**etymo**logy（語源学）	学問
43	**-ic**	名	**log**ic（論理学・論理）	学問
44	**-ics**	名	**econom**ics（経済学）	学問
45	**-cracy**	名	**demo**cracy（民主政治・民主主義）	政治・支配
46	**-ana**	名	**American**a（アメリカに関する文献）	所属・特徴・文献
47	**-phobia**	名	**acro**phobia（高所恐怖症）	恐怖症
48	**-gon**	名	**octa**gon（八角形）	〜角形
49	**-ite**	名	**Jacob**ite（英国王ジェームズ2世の支持者）	信奉者
			meteorite（隕石）	鉱石・岩石
			ebonite（エボナイト）	化学物資
50	**-on**	名	**ne**on（ネオン）	イオン
51	**-oxide**	名	**di**oxide（二酸化物）	酸化物
52	**-craft**	名	**air**craft（飛行機）	技術・取引・職業

番号	接尾辞・連結形	品詞	例語	補足
53	-mate	名	class**mate**（クラスメート）	仲間・同胞
54	-scape	名	land**scape**（風景）	地域・地方
55	-th	名	four**th**（4番目の）	序数
56	-ware	名	cook**ware**（調理用具）	商品・陶磁器
57	-wright	名	wheel**wright**（車大工）	作る人
58	-ac	形	cardi**ac**（心臓の）	
59	-ible	形	invis**ible**（目に見えない）	可能
60	-ile	形	doc**ile**（従順な）	
61	-ful	形	hope**ful**（有望な）	～でいっぱいの
62	-aholic	形	work**aholic**（仕事中毒の）	中毒
	-oholic		alc**oholic**（アルコール中毒の）	
63	-ous	形	ambiti**ous**（大望を抱いた）	
64	-ic	形	fantast**ic**（風変わりな）	
65	-ical	形	mag**ical**（魔法のような）	
66	-ine	形	alp**ine**（高山の）	
67	-ive	形	creat**ive**（創造的な）	
68	-ish	形	boy**ish**（少年の）	
69	-esque	形	grot**esque**（奇怪な）	～ふう
70	-like	形	child**like**（子どもらしい）	類似
71	-ly	形	love**ly**（かわいい）	
72	-al	形	ment**al**（精神の・心の）	
73	-ial	形	artific**ial**（人工の）	
74	-less	形	end**less**（果てしない）	～がない
75	-ory	形	compuls**ory**（義務的な）	
76	-some	形	trouble**some**（迷惑な）	
77	-en	動	short**en**（短くする）	
78	-ize	動	visual**ize**（視覚化する）	～化する
79	-ate	動	fascin**ate**（魅了する）	
80	-ly	副	deep**ly**（深く）	
81	-ward	副	up**ward**（上向きに）	方向
82	-wise	副	clock**wise**（右回りに）	方法

専門的造語要素

番号	造語要素	意味	例語
1	**abdomin-**	腹	abdomen（腹部）
2	**acanth-**	棘	acanthaceous（棘のある）
3	**acou-**	聴覚	acoustic（聴覚の）
4	**acr-**	先端・最上	acromegalia（先端巨大症）
5	**aden-**	線	adenocarcinoma（腺がん）
6	**adip-**	脂肪・脂肪細胞	adipose（脂肪の）
7	**adren-**	副腎・アドレナリン	adrenal（副腎の）
8	**aer-** **aero-**	空気・ガス	aerobe（好気性生物）
9	**alge-** **algesi-**	痛み	analgesic（無痛覚の）
10	**all-**	異なった・追加	allopathy（逆症療法）
11	**amnio-**	羊膜	amniocentesis（羊水穿刺）
12	**amylo-**	でんぷん・炭水化物	amyloid（アミロイド）
13	**an-**	肛門	anal（肛門の）
14	**ankyl-** **ancyl-**	鈎状に曲がった・膠着 した	ankylosis（関節の強直）
15	**andr-**	男性	android（人造人間）
16	**angi-**	血管	angiogram（血管造影図）
17	**aniso-**	不同・不等	anisometric（不等の）
18	**arsen-** **arseno-**	男性・雄	arsenoblast（雄核）
19	**arteri-** **arterio-**	動脈	artery（動脈）
20	**arthr-**	関節	arthritis（関節炎）
21	**articul-**	関節	articular（関節の）
22	**atel-** **atelo-**	不完全な・発育不全の	atelocardia（心臓発育不全）
23	**ather-**	アテローム	atherectomy（アテレクトミー）
24	**atri-**	〈解剖〉房	atria（心房）

番号	造語要素	意味	例語
25	**aur-**	耳	aur**al**（耳の）
26	**aux-** **auxo-**	生長・増大	auxo**cardia**（心拡大）
27	**axill-**	脇の下	axill**a**（脇の下）
28	**azo-** **azoto-**	窒素	azoto**bacter**（窒素菌）
29	**bacillus**	桿菌	Bacillus **anthracis**（炭疽菌）
30	**bacteri-**	バクテリア	bacteri**cide**（殺菌剤）
31	**balan-**	陰茎亀頭・どんぐり	balan**itis**（亀頭炎）
32	**bas-**	基底の	bas**olateral**（基底外側の）
33	**blast-**	胚・芽	blast**omere**（〈卵〉割球）
34	**blephar-** **blepharo-**	まぶた・まつ毛	blephar**al**（眼瞼の）
35	**brachi-** **brachio-**	腕	brachi**al**（腕の）
36	**brachy-**	短い	brachy**cephalic**（短頭の）
37	**brady-**	遅い・鈍い・短い	brady**acusia**（難聴）
38	**bronch-** **bronchi-**	気管支	bronch**itis**（気管支炎）
39	**bucc-** **bucco-**	頬	bucco**labial**（頬唇の）
40	**burs-** **burso-**	〈解剖〉包・嚢	burs**a**（包・嚢）
41	**capill-**	毛	capill**ary**（毛の・毛細血管の）
42	**carcin-**	癌	carcin**ogen**（発癌性物質）
43	**cardi-**	心臓	cardi**ology**（心臓病学）
44	**carp-**	手首	carp**al**（手根の）
45	**cephal-** **cephalo-**	頭	cephal**ad**（頭部に向かって）
46	**cerat-** **cerato-**	角膜・角	cerat**oid**（角のような）

番号	造語要素	意味	例語
47	**cerebell-** **cerebello-**	小脳	**cerebellum**（小脳）
48	**cerebr-** **cerebro-**	脳	**cerebral**（脳の）
49	**cervic-**	首・頸部	**cervical**（首の・頸部の）
50	**cheil-**	唇	**cheilitis**（口唇炎）
51	**chem-** **chemo-**	化学・薬	**chemical**（化学薬品）
52	**chir-** **cheir-**	手	**chiropractor**（カイロプラクター）
53	**chlor-**	緑色	**chlorella**（クロレラ）
54	**cholecyst-** **cholecysto-**	胆嚢	**cholecystectomy**（胆嚢摘出術）
55	**chondro-** **chondrio-**	軟骨・粒・顆粒	**chondroid**（軟骨状の）
56	**cili-**	まつ毛	**ciliary**（まつ毛の）
57	**cis-**	こちら側の	**cisgender**（シスジェンダー：生まれ持った性別と心の性が一致した人。transgenderの反対語）
58	**clostr-**	紡錘	**clostridium**（クロストリジウム）
59	**col-** **colo-** **colono-**	結腸	**colon**（結腸）
60	**colp-**	膣	**colposcopy**（膣鏡診）
61	**cor-**	瞳孔	**corectopia**（瞳孔変位）
62	**cornu-**	角	**cornu**（角状突起）
63	**coron-**	心臓・冠	**coronary**（心臓の・冠状の）
64	**cortic-**	皮質・皮層	**corticose**（皮質の）
65	**cost-**	肋骨	**costal**（肋骨の）
66	**cox-**	腰	**coxalgia**（股関節痛・腰痛）
67	**crani-** **cranio-**	頭蓋骨	**craniology**（頭骨学）

番号	造語要素	意味	例語
68	**cry-** **cryo-**	寒い	**cryo**genic（極低温の）
69	**cutane-**	肌	**cutane**ous（皮膚の）
70	**cyan-** **cyano-**	青色	**cyan**ide（シアン化物・青化物）
71	**cyt-** **cyto-**	細胞	**cyto**kine（サイトカイン）
72	**dacry-** **dacryo-**	涙	**dacry**adenitis（涙腺炎）
73	**dactyl-** **dactylo-**	指・足指	**dactyl**algia（指痛）
74	**dextr-** **dextro-**	右・右側	**dexter**ity（右利き）
75	**digit-**	指	**digit**（指）
76	**dors-** **dorsi-** **dorso-**	背中	**dors**al（背部にある）
77	**dromo-**	走る・競争・伝導	**dromo**tropic（変伝導の）
78	**ec-**	外の・離れた	**ec**topia（転位）
79	**ect-** **ecto-**	外（部）	**ecto**derm（外胚葉）
80	**encephal-** **encephalo-**	脳	**encephalo**gram（脳造影図）
81	**endo-**	内側・中に	**endo**toxin（内毒素）
82	**enter-** **entero-**	腸	**enter**itis（腸炎）
83	**eosin-**	赤色	**eosin**ophil（好酸球）
84	**episi-** **episio-**	陰部	**episio**tomy（会陰切開術）
85	**erythr-** **erythro-**	赤色	**erythro**cyte（赤血球）

番号	造語要素	意味	例語
86	**esthesio-** **aesthesi-**	感覚	esthesia（感覚）
87	**exo-**	外	exoantigen（外抗原）
88	**fibr-**	繊維	fibrin（フィブリン）
89	**fil-**	髪のような	filament（細糸）
90	**foramen**	穴	foramen magnum（大後頭孔）
91	**fossa**	くぼみ・溝	Fossa Magna（フォッサマグナ）
92	**galact-**	乳	galactose（ガラクトース）
93	**gastr-**	胃	gastroscope（胃鏡）
94	**genu-**	ひざ	genuflect（敬意を示すため片ひざをつく）
95	**gingiv-**	歯茎	gingivitis（歯肉炎）
96	**glauc-** **glauco-**	灰色	glaucoma（緑内障：原義は「灰色の目の」）
97	**gluco-**	甘い	glucose（ブドウ糖）
98	**glyc-**	砂糖	glycolysis（解糖）
99	**gnath-**	あご	gnathic（あごの）
100	**gon-**	種・精液	gonorrhea（淋病）
101	**gyno-** **gyneco-** **gynaeco-**	女性	gynecology（婦人科学）
102	**halluc-**	心がさまよう	hallucination（幻覚）
103	**hem-** **hema-** **hemo-** **hemat-** **haem-** **haemat-**	血	hemoglobin（ヘモグロビン）
104	**hemangi-** **hemangio-**	血管	hemangioma（血管腫）
105	**hepat-** **hepatic-**	肝臓	hepatitis（肝炎）

番号	造語要素	意味	例語
106	**heter-** **hetero-**	違った・もう一方の	heterodoxy（異端）
107	**hindr-** **hindro-**	汗	hyperhidrosis（多汗症）
108	**hist-** **histo-** **histio-**	〈生物〉組織	histogen（原組織）
109	**hom-** **homo-**	同じ	homosexual（同性愛の）
110	**home-** **homeo-**	似た	homeostasis（恒常性）
111	**humer-** **humero-**	肩	humeral（上腕の）
112	**hyster-** **hystero-**	子宮	hysterectomy（子宮摘出術）
113	**iatr-** **iatro-**	医学・医師	iatrogenesis（医原病）
114	**idio-**	独自の・特有の	idiosyncrasy（特類性）
115	**ileo-**	回腸	ileum（回腸）
116	**ipsi-**	同じ	ipsilateral（同側の）
117	**irid-** **irido-**	（眼球の）虹彩	iridectomy（虹彩切除術）
118	**isch-**	制限	ischemia（局所貧血）
119	**ischio-**	座骨	ischium（座骨）
120	**iso-**	等しい	isotope（同位体）
121	**juxta-**	側に・近い	juxtapose（並置する）
122	**kal-**	カリウム	hyperkalemia（高カリウム症）
123	**kary-**	核心・核	eukaryote（真核生物）
124	**kerat-**	角膜	keratoscope（角膜鏡）
125	**koil-**	中空の	koilocytosis（空胞細胞症）
126	**kyph-** **kypho**	隆起した	kyphosis（後湾症）

番号	造語要素	意味	例語
127	**labi-**	唇	labial（唇の）
128	**lacrim-** **lacrimo-**	涙	lacrimal gland（涙腺）
129	**lact-** **lacti-** **lacto-**	乳	lactation（授乳）
130	**lapar-** **laparo-**	腹壁・横腹	laparotomy（開腹術）
131	**laryng-** **laryngo-**	咽頭	larynx（咽頭）
132	**lei-** **leio-**	滑らかな	leiomyoma（平滑筋腫）
133	**lept-** **lepto-**	軽い・細い	lepton（レプトン・軽粒子）
134	**leuc-** **leuco-** **leuk-** **leuko-**	白色	leukocyte（白血球）
135	**lip-** **lipo-**	脂肪	liposuction（脂肪吸引）
136	**liss-** **lissos-**	滑らかな	lissencephalic（滑沢脳の）
137	**lumb-** **lumbo-** **lumba-**	腰椎	lumbago（腰椎症）
138	**lymph-** **lympho-**	リンパ	lymphocyte（リンパ球）
139	**lyso-**	分解	lysosome（リソソーム）
140	**mamm-** **mammo-**	乳房	mammogram（乳房造影）
141	**mammill-** **mammillo-**	乳首	mammillitis（乳頭炎）

番号	造語要素	意味	例語
142	**mast-** **masto-**	乳房	mast**ectomy**（乳房切除）
143	**mening-** **meningo-**	膜	mening**itis**（髄膜炎）
144	**men-**	月経・月	men**orrhagia**（月経過多）
145	**mer-**	部分	mer**ocrine**（部分分泌の）
146	**metr-**	子宮	metr**orrhagia**（不正子宮出血）
147	**muscul-** **musculo-**	筋肉	muscul**ar**（筋肉の）
148	**my-** **myo-**	筋肉	myo**carditis**（心筋炎）
149	**myc-** **myco-**	真菌・カビ・キノコ	myco**sis**（糸状菌症・真菌症）
150	**myel-** **myelo-**	骨髄・脊髄	myelo**blast**（骨髄芽球）
151	**myring-** **myringo-**	鼓膜	myringo**plasty**（鼓膜形成術）
152	**myx-** **myxo-**	粘液	myx**oma**（粘液腫）
153	**nan-** **nano-**	小さい	nano**second**（ナノセカンド）
154	**narc-** **narco-**	麻痺・睡眠	narco**tic**（麻酔剤・麻薬）
155	**nas-** **naso-**	鼻	nas**al**（鼻の）
156	**nephr-** **nephro-**	腎臓	nephro**logy**（腎臓学）
157	**nerv-**	神経系	nerv**e**（神経）
158	**neur-**	神経系	neur**on**（ニューロン）
159	**noci-**	痛み・傷	noci**ception**（痛覚）
160	**ocul-**	眼	ocul**ist**（眼科医・検眼士）
161	**odyn-**	痛み	**stomat**odyn**ia**（口腔痛）

番号	造語要素	意味	例語
162	olig-	小さい・少ない	oligopoly（寡占）
163	om- omo-	肩	omodynia（肩痛）
164	omphal- omphalo-	へそ	omphalotomy（臍帯切除術）
165	onco-	腫瘍・塊	oncology（腫瘍学）
166	onych- onycho-	爪	onychophagia（咬爪癖）
167	oo-	卵	oogenesis（卵形成）
168	oophor- oophoro-	卵巣	oophorectomy（卵巣摘出術）
169	ophthalm- ophthalmo-	眼	ophthalmology（眼科学）
170	opistho-	後ろに・背後に	opisthognathous（後口式の）
171	orch- orcho- orchi- orchio- orchid- orchido-	精巣・睾丸	orchiectomy（睾丸摘出術）
172	ossi- osse-	骨	ossify（骨化する）
173	ost- oste- osteo-	骨	osteoporosis（骨粗しょう症）
174	ot- oto-	耳	otology（耳科学）
175	ov- ovo- ovi-	卵子	ovogenesis（卵形成）
176	ovari- ovario-	卵巣	ovariole（卵巣小管）

番号	造語要素	意味	例語
177	**oxy-**	鋭い・酸っぱい	oxytocin（オキシトシン）
178	**palpebr-**	瞼	palpebra（瞼）
179	**papill-**	乳首	papillary（乳頭の）
180	**papul-** **papulo-**	肌の隆起・吹き出物	papule（丘疹）
181	**parvo-**	小さい	Parvovirus（パルボウイルス）
182	**pauci-**	少ない	paucity（少数）
183	**pector-**	胸部	pectoral（胸の）
184	**pelv-** **pelvi-** **pelvo-**	腰骨	pelvis（骨盤）
185	**peo-**	陰茎	peotomy（陰茎切除術）
186	**phaco-**	レンズの・ヒラメ状の	phacolite（ファコライト）
187	**phall-**	陰茎	phallic（男根崇拝の）
188	**pharmac-**	薬	pharmacology（薬理学）
189	**pharyng-**	咽頭	pharyngitis（咽頭炎）
190	**phleb-**	静脈	phlebitis（静脈炎）
191	**phren-** **phrenic-**	心	schizophrenia（統合失調症）
192	**phyllo-**	葉状	phylloclade（葉状枝）
193	**pia**	軟らかい	pia mater（軟膜）
194	**piri-** **pyri-**	梨	pyriform（洋梨形の）
195	**pleio-**	より多い・過剰な・複数	pleiophylly（多葉性）
196	**pleur-** **pleuro-**	側腹・肋骨	pleurodynia（側痛）
197	**pne-** **pneum-**	空気・肺	pneumonia（肺炎）
198	**polio-**	灰色	polioencephalitis（灰白脳炎）
199	**por-**	穴	pore（小孔・毛穴）
200	**porphyr-**	紫色	porphyropsin（ポルフィロプシン・視紫）

番号	造語要素	意味	例語
201	**presby-**	老齢	presby**opia**（老眼）
202	**proct-**	肛門・直腸	proct**ology**（肛門科）
203	**prosop-**	顔	prosop**agnosia**（相貌失認）
204	**prot-**	最初の・最重要な	prot**otype**（原型）
205	**pseud-**	偽	pseud**onym**（偽名）
206	**psor-**	かゆみ	psor**iasis**（乾癬）
207	**ptero-** **ptery-**	翼	ptero**saur**（翼竜）
208	**ptyalo-**	唾液・唾液腺	ptyalo**genic**（唾液産生の）
209	**pulmo-** **pulmon-**	肺	pulmon**ary**（肺の）
210	**py-**	膿	py**ometra**（子宮蓄膿症）
211	**pyel-**	骨盤・腎盂	pyel**ic**（腎盂の）
212	**pykno-**	濃い・肥満	pykno**sis**（〈細胞の〉核濃縮）
213	**pylor-**	門	pylor**algia**（幽門痛）
214	**rachi-** **rhachi-** **rhachio-**	脊柱・背骨	rachi**agra**（脊柱痛風）
215	**ren-**	腎臓	ren**al**（腎臓の）
216	**reticul-** **reticulo-**	網状の	reticul**ar**（網状の）
217	**rhabd-** **rhabdo-**	棒状・桿状	rhabd**ite**（棒状小体）
218	**rhin-** **rhino-**	鼻	rhino**ceros**（サイ）
219	**rhod-** **rhodo-**	バラ色・赤色	rhodo**phyta**（紅色植物）
220	**rubr-** **rubro-**	赤色	rubro**stasis**（赤色充血）
221	**salping-** **salpingo-**	管	salping**ectomy**（卵管切除術）

番号	造語要素	意味	例語
222	**sangui-** **sanguine-**	**血**	sanguine（血の）
223	**sapro-**	**腐敗した・死んだ**	saprobe（腐生生物）
224	**sarco-**	**肉・筋肉**	sarcoma（肉腫）
225	**schist-** **schisto-**	**裂けた・割れた**	schistocyte（分裂赤血球）
226	**schiz-** **schizo-**	**分裂**	schizogenesis（分裂生殖）
227	**scler-** **sclero-**	**堅い**	sclera（強膜）
228	**scoli-** **scolio-**	**側弯**	scoliosis（脊柱側弯症）
229	**scoto-**	**暗闇**	scotoma（暗点）
230	**sial-** **sialo-**	**唾液・唾液腺**	sialoadenitis（唾液腺炎）
231	**sigmoid-** **sigmoido-**	**S字状の**	sigmoid colon（S状結腸）
232	**sinistr-** **sinistro-**	**左・左側**	sinister（縁起の悪い：左は不吉とされたため）
233	**sinus-**	**洞**	sinusitis（静脈洞炎）
234	**sito-**	**穀物・食物**	sitology（食品学）
235	**somat-** **somato-** **somatico-**	**身体・体細胞**	somatic（体の・体細胞の）
236	**somn-**	**眠り**	insomnia（不眠症）
237	**spasmo-**	**痙攣**	spasmodic（痙攣の）
238	**sperma-** **spermato-** **spermo-**	**精子**	spermatozoa（精子）
239	**splanchn-** **splanchni-** **splanchno-**	**内臓**	splanchnology（内臓学）

番号	造語要素	意味	例語
240	**splen-** **spleno-**	脾臓	splen**algia**（脾臓痛）
241	**spondyl-** **spondylo-**	背骨・脊椎	spondyl**itis**（脊椎炎）
242	**squamos-** **squamoso-**	うろこ・鱗片	squam**ous**（うろこで覆われた）
243	**sten-** **steno-**	狭い	steno**graphy**（速記）
244	**steth-**	胸	steth**oscope**（聴診器）
245	**stheno-**	力	stheno**meter**（筋力計）
246	**stom-** **stomat-**	口・小孔	stoma（小孔）
247	**tachy-**	急速な	tachy**cardia**（頻脈）
248	**terato-**	奇形	terato**carcinoma**（奇形癌）
249	**tetan-**	強直	tetan**us**（破傷風）
250	**thec-**	ケース・さや	intra**thec**al（さや内の）
251	**thel-**	乳首	thel**arche**（乳房発育開始）
252	**thely-**	女性・雌	thely**genic**（雌性生殖の）
253	**therap-**	治療	therap**eutic**（治療の）
254	**thorac-** **thoraci-** **thoraco-** **thoracico-**	胸	thorax（胸部）
255	**thromb-** **thrombo-**	血栓	thromb**us**（血栓）
256	**thyr-** **thyro-**	甲状腺	thyr**oid**（甲状腺の）
257	**thym-**	感情	dys**thym**ia（気分変調）
258	**toco-**	出産	toco**lytic**（子宮収縮抑制薬）
259	**top-** **topo-**	場所・土地	top**ical**（局部の）

番号	造語要素	意味	例語
260	trache- trachea-	気管	trachea（気管）
261	trachel- trachelo-	首	trachelian（頸部の）
262	trich- trichi- trichia- tricho-	毛	trichopathy（毛髪病の治療）
263	tympan- tympano-	鼓膜	tympanitis（鼓室炎・中耳炎）
264	umbilic-	へそ	umbilical（へその）
265	ungui-	爪	ungual（爪の）
266	ur- urin-	尿・泌尿器	urology（泌尿器科）
267	uter- utero-	子宮	uterus（子宮）
268	vagin-	膣	vagina（膣）
269	varic- varico-	静脈瘤	varicose（静脈瘤の）
270	vascul- vasculo-	血管	cardiovascular（心臓血管の）
271	ven-	静脈	venule（小静脈）
272	ventr- ventro-	腹部	ventrolateral（腹部側面の）
273	ventricul- ventriculo-	（解剖）室	ventricular（心室の・空洞の）
274	vesic- vesico-	膀胱	vesicotomy（膀胱切開術）
275	viscer- viscero-	内臓	viscera（内臓）
276	xanth- xantho-	黄色	xanthoma（黄色腫）

番号	造語要素	意味	例語
277	**xen-** **xeno-**	外来の・違った	**xeno**biotic（生体異物）
278	**xer-** **xero-**	乾いた・砂漠のような	**xero**derma（皮膚乾燥症）
279	**xiph-**	剣	**xiph**oid（剣状の）
280	**ze-**	沸騰する・泡立つ	ec**ze**ma（湿疹）
281	**zo-** **zoo-**	動物	**zo**ology（動物学）
282	**zym-** **zymo-**	発酵	en**zym**e（酵）
283	**-acusis**	聴く	par**acusis**（錯聴症）
284	**-aemia**	血の状態	an**aemia**（貧血）
285	**-algia**	痛み	my**algia**（筋痛症）
286	**-ase**	酵素	lact**ase**（ラクターゼ）
287	**-asthenia**	弱さ	my**asthenia**（筋無力症）
288	**-cele**	嚢・ヘルニア	hydro**cele**（水瘤）
289	**-centesis**	穿刺	amnio**centesis**（羊水穿刺）
290	**-clast**	壊す	osteo**clast**（破骨細胞）
291	**-coccus**	丸い・球状	strepto**coccus**（連鎖球菌）
292	**-crine**	分泌	endo**crine**（内分泌線）
293	**-cyte**	細胞	leuco**cyte**（白血球）
294	**-desis**	固定	arthro**desis**（関節固定術）
295	**-dipsia**	渇き	poly**dipsia**（多渇症）
296	**-dynia**	痛み	vulvo**dynia**（慢性外陰痛）
297	**-ectasia** **-ectasis**	拡張	telangi**ectasia**（毛細血管拡張症）
298	**-ectomy**	手術による切除	mast**ectomy**（乳房切除）
299	**-emesis**	吐く	hemat**emesis**（吐血）
300	**-emia**	血の状態	an**emia**（貧血）
301	**-geusia**	味	a**geusia**（無味覚症）
302	**-iasis**	状態・形成	mydr**iasis**（散瞳）
303	**-iatry**	医学分野（科）	psych**iatry**（精神医学）

番号	造語要素	意味	例語
304	-itis	炎症	**tonsill**itis（扁桃腺炎）
305	-ium	構造・組織	**pericard**ium（心膜・心嚢）
306	-lepsy -lepsis	発作	**epi**lepsy（てんかん）
307	-malacia	柔らかい・軟らかい	**osteo**malacia（骨軟化症）
308	-oid	似る	**sarc**oid**osis**（サルコイドーシス）
309	-ole	小さい	**arteri**ole（細動脈）
310	-oma -omata	腫瘍・塊	**sarc**oma（肉腫）
311	-osis	状態・病気・増加	**psych**osis（精神病）
312	-pagus	結合・合体・癒着	**xipho**pagus（剣状突起結合体）
313	-paresis	麻痺	**hemi**paresis（片側不全麻痺）
314	-penia	欠乏	**osteo**penia（骨減少症）
315	-pepsia	消化	**dys**pepsia（消化不良）
316	-phyte	成長	**hydro**phyte（水生植物）
317	-plasia	形成・発達	**hypo**plasia（形成不全）
318	-plasty	修復・再形成	**rhino**plasty（鼻形成術）
319	-plegia	麻痺	**para**plegia（対麻痺）
320	-plexy	発作	**cata**plexy（カタプレキシー）
321	-poiesis	生産	**hemato**poiesis（血液生成）
322	-ptosis	落下	**apo**ptosis（アポトーシス）
323	-ptysis	吐出・唾を吐く	**hemo**ptysis（喀血）
324	-rrhage -rrhagia	異常流出	**hemo**rrhage（出血）
325	-rrhaphy	縫合	**neuro**rrhaphy（神経縫合）
326	-rrhea -rrhoea	流出	**dia**rrhea（下痢）
327	-rrhexis	破裂	**karyo**rrhexis（核崩壊）
328	-sclerosis	硬化	**athero**sclerosis（アテローム性動脈 硬化）
329	-spadias	裂ける	**hypo**spadias（尿道下裂）
330	-stalsis	収縮	**peri**stalsis（蠕動）

番号	造語要素	意味	例語
331	**-stasis**	停止・安定状態	**homeostasis**（恒常性）
332	**-staxis**	滴る	**gastrostaxis**（胃出血）
333	**-stenosis**	狭い	**stenosis**（狭窄症）
334	**-stomy**	開口術	**arthrostomy**（関節切開術）
335	**-tomy**	切除	**gastrotomy**（胃切開術）
336	**-tony**	緊張	**hypotony**（低眼圧症）
337	**-tripsy**	粉砕	**lithotripsy**（砕石術）
338	**-trop**	回転・変化・屈折	**geotropic**（屈地性の）
339	**-version**	転換	**anteversion**（前傾）

月の語源

■ January（1 月）

ラテン語*Jānuārius*より。*Jānus*（入り口を司る神ヤヌス）から。ヤヌスには 2 つの顔があり、片方は未来を、もう片方は過去を見るとされている。
関連語：Janus-faced（裏表のある・偽りの）

■ February（2 月）

ラテン語*Februārius*より。*Fēbrua*（清めの儀式）から「浄罪の月」。

■ March（3 月）

ラテン語*Mārtius*より。*Mars*（軍神マルス）から「戦争を始める月」。
関連語：martial（好戦的な・戦争の）

■ April（4 月）

エトルリア語の***apru***（ギリシャ語の***Aphrodítē***からの借用）より「アフロ
ディーテの月」。他説に、古代ローマの暦が 3 月に始まったことからラテン
語***Aprīlis***より「第 2 の・後の」。または***aperīre***（開く）より「花が開く月」
など諸説あり。

関連語：aperture（開き口・隙間）

■ May（5 月）

ラテン語***Māius***より。***Māia***（女神マイア）から「マイアの月」。

関連語：Mary（メアリー：人名）

Margaret（マーガレット：人名）

■ June（6 月）

ラテン語***Jūnius***より。***Juno***（女性と結婚生活の保護者である女神ジュノー）
から「ジュノーの月」。

■ July（7 月）

ラテン語***Jūlius***より。***Julius Caeser***（ジュリアス・シーザー）から。7 月はシー
ザーの生まれ月である。

関連表現：Caesarian section（帝王切開）※

※帝王切開：日本語の帝王切開の「帝王」はシーザーに由来する。古代ロー
マでは母親が死んだ場合のみに帝王切開が行われていた。他説としてラテ
ン語の***caedere***（切る・殺す）という単語をシーザーと混同したというもの

もある。

■ August（8 月）

ラテン語**augustus**より。ローマの初代皇帝でシーザーの養子である**Augustus**（アウグストゥス）から。
関連語：**august**（威厳のある・荘厳な）

■ September（9 月）

ラテン語で「7 番目の月」より。この 2 か月のずれはシーザーとアウグストゥスの名前が割り込んだため。
関連語：**seven**（7）
　　　　septet（七重奏）

■ October（10 月）

ラテン語で「8 番目の月」より。
関連語：**octogenerian**（80 代の人）

■ November（11 月）

ラテン語で「9 番目の月」より。
関連語：**novena**（カトリックで 9 日間の祈り）

■ December（12 月）

ラテン語で「10 番目の月」より。
関連語：**decade**（10 年間）

■ Sunday（日曜日）

ラテン語の**diēs Sōlis**（太陽の日）が古英語に訳され、**sunnandæġ**となった。

■ Monday（月曜日）

ラテン語の**diēs Lūnae**（月の日）が古英語に訳され、**mōnandæġ**となった。

■ Tuesday（火曜日）

ラテン語の**diēs Martis**（マルスの日）が古英語に訳され、**tīwesdæġ**となった。意味は「**Tiw**（テュール：北欧神話の軍神）の日」。ローマ神話とギリシャ神話、北欧神話の**Tiw**は同一視されている。

■ Wednesday（水曜日）

ラテン語の**diēs Mercuriī**（マーキュリーの日）が古英語に訳され、**wōdnesdæġ**となった。意味は「**Woden**（オーディン：北欧神話の戦争の神・**Tiw**の父）の日」。ローマ神話の**Mercury**とギリシャ神話の**Hermes**、北欧神話の**Woden**は同一視されている。

■ Thursday（木曜日）

古英語**þursdæġ**より。元々は古期デンマーク語**þūrsdag**。意味は「**Thor**（トール：北欧神話の雷神・農耕神）の日」。

■ Friday（金曜日）

ラテン語の**diēs Veneris**（ヴィーナスの日）が古英語に訳され、**frīġedæġ**となっ

た。意味は「**Frige**（フリッグ：北欧神話の愛と結婚と豊穣の神・**Woden**の妻）の日」。ローマ神話の**Venus**とギリシャ神話の**Aphrodite**、北欧神話の**Frige**は同一視されている。

◾ Saturday（土曜日）

ラテン語の*diēs Saturnī*（サトゥルヌスの日）が古英語に訳され、*sæternesdæġ*となった。意味は「**Saturn**（サトゥルヌス：ローマ神話の農耕神）の日」。ローマ神話の**Saturn**とギリシャ神話の**Kronus**は同一視されている。

■ 今後のボキャビルについて

　執筆に際して、私は単語力の増強において必要となる核に焦点を当てました。ですので、本書では変則的なものや頻出のものを除いて、派生語や単純に否定の接頭辞の**un-**や**in-**を語頭につけただけの反意語はそれほど多く収録していません。これは、みなさんが本書を使って単語を覚える際に、単語の構成論を同時に身につけられるものであると私が確信しているからです。例えば**agree**（同意する）という動詞があります。下の表を見てください。

動：**agree**（同意する）	動：**disagree**（争う）
名：**agreement**（同意）	名：**disagreement**（不一致）
形：**agreeable**（感じのよい）	形：**disagreeable**（不愉快な）
副：**agreeably**（快く）	副：**disagreeably**（不愉快に）

　このように単純な語尾変化と、**dis-**を単語の頭につけただけで7つもの派生語が出来てしまうのです。つまり本書の4320個の単語は何倍にもなり得る潜在性を持っているのです。ですから、本書に掲載されている単語をある程度覚えたら派生語にフォーカスを当てましょう。本書では、みなさんは語源というつながりを用いて一次元で単語に触れるわけですが、派生語をチェックすることで単語の習得は二次元となるのです。単語を覚える際に2つの"つながり"を持たせることでみなさんの記憶はより確かなものとなるでしょう。このようにして単語力を増強する際は電子辞書より、ぱっと開いたときに核となる単語の周囲を俯瞰できる紙の辞書がよいと思います。

おわりに

　本書は 2002 年に出版された拙著「語源で増やす英単語」を大幅に加筆し、改訂版として出版したものです。本書の原型は自分自身が単語学習を進めるにあたり、**possible**（可能な）と**impossible**（不可能な）などの単語を見て、単語の構成にはなんらかルールがあるのではないか？と思ったことから、それを調べ始め、自分用の単語集を作ったものです。改訂版の出版に当たっては、収録単語や語源を増やして大変骨太な内容にできたと自負しています。

　語源学は英語で**etymology**といい、これは古代ギリシア語の ἔτῠμος に由来し、「語の真実の姿を知るということ」を語源とします。真実を知り、単語の真の意味が現代の意味に至った論理を知る。そのロマンは私を惹きつけてやみません。確かに、古代の語源というのは現代残っている意味と全く違う意味の場合もあり、それを調べるのは効率的に思えないこともあるかもしれません。しかし、単語の真実の姿、そして意味の変遷を調べることは、文化的・歴史的な知識も必要で、深い教養をもたらしてくれます。読者のみなさんも、日ごろ新しい単語に出会ったときに、その言葉の語源を調べてみてください。必ずやみなさんの知識を豊かにしてくれることでしょう。

　前著を出版したときは大変多くの反響をいただき、「語源で単語を覚えるのはおもしろい」「無味乾燥な単語学習がおもしろくなった」などのお便りを読者の方々より頂戴しました。著者にとって、これは望外の喜びでありました。本書を通じて、英語の語源に親しみを覚え、英語力アップのみならず、他のヨーロッパ言語の学習も身近に感じていただければ、著者としてこれ以上の喜びはありません。

　最後に、ここまで読み進めていただいた読者のみなさんに感謝を申し上

げます。また、改訂版の執筆に大幅な時間がかかってしまいましたが、時に励ましながら、的確なアドバイスをくださったベレ出版のみなさんに感謝申し上げます。また、新しい本を楽しみにしているという思いで私を支えてくれた家族にお礼を言いたいです。ありがとう。

恒石昌志

参考文献

「Oxford Dictionary of English Etymology」C.T. Onions編（Oxford University Press 1996）

「The Oxford Dictionary of Word Histories」（Oxford University Press 2002）

「Bloomsburg Dictionary of Word Origins」John Ayto編（Bloomsburg Reference 2001）

「The Cassell Dictionary of Word Histories」Adrian Room 編（CASELL 2002）

「The Pocket Oxford Classical Greek Dictionary」James Morwood,John Taylor 著（Oxford University Press 2002）

「羅和辞典〈改訂版〉LEXICON LATINO-JAPONICUM Editio Emendata」水谷智洋著（研究社 2009 年）

「アクセス独和辞典 第 3 版」在間進編（三修社　2010 年）

「リーダーズ英和辞典　第 3 版」高橋作太郎、笠原守、東信行編（研究社　2012 年）

「ランダムハウス英和大辞典　第 2 版」（小学館　1993 年）

「プログレッシブ英和中辞典　第 5 版」瀬戸賢一、投野由紀夫編（小学館　2012 年）

「日本大百科事典」（小学館　2001 年）

「英語語源辞典」寺澤芳雄著（研究社　1999 年）

「シップリー英語語源辞典」Joseph T. Shipley著、梅田修、眞方忠道、穴吹章子訳（大修館書店 2009 年）

「語源中心英単語辞典」田代正雄著（南雲堂　2005 年）

「語根中心英単語辞典」瀬谷広一著（大修館書店　2001 年）

「40 カ国語習得法　私はこうしてマスターした」新名美次著（講談社　1997 年）

INDEX

著者紹介

恒石 昌志〔つねいし・まさし〕

高知県生まれ。高校の時から英語を独学し、19 歳でオーストラリアのシドニーに渡り The University of Sydney で英語を学ぶ。その後、現地で経営学を学び日本に帰国。
現在は東京に在住し、IT サービス・インフラ構築などの海外プロジェクトに携わっている。
独学で英検 1 級、TOEIC990 点、通訳案内士（英語）、観光英検 1 級、情報処理技術者資格などを取得。生まれ故郷高知県の観光特使（学識経験者）も 2013 年から務めている。
所属学会：日本言語学会

◉──カバー・本文デザイン　　竹内 雄二
◉──DTP　　三松堂印刷株式会社
◉──校正　　仲 慶次

[決定版] 語源で増やす英単語

2022 年 11 月 25 日　初版発行
2024 年 5 月 27 日　第 3 刷発行

著者	恒石 昌志
発行者	内田 真介
発行・発売	ベレ出版 〒162-0832　東京都新宿区岩戸町12 レベッカビル TEL.03-5225-4790 FAX.03-5225-4795 ホームページ　https://www.beret.co.jp/
印刷	三松堂株式会社
製本	株式会社 宮田製本所

ISBN 978-4-86064-710-0 C2082　　　　　　編集担当　綿引ゆか